1500 plantes & astuces pour le jardin

jardins naturels • biodiversité • engrais végétaux • balcons et terrasses • plantes de la maison • plantes arômatiques • vergers et potagers • calendrier du jardin • fiches pratiques arbustes, arbres, fleurs, fruits • calendrier lunaire

Femme Actuelle

1500 plantes & astuces pour le jardin

jardins naturels • biodiversité • engrais végétaux • balcons et terrasses • plantes de la maison • plantes arômatiques • vergers et potagers • calendrier du jardin • fiches pratiques arbustes, arbres, fleurs, fruits • calendrier lunaire

sommaire

LE JARDIN

Direction éditoriale Femme Actuelle : Maryse Bonnet

Éditions Prisma Presse :

Direction : Dominique Fleurmont
Directrice éditoriale : Françoise Kerlo
Responsable d'édition : Marilyn Chauvel
Responsable de production : Alexandre Zimmowitch

Réalisation éditoriale : Pierre-Yves Merly
Textes : Dominique Bouchet
Illustrations : Stéphanie Hausler
Photos : D.R
Illustrations de couverture : Stéphanie Hausler

ISBN 978-2-906221-82-6
dépôt légal : avril 2008

le jardin

le calendrier
des travaux du jardin

300
trucs & astuces

JANVIER

Vos arbres et arbustes

- Traiter contre les parasites
- Élaguer amandiers et oliviers
- Tailler les arbres palissés
- Tailler la glycine, la vigne vierge
- Abattre les arbres morts, élaguer
- Planter les haies à feuillage caduc
- Planter vos arbres si le sol n'est pas détrempé

Vos plantes et fleurs

- protéger avec de la tourbe les bulbes qui commencent à percer
- Préparer les massifs à planter par un bêchage et un apport d'engrais de fond et de compost
- Aérer la terre des massifs de vivaces et les nettoyer
- Par temps doux, on peut planter les rosiers à racines nues et les bulbes de lys
- Dans le sud, planter les bisannuelles et repiquer les annuelles

Au potager

- Dans le sud, planter ail, oignons, échalotes, épinards, petits pois
- Préparer le jardin aromatique qui sera semé au printemps
- Sous châssis exposé au sud, planter persil, oseille, poireaux, choux-fleurs
- Butter les pieds d'asperges et d'artichauts

Terrasse et balcon

- Changer la terre des jardinières (tous les 3 ans)
- Planter les arbustes en bac (sauf en cas de gel)

La pelouse

- Aérer (sauf s'il gèle)
- Mettre du sable sur les zones humides ou boueuses
- Éliminer la mousse avec une pulvérisation de sulfate de fer
- Préparer le sol pour un semis de printemps

FÉVRIER

Vos arbres et arbustes

- Au verger, finir les plantations
- Terminer la taille des fruitiers à pépins
- Rabattre les branches sèches des framboisiers
- Traiter les arbres fruitiers à la bouillie bordelaise
- Éliminer le gui parasite des arbres
- Planter les arbustes à racines nues
- Nettoyer le pied des haies
- Préparer les trous de plantation des conifères

Vos plantes et fleurs

- Éliminer les géraniums abîmés sous abri
- Traiter les iris
- Rabattre les hortensias qui ont fleuri
- Commencer à traiter les rosiers
- Commencer à planter les vivaces rustiques, les bisannuelles et les lis si le temps est doux
- Semer les pois de senteur à l'abri

Au potager

- Nettoyer les planches libres pour les semis de printemps
- Découvrir les pieds d'artichauts le jour, les recouvrir la nuit
- Bêcher le jardin aromatique
- Semer les petits pois, les carottes, les laitues, le chou cabus, les radis si le froid n'est pas trop vif
- Planter l'ail rose, les oignons et échalotes, les pommes de terre et les asperges si le sol n'est pas gelé
- Au sud, planter aubergines, tomates et piments

Terrasse et balcon

- Éliminer feuilles mortes et rameaux desséchés
- Planter les arbustes à feuillage caduque, sauf en cas de gel

La pelouse

- Le meilleur moment pour éliminer la mousse
- Stimuler le gazon en étalant du terreau dessus
- Commencer à attaquer les mauvaises herbes

Nettoyer les outils de coupe à l'alcool et plonger les lames dans du sable mélangé à de l'huile pour les stocker.

MARS

Vos arbres et arbustes

- Il est encore temps pour le traitement des fruitiers à la bouillie bordelaise
- Désherber le pied des arbres
- S'il y a risque de gelées tardives, couvrir les pêchers d'un voile
- Vérifier les attaches des arbres palissés
- Planter les framboisiers, cassissiers et groseillers
- Planter les arbustes à feuilles caduques
- Tailler les haies, nettoyer le sol, pailler à la tourbe ou au compost
- Planter les grimpantes et tapissantes
- Éliminer le bois mort
- Rabattre au ras du sol les arbustes à floraison d'été

Vos plantes et fleurs

- Décompacter les massifs à la griffe. Pailler avec de la tourbe ou du compost
- Finir de tailler rosiers et glycines
- Diviser les vivaces
- Enlever les protections d'hiver aux premiers beaux jours
- Rabattre les bruyères d'hiver après floraison
- Semer les premières annuelles sous protection (voile, serre), les vivaces en godets et les bisannuelles en fonction de la météo, douce ou pas
- Repiquer en godets les bégonias, géraniums, pétunias
- Planter les rosiers à racines nues
- Semer les annuelles rustiques

Au potager

- Diviser les fraisiers de 3 ans
- Enlever les cloches et découvrir les pieds d'artichauts
- Ameublir la terre, l'enrichir et mettre en place le plan anti limaces pour protéger les jeunes pousses
- Semer ou planter les plantes aromatiques
- Faire les semis de printemps de légumes : choux, navets, poireaux, épinards, salades...
- Planter les variétés précoces, les premiers petits pois...

Terrasse et balcon

- Faites le nettoyage de printemps des bacs et jardinières à l'eau savonneuse
- Nettoyer les terres de surface. Paillez-les aux écorces de pin pour qu 'elles restent humide et bloquer les mauvaises herbes
- Décrasser la terrasse, rafraîchir les meubles
- Tailler les arbustes
- Enlever les protections

La pelouse

- Il est encore de l'aérer au rouleau à pointes
- Semer le gazon de regarnissage
- Première tonte haute possible quand l'herbe atteint 5 à 6 cm
- Ne pas semer une nouvelle pelouse avant la fin mars, et sur un sol désherbé, bêché et fertilisé

AVRIL

Vos arbres et arbustes

- Planter les conifères, fertiliser ceux en place
- Rabattre mimosas et acacias
- Tailler les forsythias dès que les fleurs sont fanées
- Continuer à planter les espèces à feuillage persistant
  Bien arroser
- Finir la taille des haies
- Enfouir des granulés d'azote au pied des fruitiers
- Arrêter les traitements dès les floraisons

Vos plantes et fleurs

- Protéger les rosiers contre les parasites
- Préparer les massifs à planter en mai
- Supprimer les fleurs fanées des plantes à bulbes, tulipes, jacinthes...
- Diviser les touffes de primevères
- Semer les vivaces et les annuelles
- Planter les bulbes à floraison d'été et d'automne
- Repiquer les bisannuelles semées en automne
- Fin avril, planter les dahlias
- Planter les azalées, rhododendrons et bruyères

Au potager

- Désherber, biner et sarcler
- Éclaircir les semis de mars
- Butter pommes de terre, asperges et petits pois
- Récolter premières asperges et radis
- Finir de semer les légumes
- En fin de mois, commencer les tomates
- Finir de semer les aromatiques
- Dans le sud, planter melons et pastèques

Terrasse et balcon

- Plantations en jardinières
- Semer les grimpantes (capucines, pois de senteur)
- Tailler les arbustes après floraison
- Semer annuelles rustiques et bisannuelles
- Apporter de l'engrais

La pelouse

- Tasser au rouleau les parties qui ont bombé
- Tondre chaque semaine
- Aérer, semer un gazon de regarnissage
- Encore temps de commencer une nouvelle pelouse

MAI

Vos arbres et arbustes

- Pailler les fraisiers
- Éclaircir les fruitiers trop garnis
- Arroser régulièrement par temps sec
- Supprimer les pousses faibles des framboisiers
- Éliminer les drageons
- Traiter les troncs à la chaux ou les entourer de bandes collantes contre les fourmis
- Enlever les fleurs fanées, couper les rameaux défleuris, tailler pour la forme
- Tailler après floraison les branches des lilas
- Finir la taille des haies
- Repiquer les boutures d'hortensias
- Désherber soigneusement le pied des haies
- Dans le sud, planter ou repiquer les palmiers

Vos plantes et fleurs

- Pincer les grandes vivaces
- Biner et sarcler les massifs pour désherber et aérer
- Enlever les fleurs fanées des rosiers
- Tuteurer les grandes fleurs
- Planter les bulbes à floraison d'été ou d'automne
- Planter les annuelles d'été
- Semer sous abri les bisannuelles rustiques
- Planter les bégonias tubéreux

Au potager

- Biner et sarcler chaque semaine
- Arroser beaucoup et régulièrement
- Butter les pommes de terre et les haricots
- Garder les aubergines, concombres, piments et melons sous abri
- Tuteurer au fil de la croissance
- Diviser les touffes de thym et de menthe
- Planter les tomates
- Semer les légumes d'été et d'automne, carottes, choux, épinards...
- Planter les courges dans un sol enrichi en fumure
- Repiquer les plants des semis d'avril
- Dans le sud, planter fenouil et aubergines

Terrasse et balcon

- Après jaunissement du feuillage et défloraison, déterrer les bulbes et les conserver au sec
- Planter les bulbes d'été
- Finir de semer les annuelles rustiques
- Apporter de l'engrais mensuellement

La pelouse

- Bien arroser par temps sec
- Tondre régulièrement

JUIN

Vos arbres et arbustes

- Étayer les branches qui ploient sous le poids des fruits
- Surveiller la gourmandise des oiseaux, mettre éventuellement des filets
- Arrêter les traitements au moins 15 jours avant les cueillettes
- Commencer celle des framboises et des cerises
- Tailler les arbustes à floraison printanière et ceux à feuilles caduques
- Rabattre les genêts
- Supprimer les petits rameaux des troncs des arbres
- Diviser les touffes de bambou
- Traiter azalées et rhododendrons contre les insectes
- Enlever et brûler les fleurs fanées et toxiques des cytises

Vos plantes et fleurs

- Éliminer feuillages et tiges desséchées des bulbes de printemps Les déterrer et les conserver au sec jusqu'en octobre
- Désherber régulièrement
- Rabattre les vivaces à floraison printanière
- Couper à la moitié les tiges défleuries des rosiers et des glycines
- Continuer le semis des bisannuelles et des dernières vivaces
- Planter cyclamens, crocus et colchiques
- En fin de mois, semer les giroflées jaunes et les œillets du poète

Au potager

- Biner et sarcler régulièrement
- Arroser, apporter de l'engrais selon les besoins
- Pailler avec les déchets de tonte par temps sec
- Combattre les limaces
- Butter pois, haricots, pommes de terre, surveiller les doryphores
- Pincer les tomates, cornichons, concombres, melons
- Première récolte de pommes de terre
- Planter les choux de Bruxelles, les courges, les chicorées
- Semer les légumes d'automne : haricots secs, betteraves, brocolis, salades...
- Semis de carottes à continuer
- Repiquage des poireaux
- Derniers semis de radis

Terrasse et balcon

- Dernières plantations
- Enlever les fleurs fanées
- Pincer les géraniums lierre
- Arroser tous les jours par temps sec et plus pour les jardinières suspendues
- Continuer les apports d'engrais

La pelouse

- Éviter de tondre trop ras pour ne pas dessécher
- Aérer pour que l'arrosage arrive aux racines
- Aérer moins souvent mais en plus grande quantité d'eau

JUILLET

Vos arbres et arbustes

- Récolte des fruits mûrs
- Taille des framboisiers et cassissiers après la récolte
- Fin de la récolte des fraises et arrachage des pieds vieux de plus de 3 ans
- Pincer les pommiers et poiriers en espaliers
- Dans le sud, récolte des abricots, des pêches, des citrons. Arroser les oliviers
- Taille des haies défensives, aubépine, buisson-ardent
- Désherbage au pied des haies
- Attention aux pucerons
- Taille après floraison des arbustes à feuilles caduques
- Arroser les mimosas qui ont chaud

Vos plantes et fleurs

- Diviser les iris vieux de 3 ans
- Tuteurer dahlias et glaïeuls
- Apports d'engrais par quinzaine
- Attention aux insectes en terre de bruyère
- Tailler les branches secondaires
- Après floraisons, diviser les grosses touffes de vivaces
- Semer les bisannuelles du prochain printemps
- Planter les bulbes d'automne

Au potager

- Le travail de la terre, toujours…
- Arroser 2 fois par semaine
- Tailler les tomates. Laisser 3 à 4 bouquets de fleurs par tige
- Pincer les aubergines
- Butter les haricots
- Cueillir les aromatiques avant la pleine floraison
- Récolter petits pois, haricots, courgettes, concombres, ail, échalotes, oignons…
- Semer en place les légumes d 'automne : navets, mâche, épinards, betteraves…
- Semer les carottes de printemps, les radis d'hiver
- Planter les choux rouges et les choux d'hiver

Terrasse et balcon

- Arrosage quotidien
- Griffer la terre pour favoriser la pénétration de l'eau
- Tremper éventuellement dans une bassine d'eau les jardinières suspendues
- Enlever chaque jour fleurs et feuilles fanées

La pelouse

- Ne pas tondre trop ras
- Arroser généreusement tous les jours, après le coucher du soleil
- Si le sol est dur en surface, aérer

AOÛT

Vos arbres et arbustes

- Récolte des fruits mûrs
- Pincer une deuxième fois pommiers et poiriers palissés
- Supprimer les rameaux ayant porté des fruits dans les pêchers
- Vérifier les étais des pruniers
- Entreposer les fruits sains et sans coups. Réserver les autres à la cuisson, compote ou confiture
- Bouturer fuchsia, houx, laurier-sauce, lilas... À mettre en serre dans du sable humidifié
- Marcotter les rhododendrons
- Tailler les glycines, les thuyas et les cyprès
- Et toujours, le désherbage au pied des haies

Vos plantes et fleurs

- Tuteurer les grandes marguerites d'automne
- Supprimer régulièrement les fleurs fanées
- Plus d'engrais pour les rosiers. Continuer le traitement antiparasite
- Diviser les touffes de pivoines
- Commander les bulbes d'automne
- Continuer les semis de bisannuelles
- Semer les vivaces et les lis

Au potager

- Arroser plus souvent par temps sec
- Travailler la terre
- Apporter de l'engrais aux légumes feuilles : salades, poireaux...
- Pincer et ébourgeonner tomates, melons et potirons
- Butter les haricots
- Diviser les ciboulettes de plus de 4 ans
- Récolter ail, échalotes, oignons, haricots, tomates, concombres, salades...
- Semer les légumes d'automne et d'hiver : radis, oseille, laitue, navet, mâche, persil, oignon blanc, pois...
- Planter choux et poireaux semés en juillet

Terrasse et balcon

- Enlever chaque jour feuilles et fleurs fanées
- Arrosage quotidien et apport d'engrais

La pelouse

- Ne pas tondre ras et arroser beaucoup le soir
- Mois idéal pour la préparation d'un terrain au semis d'une nouvelle pelouse en septembre

SEPTEMBRE

Vos arbres et arbustes

- Premières pommes et poires
- Préparer les trous des prochains arbres fruitiers pour aérer la terre avant la plantation
- Palisser les branches poussées pendant l'été
- Supprimer les vieux rameaux des groseilliers et cassissiers
- Élaguer les pruniers après la récolte
- Rabattre les arbustes après leur floraison d'été
- Biner et désherber avant de faire des apports de compost aux pieds des arbustes
- Planter les haies à feuillage persistant
- Dernières tailles de haies (sauf les thuyas) en fin de mois

Vos plantes et fleurs

- Commander les bulbes de printemps à planter en octobre
- Couper les fleurs fanées des rosiers. Apporter un peu d'engrais et traiter avec un fongicide.
- Enlever les fleurs fanées des dahlias et des annuelles
- Diviser les vivaces les plus imposantes
- Commencer leur plantation et celle des pivoines
- Repiquer les bisannuelles
- Semer les pois de senteur à l'abri

Au potager

- Retourner la terre des planches libres
- Arroser moins
- Continuer à traquer les mauvaises herbes
- Ébourgeonner tomates et aubergines
- Butter les céleris à côtes pour les blanchir
- Isoler du sol les courges, potirons et citrouilles en les posant sur des planches
- Apporter un engrais aux poireaux
- Semer les légumes d'hiver
- Semer persil et cerfeuil
- Repiquer les dernières chicorées, scaroles, frisées et choux de printemps.
- Planter les nouveaux fraisiers

Terrasse et balcon

- Couper les fleurs fanées
- Diminuer les doses d'engrais
- En fin de mois, jeter plantes défleuries et terre des jardinières.
- Planter les variétés d'automne dans un nouveau terreau
- Planter les bulbes de printemps dans un substrat de terreau et de sable
- Nettoyer et ranger le salon de jardin en fin de mois sauf si l'été indien est là !

La pelouse

- Aérer au rouleau à pointes ou à la fourche
- Mettre du terreau sur les zones pelées
- Ressemer dans les endroits dégarnis

OCTOBRE

Vos arbres et arbustes

- Finir la récolte des pommes et des poires
- Enlever les fruits desséchés sur branches et les fruits à terre
- Traiter les arbres à la bouillie bordelaise aux premières chutes de feuilles
- Élaguer ceux aux fruits à noyaux avant la chute de toutes leurs feuilles
- Tailler les tiges des framboisiers
- Planter les arbustes de terre de bruyère
- Planter les haies à feuillage persistant
- Planter les arbres et arbustes à feuilles caduques à la fin du mois
- Planter les conifères

Vos plantes et fleurs

- Tailler les grimpantes
- Arracher les annuelles défleuries, retourner la terre et planter les bulbes de printemps : tulipes, narcisses, jacinthes...
- Couper les fleurs fanées des rosiers qui fleurissent encore. Rabattre les autres. Retourner la terre et faire un apport d'engrais pour les nouveaux plants de novembre
- Rabattre les vivaces au ras du sol
- Rentrer les semi-rustiques : géraniums, fuchsias...
- Semer les annuelles rustiques : capucines, soucis...
- Planter les bisannuelles
- Continuer la plantation des vivaces

Au potager

- Récolte des courges, courgettes et potirons. À conserver sur des clayettes à la cave.
- Arracher et brûler les pieds de tomates
- Rabattre au ras du sol les tiges d'asperges et les brûler
- Nettoyer, retourner, enrichir en compost et fumier toutes les planches libres
- Semer le cerfeuil, les choux pommés, le cresson, la mâche, les pois, les épinards
- Planter l'ail dans un mélange terre sable
- Repiquer sous abri les semis de septembre
- Semer les radis roses sous abri

Terrasse et balcon

- Finir le nettoyage des jardinières et les nouvelles plantations de variétés automnales
- Planter des arbustes et des grimpantes en bac
- Griffer la surface des bacs pour décompacter la terre
- Cesser les apports d'engrais

La pelouse

- Dernières tontes avec la tondeuse à hauteur intermédiaire
- Enlever les feuilles mortes
- Pour une pelouse à refaire au printemps, retourner maintenant l'ancien gazon

NOVEMBRE

Vos arbres et arbustes

- Élaguer les arbres à pépins (pommiers, poiriers...)
- Vérifier les liens des arbres palissés
- Tailler et palisser les framboisiers
- Enfouir un engrais à décomposition lente au pied des arbres
- Planter les nouveaux arbres fruitiers
- Planter les arbres et arbustes à feuilles caduques
- Planter les haies vives
- Élaguer les grands arbres
- Tailler les haies de thuyas
- Et toujours, nettoyer les pieds des haies

Vos plantes et fleurs

- Rabattre au ras du sol toutes les vivaces à feuilles caduques. Marquer leur place pour ne pas bêcher par erreur
- Arracher toutes les fleurs fanées
- Rabattre les rosiers défleuris
- Commencer à retourner des massifs
- Planter vivaces et bruyères
- Semer les lupins, capucines et pois de senteur à l'abri
- Achever les plantations de bulbes de printemps
- Planter les annuelles
- Mois idéal pour planter des rosiers

Au potager

- Cueillir les choux de Bruxelles
- Ramasser les courges
- Récolter les légumes racines : carottes, céleris-raves, navets, betteraves... à conserver dans du sable en cave aérée
- Butter les poireaux d'hiver
- Bêcher les planches libres
- Planter l'ail blanc et l 'échalote

Terrasse et balcon

- Planter arbustes et grimpantes dans de grands bacs
- Terminer les plantations de bulbes de printemps et de bisannuelles
- Arrêter l'arrosage
- Éventuellement, mise en place de protections contre le froid : paillage, voilage...

La pelouse

- On peut encore préparer le sol pour une nouvelle pelouse au printemps
- Épandre du sable si la terre est lourde
- Enlever les feuilles mortes
- En cas de nécessité, c'est le moment de faire un drainage

DÉCEMBRE

Vos arbres et arbustes

- Couper les branches mortes sauf s'il gèle. Appliquer un mastic cicatrisant
- Gratter les écorces des arbres pour les nettoyer des parasites et des lichens
- Continuer les plantations
- Tailler les arbres palissés
- Surveiller les fruits conservés
- Surveiller les bulbes d'été conservés à l'abri de l'humidité
- Protéger les plantes fragiles
- Couvrir d'un bon paillage les vivaces
- Enfouir un engrais à rosier au pied des anciens plants
- Butter le pied des rosiers pour protéger le bourrelet de greffe du gel
- Finir de retourner les massifs avant le gel
- Abattre les arbres jugés trop envahissants
- Tailler les arbustes à feuillage persistant
- Continuer la plantation des haies à feuillage caduc sauf s'il gèle
- Mettre de l'engrais au pied des haies

Vos plantes et fleurs

- Surveiller les bulbes d'été entreposés à l'abri de l'humidité
- Protéger les plantes fragiles
- Pailler les vivaces
- Terminer la plantation des bulbes de printemps

Au potager

- Continuer le bêchage. Incorporer de l'engrais
- Récolter les poireaux, la mâche, les choux, les épinards
- Protéger carottes, artichauts, laitues, cerfeuil… des grands froids avec des cloches de verre, des tunnels de plastique, des paillages…

Terrasse et balcon

- En cas de neige, l'enlever des branches des arbustes
- Protéger les jardinières du froid avec du voile non tissé, couvrir la terre de tourbe sèche
- Planter des primevères et des pensées

La pelouse

- Enlever les feuilles mortes
- Ne marchez pas sur une pelouse enneigée ou gelée

C'est le moment de vidanger un système d'arrosage enterré et de nettoyer et graisser tous les outils de jardinage.

le calendrier lunaire

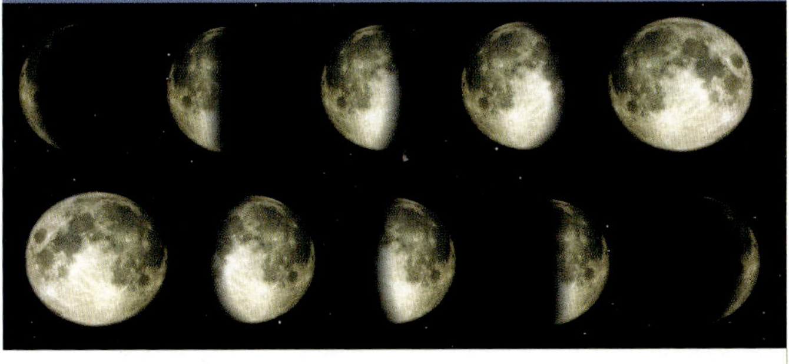

Tout savoir sur le calendrier lunaire

Les effets de la Lune sur les plantes

Tout le monde connaît les effets de la rotation de la Lune autour de la Terre, comme par exemple le phénomène des marées, ou bien le comportement des animaux, et bien entendu celui des êtres humains. Il faut donc se rendre à l'évidence : la Lune exerce aussi une influence sur le monde végétal par l'intermédiaire de la circulation de la sève dans les plantes. Pendant sa trajectoire, la Lune masque le Soleil et certaines constellations d'étoiles. Elle modifie ainsi l'intensité de leur rayonnement sur la Terre et, de ce fait, le comportement de l'univers végétal. Le calendrier lunaire est basé sur les différentes phases de la Lune. Une lunaison équivaut à un mois de notre calendrier.

Ces constellations d'étoiles ont été classées comme zodiacales et intègrent chacune trois signes du zodiaque. Chaque signe du zodiaque est lié à un des quatre éléments : l'eau, l'air, la terre et le feu. Leur influence est variable, selon que la Lune est montante (de la constellation du Sagittaire au Taureau) ou descendante (de celle du Taureau au Sagittaire). Leur ascendance va s'exercer sur quatre familles de plantes : les graines et fruits, les racines, les fleurs et les feuilles.

À la Lune montante, la sève monte dans les parties aériennes des plantes, augmentant ainsi leur activité végétative. En revanche, à la Lune descendante, la sève se dirige vers les racines. À chacune de ces phases correspondront des travaux de jardinage bien différents.

LÉGENDES DES SYMBOLES

Les phases de la Lune

Une phase lunaire, c'est quoi ?

Une phase lunaire est une portion de Lune éclairée par le Soleil et visible à partir de la Terre. La vision que nous avons de la Lune est différente chaque soir. Elle est tantôt pleine, à moitié pleine, ou ne montre qu'un petit croissant ou même est invisible. Ces différentes configurations de la Lune se répètent sans fin, et la succession régulière de son apparence se nomme le cycle lunaire. Le cycle lunaire est d'environ 29,5 jours entre deux pleines Lunes. Il correspond à une rotation complète de la Lune autour de la Terre. Ce cycle représentait dans l'antiquité une échelle naturelle de temps : le mois. Aujourd'hui les mois sont de 30 ou 31 jours et ne correspondent plus au calendrier lunaire. Le mois lunaire fut abandonné du fait qu'une année ne contient pas un nombre entier de cycles lunaires. Malgré cela, de nombreuses cultures et religions l'utilisent encore.

Quand la Lune est montante

Chaque phase de la Lune est désignée par un nom différent. On dit que la Lune est montante, c'est-à-dire que la partie de sa surface illuminée visible de la Terre augmente. Sa trajectoire parcourt alors le ciel d'ouest en est en deux semaines.

La nouvelle Lune : la première phase de la Lune montante est la nouvelle Lune. Elle se situe à ce moment-là entre le Soleil et la Terre, et n'est donc pas visible dans le ciel pendant la nuit.

Les différentes phases lunaires

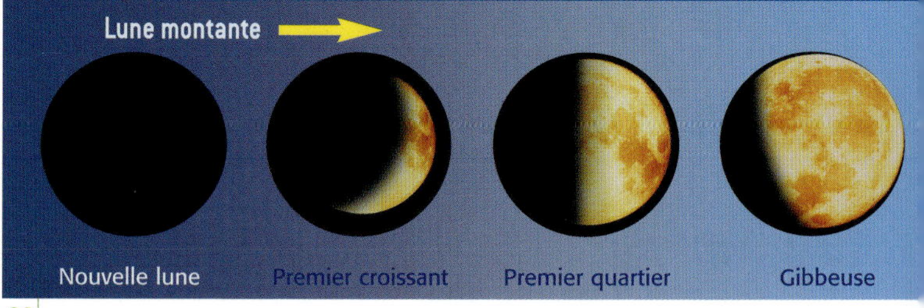

Le premier croissant : il correspond à sa réapparition progressive dans le ciel nocturne.
Le premier quartier : le Soleil éclaire la moitié de la surface lunaire, elle est en quadrature et ressemble à la lettre D.
La Lune gibbeuse ascendante : le Soleil éclaire maintenant les trois quarts de sa surface.
La pleine Lune : elle est maintenant totalement éclairée par le Soleil. On peut observer presque à l'œil nu les taches sombres qui sont à sa surface. Ce sont les mers de l'astre nocturne.

Quand la Lune est descendante

On retrouve l'ensemble de la séquence des phases montantes tout simplement inversé :
Lune gibbeuse descendante
Dernier quartier (elle épouse la forme d'un C)
Dernier croissant

Montante ou croissante ?

Ne pas confondre Lune montante et Lune descendante avec Lune croissante et décroissante. Les termes « croissant » et « décroissant » sont en rapport avec la forme visible de la Lune, (nouvelle Lune, premier quartier, pleine Lune et dernier quartier). Pour la Lune montante et la Lune descendante, il s'agit de sa position dans le ciel, et non de sa forme. Ainsi une lune peut-être montante et en même temps croissante.

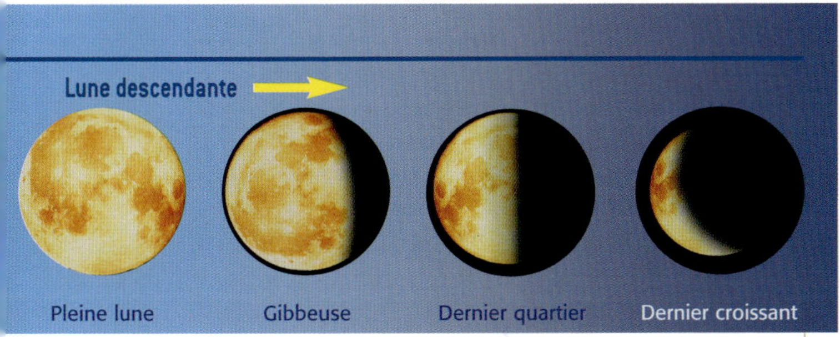

Jardiner avec la Lune : les bons jours...

Les jours graines et fruits

Le passage de la Lune devant les constellations du Bélier, du Lion, et du Sagittaire, appelées constellations de feu, est favorable aux fruits et graines. Pendant cette période, la Lune a une influence stimulante sur ces plantes. C'est la période idéale pour semer, planter, cueillir, récolter les arbres fruitiers, les petits fruits et les légumes-fruits.

Quelques exemples : arbres fruitiers, fraise, framboise, melon, noisette, tomate, aubergine, concombre, courges, fèves, haricots, piment, citrouille, blé, maïs...

Les jours racines

Lorsque la Lune passe devant les constellations du Taureau, de la Vierge et du Capricorne appelées constellations de la Terre, elle influe alors sur le système radiculaire des végétaux. Cette période est idéale pour semer, planter, soigner et récolter les légumes à racines et les fleurs à bulbes.

Quelques exemples : ail, betterave, carotte, céleri-rave, échalote, endive, navet, oignon, pomme de terre, radis, salsifis...

Les jours feuilles

Au passage de la Lune devant les constellations du Cancer, du Scorpion et du Poissons, dites constellations de l'eau, ce sont les jours feuilles.

La Lune agit à ce moment sur les tiges et les feuilles des plantes. C'est une période idéale pour tailler, tondre, cueillir, semer, repiquer les végétaux à feuillage.

Quelques exemples : arbustes, haies sans fleur, gazon, persil, salades, choux, artichaut, céleri branche, chicorée, épinard, poireau, arômatiques à feuillage, lierre, conifère...

Les jours fleurs

Lorsque la Lune passe devant les constellations du Gémeaux, de la Balance, et du Verseau dites constellation de l'air, il s'agit alors des jours fleurs.

Pendant cette période, la Lune influe sur les végétaux à fleurs et légumes-fleurs, C'est donc le meilleur moment pour planter, semer, rempoter, bouturer, récolter vos fleurs et légumes-fleurs.

Quelques exemples : arbres, arbustes, buissons, fleurs, artichaut, brocoli, chou-fleur, arômatiques à fleurs.

Les travaux du jardin par rapport à la position de la Lune

à la Lune montante

à faire :

- semez
- greffez
- récoltez :
  les fruits
  les légumes-fruits
  les légumes-feuilles

Graines et Fruits	Sagittaire – Feu
Racines	Capricorne – Terre
Fleurs	Verseau – Air
Feuilles	Poisson – Eau
Graines et Fruits	Bélier – Feu
Racines	Taureau – Terre

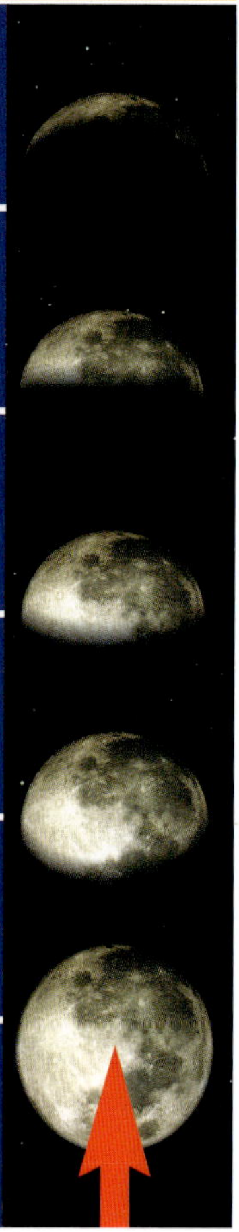

à la Lune descendante

à faire :

- plantez
- bouturez
- récoltez les légumes à racines
- travaillez la terre
- taillez les arbres et les plantes
- enrichissez le sol
- repiquez

la préparation du terrain

165 trucs & astuces

Connaître son jardin

Il est très utile de bien connaître les caractéristiques de la terre du jardin, d'avoir aussi une idée précise de son orientation, des zones de microclimats provoqués par des murs, par l'implantation de la maison, par des arbres, et de ne pas ignorer les questions climatiques comme les températures moyennes de saison, les périodes de gelées, les fréquences et les quantités de pluie. Cet environnement est déterminant pour les plantations. Toutes ne poussent pas n'importe où et dans n'importe quelles conditions. Avant même les soins à leur apporter, c'est une certaine harmonie entre elles et cet environnement qui est décisive.

La nature du sol décide

Il y aura toujours des endroits plus ensoleillés, d'autres à l'ombre, des coins plus secs ou plus humides adaptés aux besoins de telle ou telle plante. Mais le sol du jardin a en revanche très probablement les mêmes caractéristiques partout et il est important de les connaître car cela joue un rôle très important dans le choix des plantes. Elles s'y plairont ou y souffriront.

Quel pH ?

Sans se transformer en ingénieur chimiste, il est quand même utile de connaître cette notion de pH qui mesure l'acidité du sol en fonction de la quantité de calcium qu'on y trouve. Car c'est là l'un des grands critères pour le choix des plantes : le sol est-il plutôt acide ou plutôt alcalin ?
On trouve en jardinerie des tests en kit, les péhamètres. C'est une solution chimique qui change de couleur au contact de la terre.

- jaune/orange, c'est un sol acide
- vert clair, c'est neutre
- vert foncé, c'est alcalin.

La neutralité parfaite est à 7. On parle de terre neutre entre 6,5 et 7,5.

pH	acidité	Plantes qui aiment...
3,5 – 4	Extrêmement acide	Aucune
4 – 4,5	Très acide, tourbeux	Conifères
4,5 – 5	Très acide	Myrtilles, rhododendrons
5 – 5,5	Moyennement acide	Pommes de terre, tomates, framboises
5,5 – 6	Modérément acide	Graminées
6 – 6,5	À peine acide	Presque toutes les plantes potagères et ornementales
7 – 7,5	Neutre, à peine alcalin	Idem

Les meilleures terres de jardin sont celles qui sont très légèrement acides. Au-delà et en deçà, il est nécessaire d'amender. Avec de la tourbe acide si la terre est trop alcaline (pH 8 et plus), ou avec des apports de calcium par un chaulage, si elle est trop acide.

Le test du vinaigre

Verser un peu de vinaigre sur le sol. Si cela provoque une petite réaction bouillonnante, c'est que le sol est assez calcaire, autrement dit alcalin. Ce n'est qu'une indication qui ne devrait pas dispenser d'une analyse sérieuse.

Quelle sorte de terre ?

Il est aussi utile de connaître le type de terre qui compose le jardin. Elles n'ont pas toutes la même proportion de matières organiques et de micro-organismes, composants essentiels pour la nourriture des racines, ni les mêmes capacités à retenir l'eau ou à permettre à l'air de circuler, fonctions elles aussi essentielles pour les plantes.

La terre du jardin peut être argileuse, sableuse, composée de sédiments, calcaire, humifère. C'est l'endroit où l'on habite qui en décide.

Reconnaître une terre argileuse

Attendre qu'il ait plu. Prendre une motte de terre et la triturez. Essayer d'en faire une boule. Si la terre colle aux doigts et se compacte en une masse pâteuse et gluante, c'est de l'argile. Il va falloir l'amender avec des gravillons ou du sable et des matières organiques pour l'alléger et éviter l'humidité stagnante. C'est une terre riche et lourde, à travailler en automne.

Horreur, elle est calcaire !

Les jardiniers détestent. C'est une terre pauvre à cailloux qui ne cessent de remonter des profondeurs. En plus, elle est argileuse, donc collante, difficile à travailler. Elle se craquelle en été car elle ne retient pas l'eau. On amende avec de la tourbe, de la terre de bruyère, du fumier décomposé. Et on choisit des plantes qui supportent le calcaire. Il y en a ! (voir dans nos fiches).

Une terre sableuse

Elle est facile à travailler, légère, composée de sable fin à plus de 70 %. On l'appelle aussi « terre siliceuse ». Elle est granuleuse et échoue au test de la boule. Impossible d'en faire une, cela ne tient pas. C'est là sa faiblesse. Elle ne retient rien, ni l'eau, ni les éléments nutritifs. Il faut donc l'amender surtout avec des apports de matières organiques.

Humifère

C'est typiquement la terre de forêt. Elle est le produit de la décomposition organique des végétaux et contient au moins 20 % d'humus associé à du sable et de l'argile. On la reconnaît entre autres au fait qu'elle est très foncée, quasiment noire. Le terreau est humifère. Excellent aliment pour les plantes. Il faut quand même envisager des chaulages pour la rendre plus neutre et lui donner du corps par des apports d'argile et de calcaire. Un bon drainage est nécessaire.

Ils et elles poussent bien…

En sol argileux	En sol calcaire	En sol sableux	En sol humifère
Liseron	Coquelicot	Digitale	Fougère
Armoise	Bleuet	Ajonc	Bruyère
Pissenlit	Noyer	Genêt	Jonc
Graminées (prairies)	Érable	Fougère	Cyclamen d'Europe
Trèfle	Cerisier	Bruyère	Colchique
Charme	Aubépine	Bouleau	Saules
Hêtre	If	Peuplier	Aulnes
Chêne	Ciste	Pin maritime	Peupliers
Pommier	Genévrier	Châtaignier	Plantes à terre de bruyère

Travailler son jardin

De bonnes plantations commencent toujours par une bonne préparation du sol.

Il faut la retourner…

Pas sa veste, mais la terre. Un bon bêchage est le passage obligé pour toute plantation. On ne saurait trop conseiller l'investissement dans un motoculteur si les surfaces sont importantes. Car c'est un réel exercice qu'on peut par ailleurs vouloir préserver pour garder une bonne forme physique.

Bêchage d'automne

À pratiquer sans casser les mottes. On laisse la parcelle en l'état tout l'hiver. Le gel ameublira le terrain. C'est le bêchage de fond.

Les conseils du jardinier

Conseil pour bien râtisser

Le râteau ne doit pas piocher dans la terre. Ses dents doivent être le plus parallèle possible à la surface du sol. Pour cela, il faut le manipuler avec le manche à la verticale. Inspirez-vous du balai.

Bêchage de printemps

À faire juste avant les plantations. On bêche à une profondeur moindre qu'en automne, 20 cm environ et, cette fois, on émiette bien les mottes. C'est le moment aussi de faire les apports de matières organiques et d'engrais. Un griffage, pratiqué en croix, successivement dans le sens de la largeur puis dans le sens de la longueur, permet de niveler la surface du sol et de mélanger tous ses composants. Le passage du râteau assure la finition et extrait les derniers petits cailloux.

Pour que ça pousse mieux

Il y a deux grandes actions qui permettent d'améliorer spectaculairement la qualité des plantations. La première consiste à transformer un peu la composition du sol en l'amendant par des apports divers qui vont compenser ses faiblesses, la deuxième vise à apporter aux plantes une nourriture présente en quantité insuffisante dans le sol, voire qui en est absente. C'est l'apport d'engrais.

L'amendement organique

Fumier et compost, ce sont des apports nécessaires à tous les types de sol. Sauf bien entendu les sols humifères qui sont déjà eux-mêmes un compost. L'amendement organique permet d'aérer l'argile trop compacte et asphyxiante pour les racines et il donne de la consistance aux terres sableuses. Ses micro-organismes sont une précieuse nourriture et sa consistance spongieuse permet de retenir des réserves d'eau.

Le fumier

Utilisé depuis toujours au jardin. On en trouve dans les jardineries, y compris aujourd'hui sous forme de granulés déshydratés. Mais qui a la chance d'avoir un voisin éleveur, devrait en profiter. Le fumier, c'est la litière usagée des animaux d'élevage. Le meilleur vient des moutons, puis c'est celui du cheval.

Le moins riche est celui des bovins, mais c'est celui qu'on se procure le plus facilement. Il faut le laisser se décomposer au moins 6 mois avant de l'utiliser. Sinon, il risque de brûler les cultures. La dose moyenne est de plus ou moins un demi kg par m^2.

Le compost

C'est le produit de la décomposition de résidus divers, principalement végétaux. Le mieux, si on a un jardin assez grand et qu'on peut y trouver un endroit un peu à l'écart, est de faire son compost soi-même. Nous y consacrons quelques pages un peu plus loin.

On l'utilise tamisé pour l'incorporer à la terre du jardin. De l'ordre de deux à trois pelles par m^2.

conseils malins

ALERTE À LA BOUE

Se méfier dans l'achat de compost tout fait et bien regarder les étiquettes. Rejeter tout ce qui est boue organique en provenance de stations d'épuration ou d'usines de traitements d'ordures. Il n'y a aucune garantie de désintoxication et donc un risque d'intoxication des cultures.

Les engrais ou fertilisants

C'est en fait de la nourriture pour les plantes. Ils apportent des sels minéraux dont elles ont besoin et dont les doses naturelles dans le sol du jardin sont trop faibles ou inexistantes.
Après cela, à vous de voir. Il n'est pas forcément nécessaire de rechercher un productivisme de culture ni de trop vouloir se substituer à la nature. Un bon entretien du jardin, des arrosages réguliers permettent souvent de limiter au strict nécessaire les doses d'engrais.

Les différentes sortes d'engrais

Le rayon engrais d'une jardinerie est aujourd'hui presque aussi garni que le rayon produits de beauté d'une parfumerie. On trouve des engrais pour tout et sous toutes les formes.

De quoi satisfaire les adeptes du « jardin techno ». Ceux du « jardin naturel » se rappelleront qu'il existait de très beaux jardins avant l'invention du marketing et de la société de consommation.

- Les engrais organiques. Faits avec de la corne, du sang, des tourteaux, du guano, matières vivantes retenues pour leur richesse en sels minéraux, ils sont d'action lente.

- Les engrais minéraux viennent du sol : potasse ou phosphates naturels.

- Les engrais organo-minéraux associent les deux premiers avec des effets progressifs et exempts de risque de brûlure des plantes.

- Les engrais de synthèse, dits aussi engrais chimiques. Compositions, dosages et effets très précis et efficaces. On les associe même à des insecticides et à des désherbants pour une action globale.

ZOOM

Déchiffrez les mentions

Les étiquettes des boîtes indiquent les compositions : quel pourcentage d'azote (N), de phosphore (P) et de potassium (K), qui sont les 3 principaux éléments toujours cités dans cet ordre-là. Elles indiquent aussi s'il y a du soufre, de la magnésie, des oligo-éléments.

Le mode d'emploi est également sur la boîte : à quoi ça sert et comment l'utiliser. Ne pas oublier que c'est un produit chimique et qu'il serait dangereux de dépasser les doses prescrites.

Enfin, il faut s'intéresser à la concentration du produit, car c'est elle qui vous permet de faire des comparaisons de prix pertinentes. Les produits moins chers sont souvent en réalité seulement moins concentrés.

Sous quelle forme ?

Préférer les engrais en granulés, en boules ou en bâtonnets qui sont d'une utilisation moins délicate que les engrais liquides ou solubles. Mais tous les usages ne le permettent pas.

Jardin naturel

On appelle cette pratique « l'engrais vert ». Il s'agit d'apporter par la culture elle-même l'azote et l'humus qui vont améliorer le sol. On cultive pour cela des plantes à croissance rapide qui fixent bien l'azote dans la terre comme le trèfle violet et l'incarnat, le pois fourrager, la moutarde, le radis fourrager, le lupin blanc, la féverole… Et on les enfouit dans le sol après les avoir fauchées au sommet de leur croissance ou de leur floraison. Soit on plante au printemps pour enfouir l'été qui suit, soit on plante l'été pour enfouir au printemps suivant.

Les secrets du compost

Savez-vous que 30 % de vos déchets ménagers sont recyclables pour le compost ?

Qu'est-ce que le compost ?

C'est cette matière organique indispensable à la bonne santé de vos plantes qu'on vous conseille souvent de tasser autour des pieds des jeunes pousses. Vous pouvez le fabriquer vous-même en créant dans votre jardin un endroit dédié à la décomposition lente de déchets choisis. Des champignons, des bactéries, des lombrics, des cloportes, des mille-pattes et autres insectes, qu'on n'imagine pas si utiles, font, avec l'air et l'eau, ce travail de transformation des déchets en riche matière organique.

conseils malins

COMMENT PRÉPARER SON SILO DE COMPOST

Ceinturez d'un grillage d'environ 1,5 m de hauteur une petite parcelle de 1 m^2 en sol naturel, à l'abri du vent et du soleil.

Tassez le sol et ajoutez une couche de 3 à 5 cm de terre végétale. Recouvrez de 5 à 10 cm de débris végétaux grossiers. Votre fond de silo de compost est prêt.

Ils ont droit au silo de compost

- Les déchets alimentaires de cuisine : aliments, épluchures, marc de café, sachets d'infusions...
- Certains déchets non alimentaires : le bois sans ajouts de colle, la sciure, les copeaux, le papier non imprimé (pas d'encre), les bouquets fanés, les cendres de la cheminée ou de la cuisinière.
- Les déchets du jardin : paille, foin, tontes séchées des pelouses, écorces, feuilles, fleurs fanées, fanes de légumes, branches de petite taille.

ci-contre :
tonte de pelouse.
ci-dessous :
déchets alimentaires et végétaux.
page de droite, à gauche :
attention, faites le tri de vos déchets avant de les mettre au compost.
page de droite, à droite :
déchets végétaux.

Ils sont interdits de compost !

• Viandes, poissons, os, arêtes, coquilles d'œufs, moules, huîtres, noyaux, oignons, trognons de choux, carottes, poireaux entiers.

Pensez à trier vos déchets alimentaires.

• Ciment, plâtre, cigarettes, poussières [balai, aspirateur], papier journal et de magazines, litières de chat et autres animaux domestiques, huiles, graisses, produits ménagers.

• et dans le jardin lui-même, certains déchets seraient du poison : les plantes malades, la terre des plantes en pots, les graines, les feuilles à décomposition lente comme les feuilles de platane, de chêne ou de peuplier.

Remplissez progressivement votre silo sans trop le tasser et en alternant les types de déchets. Veillez à ce qu'ils ne soient pas trop humides. Brassez-les au moins une fois par quinzaine. N'ajoutez vos tontes de gazon que séchées et en couches de 15 cm maximum.

Les conseils du jardinier

Attention à certains végétaux

Les feuilles de noyer sont déconseillées dans le compost en raison de leur teneur en acide tannique qui est un insecticide. Or les insectes sont nécessaires au travail du compost.
En revanche, ces feuilles de noyer sont excellentes pour le paillage.

Protégez vos plantes : le paillage

Les mille et une vertus du paillage

Pour être efficace, il faut que votre paillage fasse au moins 5 cm d'épaisseur.

1/ le paillage empêche les mauvaises herbes de pousser en leur bouchant le chemin de l'eau et de la lumière.
2/ en se décomposant progressivement, il apporte une nourrissante matière organique à vos plantes.
3/ il retient l'humidité indispensable en particulier pour la croissance des jeunes pousses.
4/ il agglomère des micro-organismes bénéfiques.
5/ il protège du gel les plantes qui le craignent.

La solution la moins chère : de la paille de blé. Mais une contrainte : il faut la changer chaque année.
Idéale sur les sols calcaires, que peu de plantes supportent, car elle les acidifie un peu : l'écorce de pin qu'on peut laisser en place plusieurs années.
Une idée raffinée et efficace car elles sont très nourricières pour les plantes de massifs : les cosses de fèves de cacao qui dégagent une très agréable odeur sous la pluie. L'inconvénient est qu'il faut les changer toutes les deux saisons et qu'elles reviennent sensiblement plus cher que la paille de blé.
Rare mais très efficace contre limaces et escargots : les cosses de sarrasin.
Les paillettes de lin sont bon marché mais elles sont légères et s'envolent au vent.
Les professionnels utilisent des toiles en fibres plastiques qui ne nous paraissent pas très à leur place dans un beau jardin naturel d'agrément !

en haut :
paillage d'un arbre.

au milieu à gauche :
paillage professionnel en fibres plastiques.

au milieu à droite :
paillage avec des écorces de pin.

ci-contre :
paillage à la paille de blé.

Les outils de jardinage

Équipez-vous progressivement avec les différents outils adaptés aux tâches du jardinage.
Un bon geste de jardinage nécessite d'avoir le bon outil pour le faire.

Pour l'ameublissement du sol

La bêche

Vous l'utiliserez pour retourner la terre. C'est un outil de base qu'il faut bien choisir. Bien équilibrée et de bonne qualité, elle vous rendra le travail moins dur. Et pensez à garder le dos bien droit quand vous bêchez. Si vous avez de grandes surfaces et surtout un potager important, n'hésitez pas à investir dans un motoculteur assez puissant.

La pelle

Elle peut remplacer la bêche pour de gros travaux comme creuser un fossé.

La fourche à bêcher pour les sols pierreux avec des racines.
Elle peut aussi servir à enfouir les fertilisants et à déplanter des légumes. Il existe des modèles en acier inox, plus chers mais plus légers.

La houe

Le hoyau est une houe au fer plus étroit

Le piochon de pépiniériste a un fer encore plus étroit et plus long.
Ce sont là des fers plus petits adaptés à un travail d'ameublissement sur des surfaces étroites.

Les conseils du jardinier

Conseils d'achat

Si cela vous est possible, ne faites pas de « petites » économies dans votre équipement en outils de jardinage. Des outils de bonne qualité et bien adaptés à votre morphologie sont nécessaires pour que jardiner reste un plaisir.

Pour un façonnage superficiel

Ce sont là des outils pour un travail en parallèle à la surface du sol.

La griffe pour un hersage léger. Elle extrait les pierres et les racines sur une dizaine de cm de profondeur.

La petite griffe à sarcler pour les travaux délicats dans les massifs et jardinières.

Le râteau américain en métal. Outil précis à utiliser après les autres travaux d'ameublissement et de façonnage superficiel. Choisissez-le avec des dents bien rapprochées et une tête plate et forgée.

La binette avec un fer mince, plat et aiguisé sert à couper les mauvaises herbes et à éclaircir certaines cultures.

Elle sert aussi à briser la couche superficielle du sol et à effectuer de légers mouvements de terrain.

La serfouette est un outil à double usage. Elle peut être une combinaison de pointe et de panne, de pointe et de crochets, de panne et de crochets.

Les sarcloirs à griffes servent à l'arrachage des mauvaises herbes dans les plantations denses.

Le scarificateur, sorte de râteau composé de lames, fait des saignées verticales dans le sol et élimine les couches de mousse et de déchets cellulosiques néfastes à la bonne santé de l'herbe.

Les aérateurs servent à perforer la couche superficielle du sol pour favoriser l'aération et la pénétration de l'eau, des fertilisants, des amendements. Ils existent notamment sous forme de patins à fixer sous les chaussures. Le plus souvent, on utilise un équipement adaptable sur le rouleau de jardin.

Le découpeur de bordure au fer tranchant en demi-lune.

Outils pour la multiplication, la taille, l'entretien

Les greffoirs à écussonner avec une lame incurvée et pointue de 3 à 4 cm de long.

Les épluchoirs à la lame en pointe fine et incurvable.

Les greffoirs en forme de couperet pour les greffages en fente.

Les serpettes pour l'épluchage des boutures ou pour la taille.

Les sécateurs remplacent aujourd'hui les serpettes. Testez bien la résistance du mécanisme et la prise en main avant de faire votre choix définitif.

Le sécateur d'arboriculteur, à manches longs, est indispensable pour couper les branches d'1 cm et plus de diamètre.

La cisaille à haie

Pensez à votre confort en l'achetant. Une haie ne se taille pas en 5 minutes ! Les modèles à lames dentelées saisissent mieux les branches et les tiges. Et il faut qu'elles soient en acier de bonne qualité. C'est comme pour vos couteaux de cuisine, vous verrez la différence !

Les conseils du jardinier

Comment scier une branche

La bonne technique pour scier une branche se déroule en 3 temps :

1/Faites une entaille d'un quart du diamètre, sous la branche, à 15/20 cm du tronc ;

2/ 5 à 8 cm plus loin, scier la branche par haut dessus jusqu'à ce qu'elle se fende jusqu'à la première entaille sans toucher le tronc ;

3/Scier ensuite soigneusement le moignon restant au plus près du tronc en gardant le collet intact (la zone enflée où la branche se rattachait au tronc) pour faciliter la cicatrisation.

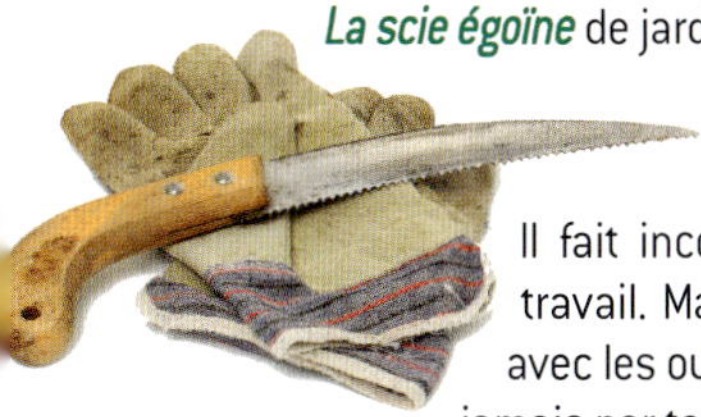

La scie égoïne de jardinier

La scie à élaguer

Le taille-haie à moteur électrique

Il fait incontestablement gagner des heures de travail. Mais n'oubliez pas qu'il faut être prudent avec les outils électriques au jardin. Ne les utilisez jamais par temps humide. Et il faut qu'ils soient équipés d'un coupe-circuit de sécurité qui coupera automatiquement l'alimentation électrique en cas d'incident ou de chute.

Débroussailleuses et tronçonneuses sont des outils de coupe motorisés et puissants à utiliser avec un maximum de prudence.

Pour l'arrosage

L'arrosoir anglais

Surtout utilisé en serre et pour les plantes en pot. Vous trouverez un vaste choix de tailles dans les jardineries. Mieux vaut devoir remplir plusieurs fois un petit arrosoir que manipuler un grand arrosoir trop lourd. Les modèles en fer galvanisé sont très jolis, mais aussi beaucoup plus lourds que les modèles en plastique.

Le vaporisateur

Veillez à bien ranger séparément ceux qui servent à vaporiser de l'eau de ceux qui servent à vaporiser des produits chimiques. Ces derniers doivent être soigneusement rincés après chaque utilisation.

Tuyau d'arrosage

Nécessaire si votre jardin est grand. Calculez bien la longueur dont vous avez besoin pour aller dans tous les recoins et misez plutôt sur une qualité qui durera plusieurs années.

conseils malins

ATTENTION AU TUYAU D'ARROSAGE

Le tuyau d'arrosage n'aime pas les boucles ou les nœuds qui sont des facteurs d'usure rapide. Et quand vous le rangez, prenez le temps de l'enrouler correctement.

Vous gagnerez du temps et de l'énergie à la prochaine utilisation, et puis un enroulage régulier est tellement plus beau à regarder !

Dérouleur sur chariot

5, 10, 15 ou 20 m de tuyau, c'est vraiment lourd, de plus en plus lourd... Et en plus, il sert à bien enrouler votre tuyau après usage.

Arroseur à bras tournant

Arroseur oscillant

Des accessoires indispensables si vous avez de grandes surfaces à arroser abondamment.

La brouette

Les modèles avec caisse plus profonde à l'avant qu'à l'arrière permettent de transporter des charges plus lourdes sans effort supplémentaire. Une roue pneumatique progresse mieux qu'une roue en dur.

Les conseils du jardinier

Un bon équipement pour jardiner

Ne négligez pas votre propre équipement. Une bonne paire de gants de travail, des chaussures imperméables et des genouillères confortables sont le minimum nécessaire.

L'aménagement du jardin

On se déplace beaucoup dans un jardin et, quoiqu'on y pense moins car ce n'est pas aussi spectaculaire qu'un massif bien réussi, son agrément dépend beaucoup du soin apporté à concevoir et à réaliser les allées, en particulier celles qui sont des voies de passage.

Adapter les largeurs d'allée

C'est l'utilisation d'une allée qui doit déterminer sa largeur. Si une voiture doit y passer, il faut prévoir au moins 3 m de largeur, voir 4. Pensez aux manœuvres et aux risques de gel l'hiver en évitant de faire des pentes de plus de 10%.

Les allées de travail, celles ou on passe avec la brouette, un motoculteur ou une tondeuse autoportée, doivent mesurer au moins 1,50 m de largeur et même 2 m idéalement. Pour ces 2 types d'allées, un sol bien stabilisé et des revêtements « tous temps » les plus réguliers possibles sont recommandés. Les allées de circulation à pied nécessitent au moins 80 cm de largeur. Avec 1,50 m, on peut marcher à deux. Dans le potager, entre les planches de légumes, 50 cm peuvent suffire.

Le chemin le plus direct

Surtout si le jardin n'est pas immense, mieux vaut faire simple et s'en tenir à la ligne droite. Les tracés sont plus simples et cela a un effet très positif sur les perspectives. Tout paraît plus grand.

La recommandation est de n'envisager des dessins d'allées avec des courbes qu'au-delà de 30 m de longueur.

Astuce

Pour donner une sensation de plus grande profondeur, diminuez progressivement la largeur d'une allée. Environ 10% tous les 10 m. À l'œil, cela éloigne le fond du jardin. Les grands jardiniers utilisaient cette astuce au XVIIIe siècle pour les perspectives des jardins à la Française.

Stabiliser une allée

Créer une allée de passage automobile est un gros travail. Sa stabilisation consiste à d'abord creuser toute sa surface sur au moins 35 cm de profondeur. On y tasse une couche de 20 cm de cailloux et de mâchefer. On place ensuite du grillage à béton et on coule une chape de 3 cm d'épaisseur. On met ensuite un revêtement de pavés, de briques ou de pierres.

Poser sur sable

Pour d'autres allées, sans passage automobiles réguliers, on peut adopter la pose sur sable si les éléments de revêtement sont des pièces suffisamment lourdes, comme les pierres naturelles, les dalles de béton, les pavés. Creusez le sol sur 25 cm. Recouvrir d'une couche de gravats de 15 à 18 cm. Étalez du sable de carrière. Installer à niveau les pierres, les dalles ou les pavés. Remplir les joints de terreau pour des plantations de plantes de dallage.

Écoulement des eaux

La surface d'une allée doit être très légèrement bombée pour faciliter l'écoulement des eaux de chaque côté dans les massifs de bordure. Et dans le sens de la longueur, il est bon qu'il y ait

aussi une légère pente. En général, on ne peut pas évacuer ses eaux dans le tout-à-l'égout communal. Se renseigner à la mairie et sans doute faudra-t-il prévoir des regards dans le jardin.

Attention, cela glisse

Il y a des matériaux de revêtement pour les allées ou les terrasse qui ne sont pas conseillés au jardin : tout ce qui est calcaire, les carrelages, le marbre, l'ardoise... pour la simple raison qu'ils sont glissants quand ils sont humides. Choisir plutôt des matériaux rugueux insensibles au gel.

Où faire des allées ?

Une fois les allées principales implantées, se pose la question des allées secondaires, l'idée étant de pouvoir accéder à tous les endroits du jardin sans forcément être obligé d'enfiler les bottes. C'est pourtant, dans un premier temps ce qu'il y a de mieux à faire. Cela permet de déterminer un cheminement naturel. Il ne reste plus ensuite qu'à décider quelle proportion de ces cheminements naturels aurait intérêt à être transformée en allées secondaires.

Entretenir une allée en graviers

C'est le revêtement le moins coûteux et le plus facile à faire. Mais, il n'est pas toujours très confortable de marcher dessus et il faut lutter contre les mauvaises herbes.

- Toujours bien tasser le sol avant d'étaler la couche de graviers.
- Choisir plutôt du gravier composé de pierres rondes. Il est plus confortable.
- Posez un film de polyéthylène ou de tissus synthétique spécial sur le sol avant de le recouvrir de graviers. Les deux empêcheront la pousse des mauvaises herbes, le second a l'avantage de laisser passer l'eau.
- Râtissez régulièrement.

Le pas japonais

C'est une très bonne solution pour des allées secondaires ou pour la traversée d'une pelouse. Les pierres ou les dalles peuvent être simplement posées dans une allée de façon qu'on marche naturellement d'une pierre à l'autre. Pour une pelouse, il faut nécessairement les enterrer de façon qu'elles ne gênent pas le passage de la tondeuse. Découpez la pelouse avec un cercle tranchant selon la forme de la pierre. Enlevez la quantité de terre nécessaire avec une pelle pour pouvoir faire un lit d'1cm d'épaisseur de sable ou de gravillons sur lequel la pierre sera fortement enfoncée. Vérifiez le niveau.

Murs et murets

Murs et murets font partie du paysage du jardin. Bien habillés de plantes adaptées, ils font alors mieux que remplir leur fonction de clôture ou de soutènement, ils deviennent des points forts du décor.

Le muret de soutien

Il est souvent indispensable dans des terrains pentus pour éviter des glissements, pour renforcer un talus ou border un remblai. La bonne règle veut qu'il fasse au moins 40 cm d'épaisseur pour 1 m de hauteur.

Il faut augmenter l'épaisseur si on augmente la hauteur. Recouvrir les briques creuses et les parpaings, matériaux les moins coûteux, par un parement de briques ou de pierres. Si possible, les faire en moellons de pierres naturelles.

Le « fruit » du mur

Un muret, comme un mur, ne se monte jamais complètement à la verticale. Il faut l'incliner légèrement en arrière. Cette pente, le « fruit », doit être de l'ordre de 10% de la hauteur. Soit pour un muret d'1 m de hauteur, un écart de 10 cm entre sa base et le sommet. Prévoir une bonne fondation. Une chape de béton de 15 à 20 cm, avec des fers à béton, est la meilleure solution.

Penser au drainage

Prévoir des ouvertures tous les 2 m à la base du muret pour que l'eau puisse s' écouler. Y mettre des morceaux de gouttière en plastique et vérifier de temps à autre que ce n'est pas obstrué. On peut aussi, dans un appareillage de briques, de parpaings ou de pierres, ne pas mettre de mortier dans 1 joint sur 4 ou 5 de la rangée du bas.

Des niches pour les plantes

Des plantes aux tiges retombantes sont très jolies, plantées ou en pot sur le haut du muret ou d'un mur. Prévoir aussi au cours de sa construction des niches, en ne mettant pas ici et là, la ou les briques, ou les pierres, sur une largeur d'au moins 15 cm. Remplir ce trou de terre et planter.

Economisez l'eau

Pensez à placer des plantes en pots sous les plantes en paniers suspendus accrochées à un mur. Ces dernières, qui s'assèchent plus vite en raison du vent, ont besoin de plus d'arrosage. Les pots placés dessous profiteront des écoulements.

Pergolas et tonnelles

Pergolas, tonnelles, arches... toutes ces petites constructions, qui seront des supports pour des plantations verticales, vont donner une autre dimension au jardin. Ce seront en même temps de charmants endroits de repos...

La puissance de la glycine

La glycine est d'une force surprenante. Tout comme la bignone. Elles habillent magnifiquement pergolas et tonnelles . Elles peuvent aussi en tordre ou casser les montants qui sont en général assez fins pour ne pas nuire à l'élégance de ces petites constructions.

Le faire soi-même

On peut construire soi-même de jolies pergolas, tonnelles ou arches en bois. Il faut s'efforcer de ne pas faire des structures trop lourdes. Pour une pergola, des montants verticaux de 10 cm d'épaisseur ou de diamètre seront suffisants s'ils ne sont pas espacés de plus de 2,50 m à 3 m et cela autorisera une structure horizontale elle aussi légère. Prévoir une hauteur de 2,50 à 3 m. Pensez à n'utiliser que des clous et des vis galvanisés. Le bois traité en finition naturelle ne demande quasiment pas d'entretien. Le bois peint tient 4 à 5 ans.

Séparez avec une arche

Une arche en treillis peut faire fonction de porte pour accéder d'une partie du jardin à une autre, créant ainsi la sensation de lieux différents. Elle peut même, si elle est flanquée de part et d'autre, de massifs d'arbustes, diviser un jardin en deux parties, ou marquer une frontière avec le potager.

planter au jardin

arbres, arbustes et arbrisseaux

250 trucs & astuces

Arbres, arbustes et arbrisseaux

Quelques trucs pour vos arbres...

L'arbre de Judée n'aime pas être transplanté. Il vaut donc mieux l'acheter en conteneur et bien choisir une fois pour toutes l'endroit où vous allez le planter. C'est vrai aussi pour **l'arbousier**.

Pour avoir de plus belles couleurs à l'automne, pensez à épandre du sulfate de potassium au pied de votre **cornouiller** à la fin de l'été.

Pour votre **arbre aux 40 écus**, le ginkgo, préférez un arbre mâle car malheureusement le fruit des ginkgos femelles sent vraiment très mauvais.

Il y a des tâches en forme de spirale sur les feuilles de votre **cytise**. C'est le signe qu'il est victime d'une attaque de chenilles mineuses. Il faut pincer les feuilles atteintes avec les doigts pour écraser les cocons et brûler les feuilles tombées. Et dès le début du printemps, pulvérisez un insecticide pour éviter leur retour.

Profitez de votre **cerisier à fleurs** dans votre salon en composant d'élégants Ikebanas, à la japonaise. Il vous suffit pour cela de couper en février quelques rameaux boutonnés et de les mettre dans un vase. Ils vont rapidement fleurir.

Vous pouvez aussi le faire dès la mi-janvier avec le **forsythia**, ce ne seront pas des Ikebanas, mais des rameaux fleuris en jaune. C'est aussi très joli.

Quel plaisir d'avoir des arbres fleuris en hiver ! C'est le cas du **mimosa** à la magnifique floraison jaune parfumée. Pour être sûre d'avoir beaucoup de fleurs achetez plutôt des sujets greffés.

L'amélanchier craint l'oïdium, la maladie du « blanc », surtout par les printemps doux et humides. Pensez à le traiter avec un produit soufré ou un fongicide contre le « blanc du rosier ».

Quand vous utilisez un désherbant, attention à vos **buis** ! Ils détestent.

Certains arbustes ont besoin d'être rabattus très court pour avoir des repousses nombreuses et vigoureuses et une floraison généreuse. C'est le cas de **l'arbre à papillons**. Alors, n'hésitez pas avec votre buddléia (son autre nom) et mille papillons viendront voleter sur ses mille fleurs !

S'il y a un espace jeux pour les enfants dans votre jardin, pensez à ne pas planter vos **épineux** à proximité. Certains ont des épines vraiment très acérées comme le cognassier du Japon, l'ajonc, l'épine-vinette, l'oranger trifolé...

Même punition pour le **laurier-rose**. Plantez-le loin des espaces fréquentés par les enfants car il est très toxique.

Savez-vous pourquoi il vaut mieux planter les arbustes mellifères un peu à l'écart de la maison ? Parce que « mellifère » signifie qu'ils attirent les insectes en général et les abeilles en particulier. Le **cotonéaster** est un arbuste mellifère.

Le **buisson-ardent**, qui fait de si magnifiques haies défensives, est malheureusement sensible au feu bactérien. Veillez à n'acheter que des variétés sélectionnées chez des professionnels reconnus.

L'arbre au milieu de la pelouse

Vous avez pensé bien sûr à laisser sans gazon une surface circulaire autour du tronc d'un diamètre égal à 4 fois la taille de la motte. C'est nécessaire pour qu'il puisse se nourrir sans entrer en concurrence avec l'herbe. Pourquoi ne pas y installer un banc qui fasse le tour de l'arbre en veillant à lui laisser de quoi grandir ? Le gazon poussant mal sous l'arbre, vous pouvez aussi y créer un parterre de plantes de sous-bois telles que des anémones, des cyclamens, des géraniums ou des iris en sélectionnant bien les espèces adaptées. Ou l'entourer d'un couvre-sol.

Trop d'ombre nuit au jardin

Faites élaguer les branches basses de vos grands arbres. Elles projettent souvent trop d'ombre sur des plantations qui ont besoin de soleil. Ou elles rendent inaccessibles des surfaces que vous pourriez utiliser par exemple avec des plantations qui aiment l'ombre. Un élagueur professionnel sera la garantie que votre arbre ne sera pas endommagé et gardera son allure naturelle.

Protéger l'écorce de vos arbres

Les lapins aiment se faire les dents sur les troncs d'arbres. Protégez-les donc en les entourant d'un grillage que vous ajusterez une fois par an pour ne pas gêner leur croissance.

Enlever le bois mort d'un arbuste

On peut tailler le bois mort en toute saison, mais il est plus facile à repérer quand l'arbuste porte ses feuilles. Coupez les tiges avec un sécateur jusqu'à ce que vous arriviez au bois vivant. Profitez-en pour

Les conseils du jardinier

Conseils d'achat

Vous pouvez acheter toute l'année les arbres et arbustes en conteneurs. En revanche pour ceux à racines nues, faites-le de préférence fin octobre/début novembre, moment où il y a le plus de choix, et jusqu'en mars car c'est la période de repos de végétation pendant laquelle vous pouvez les planter.

Prenez le temps d'examiner les plantes avant de les acheter.

Regardez les racines qui doivent être saines et intactes. Pour les arbustes en conteneur, enlevez délicatement le pot et constater si la terre de la motte se tient et si les racines sont visibles sans être emmêlées et excessivement nombreuses. Cela voudrait dire que cette plante est en pot depuis trop longtemps.

Pas de feuilles jaunies ou fanées, ni de blessures, de traces de maladies. Pas de présence d'insectes. Une pousse bien espacée : voilà ce que sont les critères de qualité pour un arbuste en conteneur ou en motte dont vous vérifierez en la pressant doucement que la terre est compacte et humide. Jeune et peu développé, il prendra mieux.

Pour les arbustes à racines nues, choisissez ceux à tiges vigoureuses et bien réparties, sans pousses latérales tordues, avec des boutons bien visibles.

éliminer aussi les tiges maigres et croisées près du sol en taillant au-dessus d'un bouton. Elles empêchent les éléments nutritifs de la terre de bien nourrir les pousses intéressantes.

Jamais deux fois...

Un arbuste de même espèce ou très proche cousin ne doit jamais être planté à la suite au même endroit sous peine de ne pas pouvoir se développer et de dépérir, son prédécesseur à cette place ayant « vampirisé » le sol.

Stop aux araignées rouges

Par temps chaud et sec, en milieu de journée, faites prendre deux douches de suite à l'eau froide à vos conifères. Cela empêchera l'arrivée des araignées rouges.

Écologique

Fertilisez naturellement vos arbustes en mettant à leurs pieds des déchets végétaux qui se transforment en humus en se décomposant. Ajouter en faible quantité de la cendre de bois.

Cicatrisez absolument les plaies de taille de vos arbres et arbustes

Des champignons microscopiques s'attaquent très vite aux blessures et provoquent des maladies. Il faut cicatriser la plaie avec un mastic spécial à passer au pinceau. Mais, c'est un barrage provisoire qui se dégrade avec le temps. Il faut donc surtout faciliter des cicatrisations naturelles rapides en respectant bien les angles de coupe : perpendiculaire à l'axe pour les branches obliques et angle de 10° par rapport à la verticale pour les branches horizontales.

Une cuvette

Une fois votre arbre planté, formez une petite cuvette tout autour de son jeune tronc. Il va avoir besoin de beaucoup d'eau et cette cuvette remplie va tasser la terre autour des racines. Elles vont du coup mieux se nourrir de ses éléments nutritifs et la croissance n'en sera que meilleure.

Les pieds dans l'argile

Ces arbres et arbustes poussent bien dans des sols argileux : bouleau, catalpa, chêne, peuplier, pommier d'ornement. Aronia, aubépine, aucuba, groseillier à fleurs, mahonia, skiimmia, symphorine.

Les pieds dans le sable

Un sol sableux ne les effraie pas : acacia, eucalyptus, frêne, peuplier, sorbier, armoise, berbéris, cotonéaster, cytise, hélianthème.

ZOOM

L'étiquette du pépiniériste

- CONT : conteneur
- RN : racines nues
- M. : motte
- TR : tige transplantée
- C : feuillage caduque
- P : feuillage persistant
- SP : feuillage semi-persistant
- Arbre 8/10 : diamètre du tronc en cm, à 1 m du sol
- Arbuste 30/40 : hauteur en cm, du sol à l'extrémité de la branche la plus haute
- Conifère 175/200 : hauteur en cm, du sol à l'extrémité de la flèche.
- Scion : arbre greffé d'1 an avec une seule tige
- Baliveau : arbre de 2 ans, non taillé

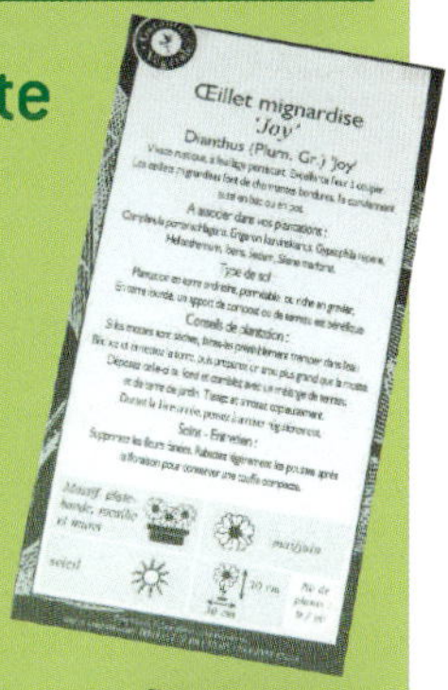

Les conseils du jardinier

Comment implanter une haie

1/ Une fois son emplacement décidé, commencer par bien travailler la terre avec un bon bêchage sur 1,50 m de largeur. C'est là qu'on apprécie de disposer d'un bon motoculteur.

2/ Procéder ensuite à une fertilisation. Engrais ou fumier. Une brouette tous les 2 m à enfouir par un nouveau bêchage.

3/ 15 jours à 1 mois plus tard vient le temps de la plantation. À faire sur un film plastique noir qui a un double avantage : il empêche la pousse des mauvaises herbes et, en gardant la terre humide, il permet de réduire les arrosages. Le trouer aux distances conseillées pour vos arbustes. Enfouir ses bords dans la terre pour qu'il n'y ait pas de prise au vent. Arroser.

Tailler tout de suite !

Une haie se taille dès la première année. Sinon, elle manquera de densité. La règle est très simple : chaque année, il faut tailler au moins la moitié de sa nouvelle pousse. Et suivre les indications particulières pour les arbustes que vous avez choisis.

- *Lui donner une forme plus étroite en haut qu'en bas pour faciliter la taille et éviter qu'un sommet trop lourd s'abîme sous le vent.*
- *À la hauteur voulue, rabattre le sommet de 30 cm. Il repoussera avec plus de vigueur en buissonnant.*
- *Commencer les tailles par le bas et remonter. On voit mieux ce que l'on fait.*
- *Pour les tiges épaisses, prenez un sécateur. Les cisailles ou le taille-haie pourraient se bloquer ou riper.*
- *Avec un taille-haie électrique, maintenir la lame parallèle à la haie et orienter les mouvements vers le haut. Ne pas forcer pour atteindre des endroits difficiles d'accès.*
- *Utiliser des piquets et un cordeau comme guide pour les hauteurs, les angles, les différentes sections.*

Vos résidus de taille enrichiront le tas de compost.

Les conseils du jardinier

Quelles plantes pour quelles haies ?

- *Haies basses jusqu'à 1 m de hauteur*
  - *Feuillage caduc : berberis pourpre nain, potentille, prunier des sables, saule pourpre, spirée de Thunberg...*
  - *Feuillage persistant : cotonéaster, laurier cerise, lavande, lonicera nitida, romarin...*
- *Haies moyennes de 1 à 2 m de hauteur*
  - *Feuillage caduc : aubépine, berberis pourpre, cognassier du Japon, forsythia, groseilliers à fleurs, noisetier pourpre, rosiers arbustifs, saules à feuilles, spirée...*
  - *Feuillage persistant : aucuba du Japon, berberis, buis, buisson-ardent, cotonéaster, escallonia, fusain, houx, laurier, oranger trifolié, troëne...*
- *Haies hautes de 2 à 3 m et plus de hauteur*
  - *Feuillage caduc : argousier, charme, cornouiller mâle, érable, févier, prunier d'ornement, tamaris...*
  - *Feuillage persistant : chêne vert, laurier cerise, laurier-sauce, laurier du Portugal, olivier de Bohême, cyprès, thuyas...*

Les pieds dans la craie

Ces arbres et arbustes acceptent les sols calcaires : aulne, arbre de Judée, bouleau, charme, chêne, érable, frêne, hêtre, marronnier, peuplier, tilleul, buddléia, clématite, forsythia, lilas, pervenche.

Les pieds dans l'eau

En réalité, on ne veut pas parler ici des plantes d'eau mais des arbres et arbustes à l'aise dans la terre humifère, une terre noire et spongieuse avec beaucoup de débris végétaux qui retient bien l'eau : châtaignier, cornouiller, eucalyptus, houx, magnolia, ajonc, azalée, bignone, camélia, cytise, hélianthème, rhododendron.

C'est la loi

La distance légale pour planter un arbuste qui ne dépasse pas 2 m de hauteur est de 50 cm de la limite de séparation des 2 propriétés.
Au-dessus de 2 m de hauteur, la distance est de 2 m. Mais il vaut mieux prendre en compte aussi l'envergure de l'arbuste ou de l'arbre pour éviter d'avoir à gérer la question des branches qui dépassent chez le voisin.

Quand tailler ?

La règle générale est qu'on taille au début du printemps les arbustes qui fleurissent en été. Et on taille après la floraison ceux qui fleurissent plus tôt.

Respectez les nids

Si vous trouvez un nid dans une haie que vous vous apprêtiez à tailler, retardez la taille d'une semaine ou deux, le temps que les oisillons prennent leur envol.

Ces haies attirent les oiseaux

Berberis, pyracantha, cotonéaster, sorbier, houx, sureau, troëne, aubépine, prunellier, genévrier... aux arbustes touffus et aux fructifications tardives, sont des refuges pour les nids et des mangeoires d'automne et de début d'hiver. Surtout s'ils sont en haies libres et que vous avez planté des tournesols à leurs pieds.

Prudence avec l'aubépine

En principe, vous n'en trouverez plus chez votre pépiniériste car sa multiplication pour la vente a été interdite en raison de sa sensibilité au feu bactérien. Elle peut devenir un redoutable foyer d'infestation pour les autres plantes sensibles.

Les grimpantes qui tapissent !

Faute de support, certaines grimpantes se transforment en tapissantes. Leurs branches se transforment en racines en restant au sol par un marcottage spontané. C'est le cas du lierre et du chèvrefeuille. Mais en général, elles n'apprécient pas et dépérissent.

Au pied du mur

Planté près d'un mur, le lierre n'a pas besoin de support pour grimper. Dotés de crampons, ou de ventouses comme la vigne vierge, ces plantes grimpent toutes seules. L'hortensia grimpant, le jasmin de Virginie et la bignone s'accrochent aussi tout seuls. Un mur en bon état et crépi ne craint rien. En revanche, des grimpantes en s'insinuant dans les joints d'un mur aux pierres en partie descellées peut l'abîmer encore plus.

Si la glycine ne fleurit pas…

Il est probable qu'une terre trop riche en azote la pousse à se développer trop vite et empêche la formation des boutons floraux. Il faut alors apporter un engrais potassique et phosphaté. Et interdiction de faire des ajouts de matières organiques. Bien tailler au fur et à mesure de la croissance, plusieurs fois par an. Éliminer les rameaux latéraux. Réduire de 3/4 toute pousse secondaire qui dépasse 60 cm, à 2/3 feuilles du point de départ. En hiver, réduire de moitié les pousses terminales et ne conserver que deux yeux sur les autres.

La clématite n'aime pas l'humidité

Les fleurs de cette grimpante volubile sont souvent exceptionnelles. Évitez de la doper d'engrais qui favoriseront plus le développement de son feuillage que celui de ses fleurs. Et ne paillez pas son pied. Trop d'humidité et elle risque de dépérir.

Le jasmin endort

Choisissez avec soin l'endroit où vous plantez votre jasmin. Les magnifiques fleurs de cet arbuste ont un parfum entêtant aux vertus narcotiques. Près de votre salon de jardin, c'est la somnolence assurée !

Une gelée pas forcément fatale

Une plante brûlée par le gel peut repartir. Il faut alors rabattre toute sa ramure au niveau du sol en mars. La souche, généreusement arrosée, repart dans la majorité des cas.

À consommer : la capucine grimpante

Les fleurs sont excellentes dans la salade et ses boutons floraux, confits, peuvent être consommés comme des câpres.

planter au jardin

les fiches arbres

les symboles utilisés

ensoleillement et intempéries

plein soleil — mi-ombre — ombre

supporte la chaleur — craint le gel — ne craint pas le gel

arrosage

faible — moyen — fort

croissance

faible — moyenne — forte

terres

ne supporte pas les terres calcaires

a besoin de terre de bruyère

floraison

J F M A M J J A S O N D

les mois en rouge sur fond jaune indiquent la période de floraison

Arbre aux 40 écus — *Ginkgo biloba*

FAMILLE : arbre de la famille des Ginkgocaceae. **TERRE :** bien drainée, profonde. Accepte le calcaire. N'aime pas l'humidité stagnante. **EXPOSITION :** ensoleillée tempérée. **CULTURE :** planter au printemps des arbres en conteneur ou en motte. Arroser. Tuteurer.

DESCRIPTION : arbre sacré en Asie, seul survivant végétal à la bombe atomique d'Hiroshima, très rustique. Ses grandes feuilles en formes d'éventail deviennent jaunes d'or en automne. À utiliser en isolé ou en petit groupe.

TYPE DE PLANTE : caduque.
DIMENSION : de 15 à 30 m de hauteur pour 6 à 10 m d'envergure.

Arbre de Judée — *Cercis siliquastrum*

FAMILLE : arbre de la famille des Fabaceae.
TERRE : riche, profonde, neutre.
EXPOSITION : plein soleil à l'abri des vents froids.
CULTURE : pailler en hiver contre les fortes gelées. Tailler court chaque année. Semis au printemps de graines conservées deux mois dans du papier humide à 5 °C.
DESCRIPTION : rustique et florifère. Fleurs roses ou blanches à même le bois. Feuilles dorées en automne. Il atteint 3 m en 4 ans. À planter en isolé.
TYPE DE PLANTE : caduque.
DIMENSION : de 5 à 8 m de hauteur et de 2 à 4 m d'envergure.

Albizia julibrissin — Arbre de soie

FAMILLE : arbre de la famille des Fabaceae. **TERRE :** fertile, même calcaire, perméable. **EXPOSITION :** ensoleillée et chaude, à l'abri du vent.
CULTURE : semer en avril sous abris. Repiquer en godet et mettre en place en automne dans un espace dégagé à la lumière. Protéger du gel. Tailler.
DESCRIPTION : connu aussi sous le nom d'acacia de Constantinople. Plusieurs variétés aux fleurs rosées ou rouge vif. Arbre d'ombrage à planter en isolé. **ORIGINE :** Perse. **TYPE DE PLANTE :** caduque. **DIMENSION :** de 8 à 12 m de hauteur pour 6 à 10 m d'envergure.

J F M A M J J A S O N D

Alnus spp. — Aulne

FAMILLE : arbre de la famille des Bertulaceae. **TERRE :** bien travaillée, même détrempée et pauvre mais pas calcaire. **EXPOSITION :** soleil tempéré. **CULTURE :** laisser faire la nature. **DESCRIPTION :** rustique et de croissance rapide, souvent centenaire. Ses racines enrichissent le sol en protéines qu'il transforme à partir de l'azote de l'air. Plusieurs variétés dont l'aulne blanc à l'écorce gris clair et aux feuilles à revers argenté. À utiliser en isolé ou rideau brise-vent. **ORIGINE :** hémisphère nord, Pérou et cordillère des Andes. **TYPE DE PLANTE :** caduque.
DIMENSION : de 8 à 18 m de hauteur pour 6 à 8 m d'envergure.

J F M A M J J A S O N D

Betula spp. — Bouleau

FAMILLE : arbre de la famille des Betulaceae. **TERRE :** bonne terre profonde et fraîche, plutôt humide. **EXPOSITION :** plein soleil possible en zone tempérée. **CULTURE :** les jeunes arbres doivent être tuteurés. Arroser en été. Traiter contre les pucerons. **DESCRIPTION :** arbres rustiques appréciés pour leur écorce blanche et leurs feuilles légères qui deviennent jaunes d'or en automne. Croissance assez rapide de 5 m en 4 ans. À planter en isolé ou en groupe de 2 à 3. **TYPE DE PLANTE :** caduque. **DIMENSION :** de 8 à 20 m de hauteur pour 5 à 10 m d'envergure.

J F M A M J J A S O N D

Cyprès *Cupressus spp.*

FAMILLE : arbre de la famille des Cupressaceae.
TERRE : légère, profonde, calcaire, caillouteuse… mais pas d'humidité stagnante.
EXPOSITION : soleil et chaleur.
CULTURE : planter au printemps.
Pas besoin d'arrosage. Laisser faire la nature. Pailler par temps froid.
DESCRIPTION : port conique ou en colonne. Odeur de résine.
Croissance d'1 m par an. 24 espèces. Le cyprès de Provence peut vivre 500 ans. À utiliser en isolé, en haie, en brise-vent.
TYPE DE PLANTE : persistante.
DIMENSION : de 5 à 15 m de hauteur pour 2 à 5 m d'envergure.

Cytise *Laburnum spp.*

FAMILLE : petit arbre de la famille des Sabaceae.
TERRE : bien travaillée, même calcaire ou caillouteuse.
EXPOSITION : soleil tempéré.
CULTURE : tuteurer les jeunes arbres. Inutile de tailler. Protéger des chenilles. Brûler les feuilles tombées. Pulvériser au début du printemps un insecticide préventif.
DESCRIPTION : rustique, belle floraison en grappes pendantes jaune d'or au printemps. Les gousses d'été ont des graines toxiques. Croissance d'1 m par an. À utiliser en isolé ou en haie libre. **ORIGINE :** Europe Centrale et du Sud. **TYPE DE PLANTE :** caduque.
DIMENSION : de 5 à 8 m de hauteur et 3 à 5 m d'envergure.

Acer spp. — Érable

FAMILLE : arbre de la famille des Sapindaceae **TERRE :** fertile et profonde. Un sol frais est le mieux adapté. **EXPOSITION :** Plein soleil en zone tempérée ou légèrement à l'ombre à l'écart des vents trop vifs. **CULTURE :** Humidifier le sol les deux premiers étés après la plantation. Tailler, puis élaguer tous les trois ans avant le mois de décembre.
DESCRIPTION : Plus de 150 espèces d'Érables aux feuillages toujours spectaculaires en automne. Croissance rapide de 1 à 2 m par an.
ORIGINE : Amérique, Asie. **TYPE DE PLANTE :** caduque. **DIMENSION :** 6 à 30 m de hauteur pour 3 à 12 m d'envergure.

Erythrina crista-galli — Érythrine crête-de-coq

FAMILLE : plante tropicale de la famille des Fabaceae. **TERRE :** riche, profonde et bien drainée. Ajouter du fumier en mars.
EXPOSITION : ensoleillée chaude. À l'abri du vent et du gel. **CULTURE :** à sortir en avril-mai, en pleine terre au sud, en bac ailleurs. Arroser abondamment. Pailler fortement à l'automne. Hiverner. **DESCRIPTION :** l'arbre corail porte de superbes fleurs charnues rouge corail en grappes semi-pendantes de 30 à 70 cm de long. 120 espèces. À planter en isolé, en massif, en bac. Origine : Brésil. **TYPE DE PLANTE :** caduque. **DIMENSION :** de 1 à 3 m de hauteur pour 1,5 m d'envergure.

Eucalyptus spp. — Eucalyptus

FAMILLE : arbre aromatique de la famille des Myrtaceae. **TERRE :** bien drainée, assez sèche. **EXPOSITION :** plein soleil, à l'abri des vents violents. **CULTURE :** planter au début du printemps. Croissance rapide. Laisser faire la nature.
DESCRIPTION : très beau feuillage gris-vert argenté et très caractéristique écorce qui s'exfolie. 3 espèces de Tasmanie résistent à -20 °C. À planter en rideau, en groupe ou en isolé.
ORIGINE : Australie et Nouvelle-Guinée.
TYPE DE PLANTE : persistante. **DIMENSION :** de 15 à 30 m de hauteur et de 6 à 15 m d'envergure.

Faux acacia — *Robinia pseudoacacia*

FAMILLE : arbre de la famille des Fabaceae. **TERRE :** sol léger, caillouteux, pas trop calcaire, sec. **EXPOSITION :** au soleil, à l'abri des vents forts. **CULTURE :** planter en automne, soutenir avec un tuteur et laisser l'arbre grandir. **DESCRIPTION :** très rustique, cet arbre appelé aussi « robinier », pousse partout. Feuillage léger. Belles floraisons de grappes de fleurs blanches ou roses, très parfumées. Des variétés bien adaptées pour le jardin : le « Frisia », jaune d'or l'été, le « Casque rouge » à fleurs roses. **ORIGINE :** Amérique du Nord. **TYPE DE PLANTE :** caduque. **DIMENSION :** de 10 à 15 m de hauteur pour 5 à 8 m d'envergure.

Févier d'Amérique — *Gleditsia triacanthos*

FAMILLE : arbre épineux de la famille des Fabaceae. **TERRE :** riche et profonde, sableuse, éventuellement calcaire, pas trop humide. **EXPOSITION :** soleil tempéré, à l'abri du vent. **CULTURE :** planter en automne et laisser faire la nature. En haie, tailler de près. **DESCRIPTION :** rustique, de forme élégante, très épineux, feuillage vert clair qui devient jaune en automne. Gousses acajou après une faible et courte floraison. Croissance rapide. À utiliser en isolé, en haie, en alignement. **TYPE DE PLANTE :** caduque. **DIMENSION :** de 10 à 25 m de hauteur et de 6 à 15 m d'envergure.

Frêne commun — *Fraxinus excelsior*

FAMILLE : arbre rustique de la famille des Oleaceae. **TERRE :** profonde, riche, humide ou calcaire. **EXPOSITION :** ensoleillée, vents modérés. **CULTURE :** le laisser pousser tout seul. **DESCRIPTION :** ses feuilles n'apparaissent qu'en mai mais sont parmi les dernières à tomber. Sa croissance est rapide (5 m en 5 ans). Plusieurs variétés dont une à port pleureur. À utiliser en isolé, en alignement, en bosquet. **TYPE DE PLANTE :** caduque. **DIMENSION :** de 10 à 30 m de hauteur pour 5 à 15 m d'envergure.

Fagus sylvatica — Hêtre commun

FAMILLE : grand arbre de la famille des Fagaceae.
TERRE : fraîche, même pierreuse et calcaire.
EXPOSITION : soleil, mi-ombre.
CULTURE : tailler une fois par an. Éliminer les vieux rameaux. Peut se planter en haie tous les 80 cm.
DESCRIPTION : parmi les variétés, les différents « Purpurea » au feuillage de printemps pourpre sont bien adaptés au jardin. Les fruits appelés faines contiennent une amande dont on tire une huile alimentaire.
TYPE DE PLANTE : caduque.
DIMENSION : de 15 à 40 m de hauteur pour 8 à 20 m d'envergure.

Taxus baccata — If commun

FAMILLE : conifère de la famille des Taxaceae.
TERRE : ordinaire, même sèche et calcaire.
EXPOSITION : toutes sont possibles.
CULTURE : planter au printemps ou en automne, tous les 80 cm pour une haie. Tailler en mai et septembre. Fertiliser en avril. Bien arroser et pailler par temps sec.
DESCRIPTION : forme conique, feuillage vert sombre. Les plantes femelles ont des fruits rouges. Croissance lente mais durée de vie sur plusieurs siècles. 10 espèces depuis la forme buissonnante, en boule et en colonne. À utiliser en haie taillée, en topiaire, en bac.
ORIGINE : Méditerranée. **TYPE DE PLANTE :** persistante.
DIMENSION : de 3 à 20 m et d'1,5 m à 10 m d'envergure.

Jacaranda — *Jacaranda mimosifolia*

FAMILLE : arbre tropical de la famille des Bignoniaceae. **TERRE :** bien drainée, riche et fraîche. **EXPOSITION :** très ensoleillée, à l'abri des vents et du gel. **CULTURE :** en pleine terre par climat doux, partout ailleurs en bac. On le sort de mai à octobre. Hivernage en véranda. **DESCRIPTION :** très bel arbre décoratif aux grappes de fleurs bleu mauve. À utiliser en isolé et surtout en bac sur la terrasse. **ORIGINE :** Amérique du Sud. **TYPE DE PLANTE :** caduque. **DIMENSION :** de 8 à 15 m de hauteur pour 6 à 10 m d'envergure.

Magnolia — *Magnolia spp.*

FAMILLE : arbre et arbuste de la famille des Magnoliaceae. **TERRE :** riche, fraîche, humide, acidité selon l'espèce. **EXPOSITION :** soleil tempéré, mi-ombre, à l'abri des vents. **CULTURE :** planter en automne les plantes caduques et au printemps les persistantes. Arroser et pailler en été. Doucher le soir en période de canicule. Pas de taille. **DESCRIPTION :** fleurs solitaires en trompettes, en coupes ou étoilées, souvent très parfumées. 125 espèces à feuillages caduques ou persistants et de nombreux hybrides. À utiliser en isolé, en haie libre, en massif. **ORIGINE :** est de l'Asie et est des États-Unis. **TYPE DE PLANTE :** caduque et persistante. **DIMENSION :** de 2 à 15 m de hauteur pour 2 à 10 m d'envergure.

Métaséquoia — *Pinus spp.*

FAMILLE : conifère de la famille des Pinaceae. **TERRE :** profonde, légère, bien drainée, humifère et plutôt acide. **EXPOSITION :** plein soleil, chaleur. Supporte le vent et les embruns. **CULTURE :** planter d'octobre à avril. Arroser les premiers étés. Engrais en avril les 4 premières années. Sarcler autour du tronc. **DESCRIPTION :** il existe 120 espèces de toutes les dimensions et de toutes les formes : en boule, en parasol, buissonnant, la plupart très rustiques. À utiliser en isolé, en rideau, en alignement. **ORIGINE :** hémisphère nord tempéré. **TYPE DE PLANTE :** persistante. **DIMENSION :** de 1 à 30 m de hauteur et de 1 à 12 m d'envergure.

Ulmus spp. — Orme

FAMILLE : arbre de la famille des Ulmaceae. **TERRE :** riche, profonde, fraîche et humifère. **EXPOSITION :** à l'abri des vents trop forts, au soleil. **CULTURE :** planter en automne, soutenir avec des tuteurs, arroser et pailler. Éliminer les rameaux secs. **DESCRIPTION :** décimés par la graphiose, les ormes renaissent aujourd'hui avec des espèces et des hybrides plus résistants. Rustique. Croissance de 3 à 4 m en 5 ans. Choisir l'orme de Chine ou des hybrides très résistants et somptueux comme le « Sapporo Autumn Gold » au feuillage rouge. **ORIGINE :** hémisphère nord. **TYPE DE PLANTE :** caduque. **DIMENSION :** de 10 à 30 m pour 5 à 8 m d'envergure.

Brahea armata — Palmier bleu

FAMILLE : petit arbre de la famille des Arecaceae. **TERRE :** drainé, riche, sablonneux, profond, acide ou neutre. **EXPOSITION :** plein et chaud soleil. **CULTURE :** arroser régulièrement par forte chaleur. Éliminer chaque hiver les palmes abîmées. Bien dégager le tronc (stipe). Croissance assez lente. Nécessite une assez longue chaleur estivale. À protéger du gel (-10 °C). **DESCRIPTION :** ce petit palmier aux palmes recouvertes d'une cire bleutée a un tronc court et massif. Belles inflorescences de fleurs crème. **ORIGINE :** Mexique. **TYPE DE PLANTE :** persistante. **DIMENSION :** de 6 à 12 m de hauteur et de 3 à 5 m d'envergure.

Populus spp. — Peuplier

FAMILLE : arbre de la famille des Salicaceae. **TERRE :** neutre, fraîche, plutôt riche. **EXPOSITION :** au soleil dans un espace dégagé. **CULTURE :** arroser régulièrement les premiers étés et pailler. Traiter contre les chenilles. Tailler en hiver. **DESCRIPTION :** arbre rustique à la croissance rapide (de 5 à 7 m en 4 ans). 35 espèces dont le tremble au feuillage bruissant dans le vent. Le « Fritzi Pauley » est le plus résistant et le « Nivea » au feuillage gris et blanc sans doute le plus élégant. À planter en isolé ou en rideau brise-vent. **ORIGINE :** hémisphère nord. **TYPE DE PLANTE :** caduque. **DIMENSION :** de 20 à 30 m de hauteur. 6 à 10 m d'envergure.

Pin — *Pinus spp.*

FAMILLE : conifère de la famille des Pinaceae. **TERRE :** profonde, légère, bien drainée, humifère et plutôt acide. **EXPOSITION :** plein soleil, chaleur. Supporte le vent et les embruns. **CULTURE :** planter d'octobre à avril. Arroser les premiers étés. Engrais en avril les 4 premières années. Sarcler autour du tronc. **DESCRIPTION :** il existe 120 espèces de toutes les dimensions et de toutes les formes : en boule, en parasol, buissonnant, la plupart très rustiques. À utiliser en isolé, en rideau, en alignement. **ORIGINE :** hémisphère nord tempéré. **TYPE DE PLANTE :** persistante. **DIMENSION :** de 1 à 30 m de hauteur et de 1 à 12 m d'envergure.

Platane — *Platanus x hispanica*

FAMILLE : grand arbre de la famille des Proteaceae. **TERRE :** fraîche, riche, profonde, bien drainée. **EXPOSITION :** plein soleil. **CULTURE :** planter à l'automne. Tuteurer. Taille d'équilibrage les premières années. Protéger avec un insecticide de la tigre du platane, une punaise qui altère les feuilles de plaques blanchâtres avec des débris noirs. **DESCRIPTION :** hybride rustique au caractéristique feuillage doré en automne. Croissance rapide, de 8 à 10 m en 5 ans. À utiliser en rideau, en isolé. **TYPE DE PLANTE :** caduque. **DIMENSION :** de 20 à 35 m de hauteur pour 10 à 20 m de hauteur.

Pommier à fleurs — *Malus spp.*

FAMILLE : arbre et arbuste de la famille des Rosaceae. **TERRE :** toute terre de jardin, même un peu calcaire. Nécessite apports organiques et engrais. **EXPOSITION :** sol abrité à l'écart des vents dominants. **CULTURE :** planter de l'automne à mars. Arrosez par temps chaud et sec. Tuteurer. Dégager le pied du tronc sur 60 cm. Pailler avec du compost en juin. Nécessité de traitements préventifs contre les insectes et les maladies. Pas de taille sur les pommiers d'ornement. **DESCRIPTION :** floraisons blanches, roses ou rouges, magnifiques et fragiles suivies de fruits décoratifs. Utiliser en isolé, haie libre, massif près du verger car ils facilitent la pollinisation des pommiers à fruits. **ORIGINE :** hémisphère nord, tempéré. **TYPE DE PLANTE :** caduque. **DIMENSION :** de 2 à 7 m de hauteur pour 2 à 5 m d'envergure.

Abies spp. — Sapin

FAMILLE : arbre de la famille des Pinaceae. **TERRE :** profonde, riche, humifère et plutôt non calcaire. **EXPOSITION :** mi-ombre, soleil léger, humidité. Pas trop de vent. **CULTURE :** planter au printemps ou en septembre-octobre. Tuteurer. Arroser régulièrement. Tailler pour équilibrer. Traiter contre les araignées rouges. **DESCRIPTION :** silhouette conique très géométrique. Les cônes, bleu pourpre ou violet, sont dressés. 50 espèces de toutes les tailles et de toutes les formes. À utiliser en isolé, en rideau, en alignement, loin de la maison. Formes naines pour les bordures ou les rocailles. **TYPE DE PLANTE :** persistante. **DIMENSION :** de 1 à 30 m de hauteur pour 1 à 15 m d'envergure.

Salix spp. — Saule

FAMILLE : arbre de la famille Salicaceae. **TERRE :** fraîche et humide, plutôt lourde et riche, mais pas calcaire. **EXPOSITION :** au soleil. Fraîcheur et humidité lui conviennent. **CULTURE :** planter en automne. Arroser et pailler. Rabattre pour limiter le développement. **DESCRIPTION :** 300 espèces d'arbres et d'arbustes. Allure souple, voir « pleureuse ». Feuillage argenté. À utiliser en isolé, en brise-vent, avec de l'espace au bord de l'eau. **TYPE DE PLANTE :** caduque. **DIMENSION :** de 2 à 20 m de hauteur pour la même envergure.

Sorbus spp. — Sorbier

FAMILLE : arbre de la famille des Rosaceae. **TERRE :** riche, profonde, acide et bien drainée. **EXPOSITION :** ensoleillée tempérée. Passe bien les hivers froids. **CULTURE :** planter à la fin de l'automne. Tuteurer et arroser bien les premières années. Taille inutile. Supprimer les rameaux desséchés. **DESCRIPTION :** 100 espèces, la plupart caduques et rustiques. Les fruits attirent les oiseaux. Belle couleur en automne. Croissance rapide. Lui donner de l'espace. À planter en isolé ou en alignement. **TYPE DE PLANTE :** caduque. **DIMENSION :** de 5 à 15 m de hauteur et de 3 à 6 m d'envergure.

Tulipier de Virginie — *Liriodendron tulipifera*

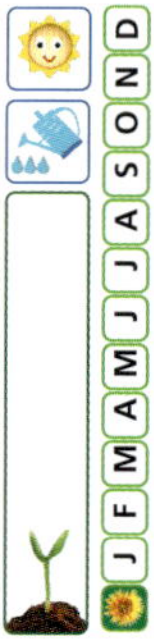

FAMILLE : grand arbre de la famille des Magnoliaceae. **TERRE :** profonde, fraîche, amendée en matières organiques, non calcaire.
EXPOSITION : au soleil, à l'abri des vents.
CULTURE : transplanter en mars-avril l'arbre élevé en motte ou conteur. Arroser beaucoup. Pailler les jeunes plants. Petite taille d'équilibrage.
DESCRIPTION : rustique, feuilles jaunes d'or et tabac en automne. Les fleurs en forme de tulipe n'apparaissent que sur les sujets de plus de 20 ans. Très beau port. À utiliser seulement en isolé dans un endroit dégagé. **ORIGINE :** Virginie.
TYPE DE PLANTE : caduque.
DIMENSION : de 15 à 25 m de hauteur et de 8 à 15 m d'envergure.

Thuya — *Thuja spp.*

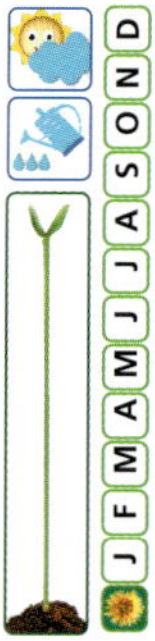

FAMILLE : conifère de la famille des Cupressaceae.
TERRE : fraîche, légère, bien drainée. Le thuya du Canada et le thuya d'Orient aiment les sols calcaires.
EXPOSITION : soleil non brûlant. Mi-ombre.
CULTURE : planter toute l'année les plants en conteneurs tous les 70 cm pour une haie. Arroser abondamment et pailler les premiers étés. Épandre un engrais « conifère » chaque année en avril. En bac, soigner le drainage. Tailler les haies régulières en mai et septembre.
DESCRIPTION : rustique. Très utilisé en haie. 6 espèces avec des formes en boule, en pyramide, en cône, en colonne et des feuilles du vert clair au vert foncé qui deviennent souvent bronze en hiver.
ORIGINE : hémisphère nord tempéré. **TYPE DE PLANTE :** persistante.
DIMENSION : de 60 cm à 20 m de hauteur et de 60 cm à 6 m d'envergure.

les arbustes

comment le faire ?

Planter un rosier

1 **Creuser un trou de 40 x 40 cm dans un massif bien nettoyé de ses mauvaises herbes. Mélanger un engrais de rosier à la terre extraite. La remplacer par de la terre végétale si elle n'est pas bonne.**

2 **Couper au sécateur toutes les racines abîmées des rosiers achetés racines nues et ne conserver qu'une vingtaine de cm de toutes les autres.**

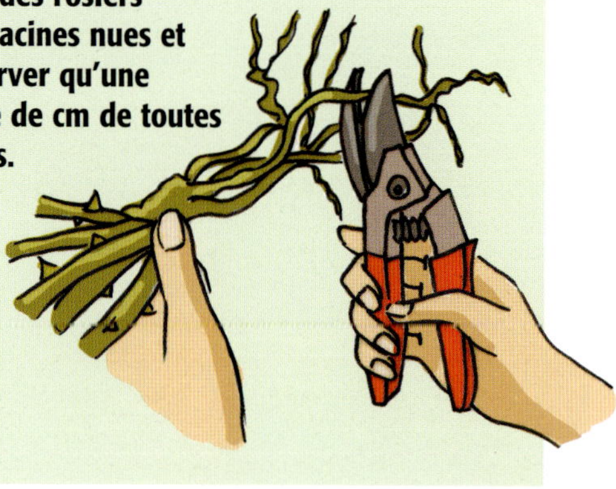

3 **Rabattre les rameaux**
à environ 15 cm.
Placer le rosier au centre du trou, le bourrelet de greffe devant rester juste au-dessus du niveau du sol. Bien répartir les racines et reboucher en émiettant la terre.

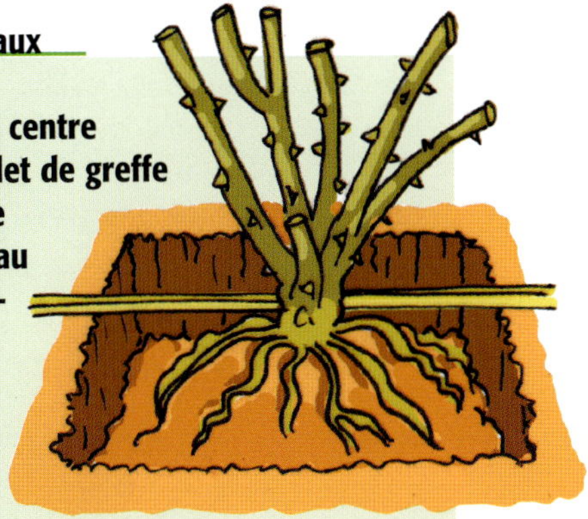

4 **Tasser et arroser généreusement.**
Former une butte protectrice de terre rassemblée autour des pieds en cas d'hiver rigoureux. Emmailloter les tiges d'un voile.

Planter une grimpante

1 **Creuser un trou de 40/50 cm par 40 cm au pied du treillis. Si la plante, comme la clématite, a besoin d'une terre bien drainée, tapisser le fond d'un lit de graviers ou de cailloux.**

2 **Recouvrir avec de la terre additionnée de fumier décomposé. Éviter le calcaire et l'argileux. Vérifier l'humidité de la motte. Éventuellement, la retremper et bien l'égoutter avant de la planter.**

3 Coucher la motte dans le trou de façon que le début de la tige soit lui-même recouvert de terre. Tasser la terre avec le pied. Former un petit bassin avec la terre en surplus et arroser généreusement.

4 Protéger du soleil la base de la tige, avec une tuile par exemple, en surveillant qu'elle ne serve pas d'abri à des nuisibles, rongeurs ou limaces.

Planter en bordure

1 **Pour une bordure compacte, creuser une tranchée de 40 cm de profondeur et 40 cm de largeur pour y placer par exemple des pieds de buis tous les 25 cm.**

2 **Enlever la terre et mettre au fond de la tranchée une couche de fumier organique bien décomposé. Remettre ensuite la terre.**

3 Tendre un cordeau pour assurer un bon alignement des plants. Vérifier l'humidité des mottes et éventuellement les réhumidifier par trempage dans une bassine d'eau.

4 Sortir délicatement les mottes des pots. Utiliser le transplantoir pour mettre les pieds en place. Reboucher et tasser à la main pour éviter toute poche d'air. Arroser généreusement.

Planter en terre de bruyère, l'exemple du rhododendron

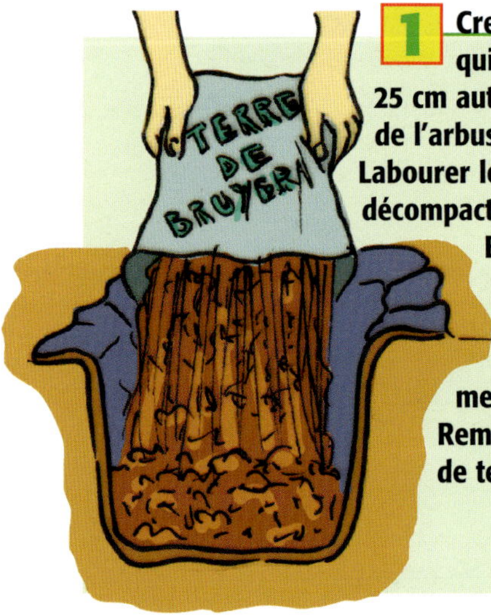

1 **Creuser un trou qui laisse au moins 25 cm autour de la motte de l'arbuste. Labourer le fond pour décompacter la terre. En sol argileux, tapisser d'un film plastique troué pour l'écoulement de l'eau. Remplissez 1/4 du trou de terre de bruyère.**

2 **Enlever l'arbre du conteneur et faire tremper la motte de une à deux heures. Inciser les racines les plus importantes de la périphérie pour aider à l'apparition de radicelles.**

3 Placer au centre du trou et combler avec de la terre de bruyère en veillant à ne pas enterrer la base de l'arbuste. Tasser au fur et à mesure du remplissage. Prévoir un volume de terre de bruyère suffisant (+ 20 %).

4 Le trou comblé, tasser au pied et former un petit remblai circulaire pour retenir l'eau autour du pied de l'arbuste.
Arroser abondamment de façon que la terre adhère bien à toutes les racines.

Planter un arbuste comme le lilas

1 Creuser le trou d'environ 60/80 cm x 60/80 cm quelques jours à l'avance. Tapisser de fumure organique. Décompacter la terre extraite. Recouvrir la fumure avant de planter l'arbre.

2 Vérifier l'humidité de la motte. Au besoin, la mettre à tremper, puis égoutter. Si l'arbre est à racines nues, couper les extrémités au sécateur.

3 Préparer l'arbre. Supprimer les petites branches et le placer au milieu du trou. Combler avec la terre extraite en alignant la surface de la motte sur celle du sol.

4 Former un remblai autour de l'arbre avec le surplus de terre et remplir d'eau le petit bassin naturel ainsi créé. Cela contribuera également au tassement de la terre.

La taille, l'exemple d'un aucuba

1 En année 1, couper toutes les branches sur 1/3 de leur longueur pour favoriser le départ de nouveaux rameaux. Tailler au dessus d'un bourgeon placé à la base d'une feuille.

2 Ensuite, taille d'entretien en février-mars. Supprimer au sécateur tous les rameaux secs. Couper le plus près possible des branches.

3 **Tailler les branches « folles »** pour garder une forme régulière et celles qui partent vers l'intérieur pour favoriser l'aération et la vitalité du centre du buisson.

4 **Tailler avec une scie d'élagage** les plus vieilles branches d'un arbuste âgé au plus près du sol et de la souche. Mettre un mastic cicatrisant sur les plus grosses coupes.

La taille, l'exemple d'un camélia

1 **Tailler après la floraison les branches un peu folles pour conserver à l'arbuste une forme harmonieuse et bloquer des développements anarchiques.**

2 **Supprimer également le bois mort et les branches qui sont très près du sol. Pour ces dernières, de diamètres plus importants, utiliser la scie égoïne.**

3 En cas de taille de rajeunissement

sur les arbustes plus anciens, le faire peu à peu, d'année en année.
Mettre systématiquement un produit cicatrisant sur toutes les blessures que sont les coupes de branches.

4 Ne tailler que quand la végétation

est bien vivante au printemps, après un hiver rigoureux qui a pu abîmer le camélia. Couper au-dessus des nouvelles pousses à bourgeons.

Le traitement, l'exemple du rosier

1 **Prévoir un traitement préventif tous les 15 jours contre les maladies des champignons : oïdium, rouille, marsonina… et combattre à leur apparition les pucerons, araignées rouges, cochenilles…**

2 **Préparer les produits en poudre avant de les mettre dans le pulvérisateur. Les diluer dans de l'eau en veillant à obtenir un mélange homogène.**

3 Pulvériser le plus finement possible en respectant les consignes des fabricants quant aux quantités et aux fréquences. Couvrir tout le feuillage sans ruissellement.

4 Araignées rouges et cochenilles se cachent volontiers sous le feuillage. Pulvériser en glissant la lance à l'intérieur de l'arbuste pour atteindre l'envers des feuilles. Nettoyer à l'eau courante le pulvérisateur après chaque utilisation.

La greffe en écusson

1 **Sélectionner sur le rosier un rameau porte écusson de grosseur moyenne et d'une vingtaine de cm. Avec le greffoir, ou une lame très tranchante, couper les feuilles à 1 cm du rameau.**

2 **Prélever le pétiole en incisant à 1/2 cm au dessus et au dessous. L'écusson est ainsi composé de l'œil à la base du pétiole et d'un peu d'écorce qu'il faut nettoyer d'éventuelles esquilles de bois.**

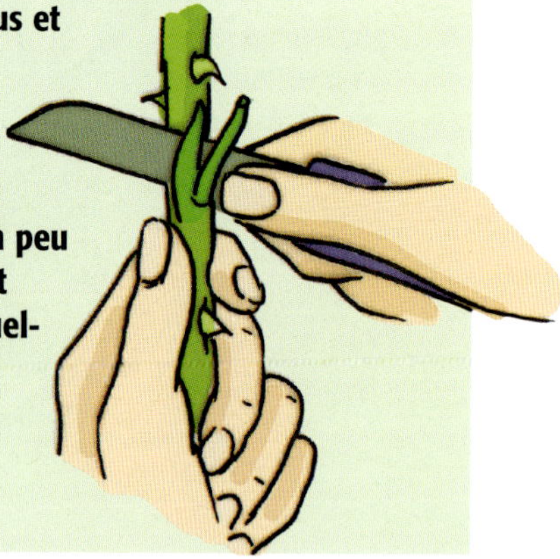

3 Faire une incision en T sur le porte-greffe d'environ 3 cm de hauteur pour 2 cm de largeur. Veiller à n'entailler que l'écorce qu'il faut écarter avec délicatesse sans blesser le bois.

4 Placer l'écusson sous l'écorce, contre le bois et rabattre les bords. Ligaturer avec du raphia sans trop serrer. Recouvrir avec du mastic à greffer.

Le marcottage

1 Labourer au pied de la glycine à l'endroit prévu pour le marcottage. Briser les mottes et niveler. Sélectionner un rameau vigoureux le plus près possible du sol.

2 Creuser le trou de plantation et y faire passer le rameau en veillant à ne pas le casser en le courbant. Effeuiller et inciser l'écorce dans la partie qui sera enterrée.

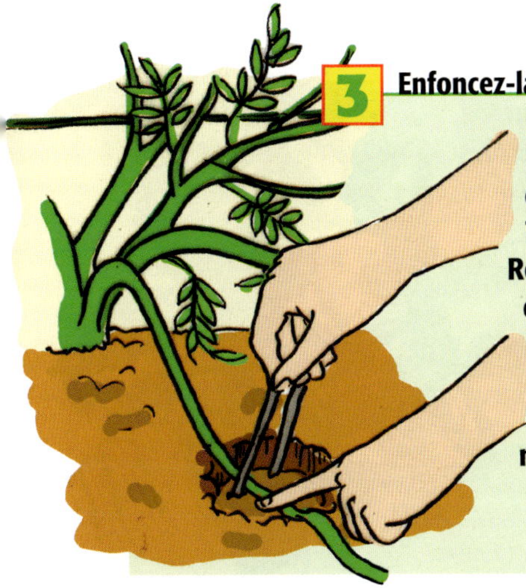

3 **Enfoncez-la à environ 10 cm.**

Maintenir par de petits arceaux en fil de fer. Tasser et arroser. Relever l'extrémité de la branche et la fixer sur un tuteur. Séparer la marcotte du pied mère après un an.

4 **Après la taille, attacher les branches d'une glycine palissée. La taille de printemps dynamise la floraison. La taille d'automne dessine la charpente.**

planter au jardin

les fiches

arbustes et buissons

les symboles utilisés

ensoleillement et intempéries

plein soleil

mi-ombre

ombre

supporte la chaleur

craint le gel

ne craint pas le gel

arrosage

faible

moyen

fort

croissance

faible

moyenne

forte

terres

ne supporte pas les terres calcaires

a besoin de terre de bruyère

floraison

J	F	M	A	M	J	J	A	S	O	N	D

les mois en rouge sur fond jaune indiquent la période de floraison

Ajonc *Ulex europaeus*

FAMILLE : buisson épineux de la famille des Fabaceae. **TERRE :** sèche, acide, caillouteuse, sablonneuse. **EXPOSITION :** plein soleil, chaud. **CULTURE :** planter en automne sans abîmer la motte et les racines. Arroser abondamment. Bouturage en août dans du terreau sableux. **DESCRIPTION :** à l'état sauvage dans les landes de l'ouest de la France, rustique, il se couvre de fleurs papilionacées jaunes au printemps. Taille adulte en 5 à 6 ans. 20 espèces. À utiliser en rocaille, talus, lande, haie libre défensive. **TYPE DE PLANTE :** persistante.
DIMENSION : de 1 à 2 m de hauteur et d'envergure.

Althéa, mauve en arbre *Hibiscus syriacus*

FAMILLE : arbuste de la famille des Malvaceae. **TERRE :** riche, au frais, bien drainée. Calcaire toléré. **EXPOSITION :** ensoleillée et mi-ombragée **MULTIPLICATION :** bouturage de branches dénudées en novembre. **CULTURE :** se plante en automne. Arroser abondamment en été. Tailler au printemps les pousses de l'année précédente. **DESCRIPTION :** arbuste rustique à fortes floraisons d'été et de début d'automne. Fleurs violettes. Plus de 200 espèces. De nombreux hybrides à fleurs blanches, roses, mauves, rouges… À planter en isolé, en massif ou en haie libre. **ORIGINE :** Chine **TYPE DE PLANTE :** caduque.
DIMENSION : 2 à 3 m de hauteur pour 1,5 m à 2,5 m d'envergure.

Amélanchier *Amelanchier spp.*

FAMILLE : arbuste de la famille des Rosaceae. **TERRE :** bien drainée, même calcaire. **EXPOSITION :** soleil ou mi-ombre. Aime les climats humides. **CULTURE :** pailler en mai. Fertiliser au printemps. Tailler pour équilibrer. Éliminer les drageons. Protéger de l'oïdium. **DESCRIPTION :** jolis arbustes de croissance rapide aux fleurs parfumées, avec des fruits comestibles et de magnifiques couleurs d'automne. 25 espèces. À utiliser en isolé, en fond de massif, en haie libre. **TYPE DE PLANTE :** caduque.
DIMENSION : de 2 à 8 m de hauteur pour la même envergure.

Pieris japonica — Andromède du Japon

FAMILLE : arbuste de la famille des Ericaceae. **TERRE :** terre de bruyère. **EXPOSITION :** mi-ombre, à l'abri des vents froids, contre un mur à l'ouest. **CULTURE :** planter toute l'année des plantes en conteneurs. Pailler. Arroser par temps sec. Tailler d'1/3 après floraison. **DESCRIPTION :** les fleurs rougissent souvent au printemps avant de verdir. Fleurs blanches ou roses en grappes. 7 espèces et de nombreux cultivars et hybrides. À utiliser en massif, en bordure. **ORIGINE :** Japon. **TYPE DE PLANTE :** persistante. **DIMENSION :** de 50 cm à 2 m de hauteur pour la même envergure.

Arbutus unedo — Arbousier

FAMILLE : arbuste de la famille des Ericaceae. **TERRE :** s'adapte à toutes, y compris les calcaires si elles sont bien drainées. **EXPOSITION :** mi-ombre, au couvert de grands arbres, à l'abri du froid. **CULTURE :** Pailler le pied les premières années pour protéger du gel. Tailler puis laisser pousser librement. Planter tous les 1 m pour obtenir des haies compactes. **DESCRIPTION :** très ramifié, buissonnant, avec des fruits comestibles à goût de fraise en hiver et des fleurs en clochettes en automne. 14 espèces. **TYPE DE PLANTE :** persistante. **DIMENSION :** de 3 à 6 m de hauteur pour 2 à 4 m d'envergure.

Buddleja spp. — Arbre à papillons

FAMILLE : arbuste de la famille des Serophulariaceae. **TERRE :** il lui faut un sol profond et drainé. Il supporte les terres calcaires ou crayeuses. **EXPOSITION :** plein soleil sans trop de vent. **CULTURE :** Planter en automne. Tailler les pousses de l'année entre novembre et février. Boutures en mai-juin. **DESCRIPTION :** arbuste rustique qui fleurit partout de juillet à octobre. Le parfum agréable de ses fleurs attire les papillons. Adulte en 4 à 5 ans. Une centaine d'espèces, de nombreux cultivars aux fleurs du blanc au violet. Très décoratif en talus, haie ou fond de massif. **ORIGINE :** Chine. **TYPE DE PLANTE :** caduque. **DIMENSION :** de 1 à 4 m de hauteur. S'étend sur 2 à 3 m.

Argousier — *Hippophae rhamnoides*

FAMILLE : arbuste épineux de la famille des Elaeagnaceae. **TERRE :** bien drainée, sableuse. Accepte les sols calcaires. **EXPOSITION :** très ensoleillée. Résiste au vent et aux embruns.
CULTURE : planter en automne. Espacer les pieds de 60 à 80 cm pour une haie. Tailler les pousses latérales pour densifier la végétation.
DESCRIPTION : fruits jaune orangé de septembre à mars qui attirent les oiseaux, feuilles alternes allongées gris vertes et argentées sur des rameaux épineux. 3 espèces. À utiliser en haies vives naturelles, en haies défensives, en brise-vent. **TYPE DE PLANTE :** caduque. **DIMENSION :** de 4 à 5 m de hauteur et de 1 à 2,5 m d'envergure.

Aronia — *Aronia spp.*

FAMILLE : arbuste de la famille des Rosaceae. **TERRE :** légère et sèche, acide. Supporte le calcaire. **EXPOSITION :** soleil direct tempéré ou mi-ombre et même ombre. **CULTURE :** planter au printemps. Bien arroser. Pailler. Tailler à la fin de l'hiver les rameaux de moitié.
DESCRIPTION : rustique. Compact et dressé avec des feuilles vert foncé qui deviennent rouge feu en automne. Fleurs blanches mellifères groupées en corymbes. Fruits rouges et bleu noir comestibles. 2 espèces. À utiliser en isolé, en haie libre, en massif.
ORIGINE : Est des États-Unis. **TYPE DE PLANTE :** caduque.
DIMENSION : de 1,5 m à 2 m de hauteur pour 1 à 1,5 m d'envergure.

Aubépine — *Crataegus spp.*

FAMILLE : arbre épineux de la famille des Rosaceae. **TERRE :** sol ordinaire, même pauvre, crayeux. **EXPOSITION :** ensoleillé, mi-ombrageux. **CULTURE :** planter en automne. Couper les rejets aux points de naissance. Réduire le buisson à une seule tige pour en faire un arbre. Implanter en isolé ou en haie épineuse. Très rustique.
DESCRIPTION : jolis petits arbres avec de belles fleurs rose intense, rouge vif, blanc, selon les espèces, suivies de baies rouges, bleues ou jaunes.
ORIGINE : Hémisphère Nord. **TYPE DE PLANTE :** caduque.
DIMENSION : de 4 à 10 m de hauteur pour 3 à 8 m d'envergure.

Rhododendron x — Azalée japonaise

FAMILLE : arbuste de la famille des Ericaceae. **TERRE :** terre de bruyère. **EXPOSITION :** mi-ombre, ombre légère. Humidité. **CULTURE :** planter au printemps. Beaucoup arroser. Pas de taille. Fertiliser après la floraison. **DESCRIPTION :** rhododendrons à petites fleurs et feuilles persistantes. Rustique. En forme arrondie ou en buisson. Fleurs pourpres, oranges, blanches, roses selon les variétés. À utiliser en massif, en rocaille, en bordure, en haie fleurie. **TYPE DE PLANTE :** persistante.
DIMENSION : de 50 cm à 1,5 m de hauteur et de 1 à 2 m d'envergure.

Nandina domestica — Bambou sacré

FAMILLE : arbuste de la famille des Berberidaceae. **TERRE :** bien drainée, souple et profonde. **EXPOSITION :** plein soleil, à l'abri des vents dominants et du froid trop vif.
CULTURE : planter au printemps. Pailler en hiver. Éliminer le bois mort et les rameaux chétifs ou en surnombre. **DESCRIPTION :** jeune, il porte des feuilles rougeâtres qui deviennent vertes en été puis pourpres à l'automne. Floraison blanche suivie de baies pourpres en grappes pendantes. À utiliser en haie, en massif, en bac sur terrasse ou en couvre-sol avec les formes naines. **ORIGINE :** Japon, Chine. **TYPE DE PLANTE :** persistante.
DIMENSION : de 1,5 m à 2 m de hauteur pour 1 à 3 m d'envergure.

Bambousa spp. — Bambou vert

FAMILLE : arbuste de la famille des Poaceae.
TERRE : humide, fertile, profonde.
EXPOSITION : au soleil, à la chaleur.
CULTURE : ramasser les feuilles séchées. Multiplication en juillet par divisions des touffes. Nécessité d'un apport de fumier à la plantation. Pailler pour protéger des gelées.
DESCRIPTION : Belles cannes très décoratives, plus à l'aise dans la chaleur du sud. Maturation lente sur 2 à 3 ans. Quelque 120 espèces et variétés dont certaines résistent bien au gel. À implanter en haies ou rideaux. Joli décor de balcons et terrasses en bacs. **TYPE DE PLANTE :** persistante.
DIMENSION : de 8 à 15 m de hauteur. 2 à 5 m d'envergure.

Bougainvillée — *Bougainvillea spp.*

FAMILLE : arbuste de la famille des Nyctaginaceae. **TERRE :** légère et profonde, humifère et fraîche. **CULTURE :** planter au printemps en pots. Les sortir à la mi-mai de vérandas ou serres hors gel. Ajout d'engrais organiques. **DESCRIPTION :** s'appelle aussi le bougainvillier. Petites fleurs jaune pâle entourées de bractées (fausses feuilles) violettes, rouges, orangées, jaunes ou blanches selon l'espèce parmi les 14 existantes. À utiliser en habillage de mur au sud, de rampe d'escalier, de pergola, potée dans les régions à gel, en véranda. **ORIGINE :** Amérique du sud subtropicale. **TYPE DE PLANTE :** persistante. **DIMENSION :** de 5 à 12 m de hauteur pour 3 à 6 m d'envergure.

Bouquet d'étoiles — *Pentas loceolata*

FAMILLE : arbrisseau de la famille des Rubiaceae. **TERRE :** bien drainée, profonde et fertile. En pot, 1/3 de terreau, 1/3 de sable, 1/3 de terre de jardin plus 15 % de fumier et d'algues. **EXPOSITION :** ensoleillée et chaude. **CULTURE :** dans le sud, planter au printemps. Ailleurs, sortez les bacs en mai. Garder le sol toujours humide. Rempoter et rabattre d'1/3 chaque année au printemps. **DESCRIPTION :** joli petit arbuste frileux aux inflorescences rouge vif, roses ou blanches en globe. 40 espèces et de nombreux cultivars. À utiliser en massif. **ORIGINE :** Afrique. **TYPE DE PLANTE :** persistante. **DIMENSION :** 2 m de hauteur pour 1 m d'envergure.

Bruyère — *Erica spp.*

FAMILLE : arbrisseau tapissant de la famille des Ericaceae. **TERRE :** sableuse, non calcaire, pas compact. **EXPOSITION :** mi-ombre. Accepte aussi le soleil direct. **CULTURE :** planter toute l'année. Arroser. Paillis organique en avril-mai. Tailler pour équilibrer après la floraison. **DESCRIPTION :** fleurit quasiment toute l'année en forme de petites cloches sur des épis dressés, dans toutes les nuances de roses et de mauves, en jaune, en blanc. 700 espèces dont des arbustes. À utiliser en bordure, en rocaille, en couvre-sol. **ORIGINE :** Méditerranée et Afrique du Sud. **TYPE DE PLANTE :** persistante. **DIMENSION :** de 10 cm à 2 m de hauteur et de 20 cm à 3 m d'envergure.

Calluna vulgaris — Bruyère commune

FAMILLE : sous-arbrisseau de la famille des Ericaceae. **TERRE :** sèche, légère, non calcaire Terre de bruyère pure si possible.
EXPOSITION : ensoleillée, non brûlante, mi-ombre. **CULTURE :** planter au printemps. Arroser abondamment la première année. Éliminer les fleurs fanées. **DESCRIPTION :** une seule espèce mais de nombreux cultivars pour choisir ses mois de floraison et ses couleurs de feuillage, vert, sombre, argent, doré… et de floraison, blanc, rouge, violet… À utiliser en bordure, en talus, en jardinière. **TYPE DE PLANTE :** persistante. **DIMENSION :** de 5 à 60 cm de hauteur et de 20 à 70 cm d'envergure.

J F M A M J J A S O N D

Buxus sempervirens — Buis

FAMILLE : arbuste de la famille des Buxaceae.
TERRE : même sèche et calcaire.
EXPOSITION : soleil pas trop fort, mi-ombre.
CULTURE : selon la hauteur de haie souhaitée, espacer les pieds de 25 ou 80 cm. Tailler en février et début septembre. Bien arroser et pailler par temps sec et chaud.
DESCRIPTION : quelque 70 espèces dont le « Rotundifolia » aux petites feuilles adapté aux bacs et aux pots, ou le « Suffruticosa », un buis très compact pour les bordures. Arbuste très résistant, il craint cependant les désherbants. **TYPE DE PLANTE :** persistante.
DIMENSION : de 50 cm à 2 m de hauteur pour une envergure de 50 cm à 1 m.

J F M A M J J A S O N D

Pyracantha spp. — Buisson-ardent

FAMILLE : arbuste très épineux de la famille des Rosaceae. **TERRE :** profonde, humifère, bien drainée. Accepte le calcaire. **EXPOSITION :** mi-ombre ou soleil très tempéré. **CULTURE :** planter au printemps ou en automne les pieds tous les 60 cm pour une haie. Rabattez d'un tiers en hiver. **DESCRIPTION :** rustique, très ramifié avec des épines acérées. Fleurs blanches en corymbe suivies de baies rouges ou orange persistantes. 7 espèces. À utiliser en haie libre ou taillée, en habillage, en buisson isolé. **ORIGINE :** Europe, Asie. **TYPE DE PLANTE :** persistante. **DIMENSION :** de 2 à 4 m de hauteur pour la même envergure.

J F M A M J J A S O N D

Busserole, raisin d'ours *Arctostaphylos uva-ursi*

J F M A M J J A S O N D

FAMILLE : arbuste de la famille des Fabaceae. **TERRE :** bien drainée, profonde. En pot, 1/3 de terreau, 1/3 de sable, 1/3 de terre de jardin. **EXPOSITION :** ensoleillée et chaude, abritée. **CULTURE :** en pleine terre au printemps sur la Côte d'Azur. Ailleurs rentrer les plantes en hiver. Arroser peu. Engrais pour rosier tous les 15 jours d'avril à septembre. Tailler les tiges au tiers et rempoter en mars. **DESCRIPTION :** arbuste tropical aux fleurs jaune d'or. 750 espèces. Le séné est plus rustique. À utiliser en isolé dans un massif ou en véranda. **TYPE DE PLANTE :** persistante. **DIMENSION :** de 1 à 2 m de hauteur pour la même envergure.

Calliandra *Calliandra haematocephala*

J F M A M J J A S O N D

FAMILLE : arbuste de la famille des Fabaceae. **TERRE :** légère, riche en humus. En pot, 1/3 terre de jardin, 1/3 terreau de fumier, 1/3 sable. **EXPOSITION :** lumière tamisée et soleil de début de journée. **CULTURE :** sauf sur la Côte d'Azur, à cultiver en bac à l'abri et sortir de mai à octobre. Protéger des pucerons et des cochenilles. Rabattre les branches à la moitié et rempoter au printemps. Engrais tous les 15 jours l'été. **DESCRIPTION :** port en forme de parasol avec une belle floraison en pompons rouge vif. 200 espèces. À utiliser en massifs. **ORIGINE :** Brésil. **TYPE DE PLANTE :** caduque. **DIMENSION :** de 1 à 3 m de hauteur pour 1 à 2 m d'envergure.

Camélia *Camellia spp.*

J F M A M J J A S O N D

FAMILLE : arbrisseau de la famille des Theaceae. **TERRE :** terre de bruyère mélangée au sol d'origine, profonde et fraîche, bien drainée. **EXPOSITION :** soleil léger, mi-ombre, ombre. **CULTURE :** planter en automne pour les floraisons de printemps, au printemps pour celles d'automne et d'hiver. Arroser par temps sec. Doucher le feuillage en cas de canicule. Pailler l'hiver et voiler par grand froid. **DESCRIPTION :** buisson aux fleurs magnifiques, souvent parfumées, isolées ou en bouquets. 250 espèces et de nombreux cultivars. **ORIGINE :** Chine, Japon, Inde, Corée. **TYPE DE PLANTE :** persistante. **DIMENSION :** de 1,5 à 5 m de hauteur pour 1 à 3 m d'envergure.

Cassia spp. (Senna) **Casse, Cassier, Séné**

FAMILLE : arbuste de la famille des Fabaceae. **TERRE :** bien drainée, profonde. En pot, 1/3 de terreau, 1/3 de sable, 1/3 de terre de jardin. **EXPOSITION :** ensoleillée et chaude, abritée. **CULTURE :** en pleine terre au printemps sur la Côte d'Azur. Ailleurs rentrer les plantes en hiver. Arroser peu. Engrais pour rosier tous les 15 jours d'avril à septembre. Tailler les tiges au tiers et rempoter en mars. **DESCRIPTION :** arbuste tropical aux fleurs jaune d'or. 750 espèces. Le séné est plus rustique. À utiliser en isolé dans un massif ou en véranda. **TYPE DE PLANTE :** persistante. **DIMENSION :** de 1 à 2 m de hauteur pour la même envergure.

Ceanothus spp. **Céanothe**

FAMILLE : arbuste de la famille des Rhamnaceae. **TERRE :** bien drainée, légère, pas trop calcaire. **EXPOSITION :** plein soleil ou mi-ombre. Idéal : contre un mur au sud. **CULTURE :** planter au printemps ou en septembre (espèces persistantes). Arroser les deux premiers étés. Couper les tiges desséchées et les rameaux latéraux. Rabattre les caduques en avril. **DESCRIPTION :** belle floraison bleue ou rose. 55 espèces, persistantes et caduques. À utiliser en talus, bordure, en palissage sur murs et clôtures, en bac. **ORIGINE :** Amérique du Nord, Mexique. **TYPE DE PLANTE :** caduque ou persistante. **DIMENSION :** de 1 à 3 m de hauteur et de 1 à 2 m d'envergure.

Lonicera spp. **Chèvrefeuille**

FAMILLE : arbuste de la famille des Caprifoliaceae. **TERRE :** bien drainée, profonde, fraîche, même calcaire. **EXPOSITION :** soleil léger et mi-ombre. **CULTURE :** planter au printemps ou en automne. Arroser l'été. Tailler à la fin de l'hiver pour éliminer les bois âgés. Tailler 2 ou 3 fois par an les haies régulières. Bouturage en fin d'été. **DESCRIPTION :** rustique, taille adulte en 4 à 5 ans, dense. 180 espèces à choisir selon l'utilisation en haie libre, en haie taillée, en couvre-sol ou en bac sur une terrasse. Fleurs blanches ou roses jusqu'au pourpre. **TYPE DE PLANTE :** caduque ou persistante. **DIMENSION :** de 50 cm à 3 m de hauteur pour 1 à 2 m d'envergure.

Ciste *Cistus x hybridus*

FAMILLE : arbuste de la famille des Cistaceae. **TERRE :** bien drainée, sableuse. Elle peut être sèche et pauvre. **EXPOSITION :** très ensoleillée, très chaude. **CULTURE :** planter en avril-mai les plants de conteneurs. Tailler après la floraison. Les semis, eux, se font en mars. **DESCRIPTION :** les fleurs ne vivent qu'un jour mais se renouvellent sans cesse 2 mois durant. 20 espèces et une multitude d'hybrides avec des fleurs de tous les tons du blanc au rouge. À utiliser en massif, en couvre-sol, en rocaille. **ORIGINE :** régions méditerranéennes. **TYPE DE PLANTE :** persistante. **DIMENSION :** de 30 cm à 2 m de hauteur et de 60 cm à 1,5 m d'envergure.

Cognassier du Japon *Chaenomeles speciosa*

FAMILLE : arbuste épineux de la famille des Rosaceae. **TERRE :** moyennement calcaire. **EXPOSITION :** soleil tempéré, mi-ombre. **CULTURE :** planter en automne. Tailler après la floraison. Rabattre en mai les sujets palissés. **DESCRIPTION :** très belle floraison précoce rose pourprée, rouge ou rouge orangé pour les cultivars les plus appréciés. Fruits d'automne comestibles. À utiliser en isolé, en bordure, palissé ou en bac sur terrasse. **TYPE DE PLANTE :** caduque. **DIMENSION :** de 80 cm à 1,5 m de hauteur et de 1 à 3 m d'envergure.

Cornouiller *Cornus spp.*

FAMILLE : Arbustes de la famille des Cornaceae. **TERRE :** Acide et humifère, bien drainée, fraîche, riche. **EXPOSITION :** À l'abri du vent et plutôt à l'ombre, même légère. **CULTURE :** planter de novembre à février, hors gel. Arroser tous les 10 jours par temps sec au printemps. Garder le sol humide. Fertiliser après la floraison. Éliminer les cochenilles l'hiver. **DESCRIPTION :** floraisons dès février pour certaines espèces, fleurs blanches, jaunes, rouges, roses, toujours très abondantes. Croissance lente de 3 m en 5 ans. À planter en haies, en isolé ou derrière des massifs. **ORIGINE :** Europe, Japon, Corée, Amérique du nord. **TYPE DE PLANTE :** caduque. **DIMENSION :** de 4 à 15 m de hauteur pour 3 à 8 m d'envergure.

Coronilla spp. — Coronille

FAMILLE : arbuste de la famille des Fabaceae. **TERRE :** sèche, caillouteuse, même pauvre. **EXPOSITION :** plein soleil, pleine chaleur. **CULTURE :** planter au printemps, peu arroser le premier été, ne pas tailler sauf pour rendre plus compacte en coupant à la moitié les rameaux qui ont eu des floraisons. **DESCRIPTION :** longue et belle floraison jaune. Adulte en 4 ans. 20 espèces, certaines caduques, d'autres persistantes. La coronille des jardins, Coronilla emerus, est la plus rustique. À planter en massif, rocaille, en bordure ou sur un balcon. **ORIGINE :** Europe du Sud.
TYPE DE PLANTE : caduque ou persistante.
DIMENSION : 2 m de hauteur pour 1 m d'envergure.

Cotoneaster spp. — Cotonéaster

FAMILLE : arbuste de la famille des Rosaceae. **TERRE :** il pousse partout, même dans une terre calcaire. **EXPOSITION :** soleil ou mi-ombre. Éviter le vent. **CULTURE :** planter toute l'année les plants en conteneur. Tailler en mars pour équilibrer la silhouette. **DESCRIPTION :** buissonnant rustique. Fleurs blanches ou roses. Les oiseaux sont attirés par les fruits en drupe. 200 espèces caduques ou persistantes dont des couvre-sols. Certaines avec des feuillages rouge feu en automne. À utiliser en massif, en haie libre ou taillée, en talus, en rocaille ou en bac de terrasse et balcon. **TYPE DE PLANTE :** caduque ou persistante.
DIMENSION : de 50 cm à 4 m de hauteur et de 2 à 4 m d'envergure.

Deutzia spp. — Deutzia

FAMILLE : arbuste de la famille des Hydrangeaceae. **TERRE :** bien drainée, sèche, voir pauvre. **EXPOSITION :** plein soleil, chaude, à l'abri des vents du nord. **CULTURE :** planter au printemps. Laisser faire la nature. Désherber. Pailler en automne. **DESCRIPTION :** très rustique avec une floraison abondante blanche, rose ou pourpre. Taille adulte en 5 à 7 ans. 60 espèces. À utiliser en massif ou haie libre. **TYPE DE PLANTE :** caduque.
DIMENSION : de 1 à 3 m de hauteur et de 1,5 m à 4 m d'envergure.

Epine-vinette (Berbéris) — *Berberis spp.*

FAMILLE : arbuste épineux de la famille des Berberidaceae. **TERRE :** bien drainée, fraîche. Calcaire et caillouteuses possibles.
EXPOSITION : plein soleil, mi-ombre.
CULTURE : planter toute l'année les sujets en conteneurs. Arroser abondamment les deux premiers étés. Équilibrer la silhouette au printemps et en septembre. En haie, égaliser après la floraison. **DESCRIPTION :** fleurs jaunes ou orange au printemps suivies de baies roses, rouges ou bleu noir. 450 espèces persistantes et caduques. À utiliser en haie défensive, en bac de terrasse pour les formes naines. **TYPE DE PLANTE :** caduque ou persistante. **DIMENSION :** de 50 cm à 3 m de hauteur et de 50 cm à 2 m d'envergure.

Escallonia — *Escallonia spp.*

FAMILLE : arbuste de la famille des Escalioniaceae. **TERRE :** fertile et bien drainée, légèrement acide ou neutre.
EXPOSITION : ensoleillée, chaude.
CULTURE : Dans les jardins de la moitié sud de la France, planter au printemps. Ajouter de l'engrais pour rosier au printemps. Tailler en février et en septembre. Pailler le pied en hiver. **DESCRIPTION :** arbuste compact et touffu avec une belle floraison blanche, rose ou rouge. 22 espèces. À utiliser en haies fleuries libres ou taillées, en bac pour la terrasse. **ORIGINE :** Amérique du Sud. **TYPE DE PLANTE :** persistante.
DIMENSION : de 2 à 3 m de hauteur pour une envergure identique.

Forsythia — *Forsythia spp.*

FAMILLE : arbuste de la famille des Oleaceae. **TERRE :** riche et assez fraîche. **EXPOSITION :** plein soleil ou mi-ombre. **CULTURE :** planter en automne. Beaucoup arroser et pailler les premiers étés. Rabattre au sol les plus vigoureux après la floraison tous les 4 ans. **DESCRIPTION :** rustique, adulte en 3 à 5 ans, le forsythia fleurit tôt au printemps. Fleurs jaunes d'or ou jaune pâle selon les espèces, 7 au total. À utiliser en haies, en massifs. Les variétés « Marée d'or » et « Mêlée d'or » conviennent bien à la culture en bac. **TYPE DE PLANTE :** caduque.
DIMENSION : de 1,5 m à 4 m de hauteur et de 2 à 4 m d'envergure.

Fuchsia magellanica — Fuchsia de Magellan

FAMILLE : arbuste de la famille des Onagraceae. **TERRE :** bien drainée, riche, légère et humifère. **EXPOSITION :** soleil pas trop chaud, mi-ombre. **CULTURE :** planter au printemps. Rabattre toutes les tiges à 10 cm du sol à la fin de l'automne. Un pied tous les 60 à 80 cm pour des haies. Craint le gel (-10 °C). À rentrer l'hiver ou pailler les pieds. **DESCRIPTION :** arbuste rustique très florifère à fleurs tubulaires rouge foncé et rose. Près de 100 espèces dont le « Ricartonii » à fleurs rouge et violet. **TYPE DE PLANTE :** caduque. **DIMENSION :** 1 à 2 m de hauteur et 1 à 2 m d'envergure.

Gaultheria spp. — Gaulthéria, pernettya

FAMILLE : arbuste de la famille des Ericaceae. **TERRE :** acide, humifère, riche et fraîche. **EXPOSITION :** mi-ombre ou ombre. **CULTURE :** planter au printemps et beaucoup arroser. Pailler au compost ou à la tourbe. Taille légère d'équilibrage en mars-avril. **DESCRIPTION :** rustique et compact. Feuilles vert foncé lustré. Très aromatique. Fleurs en urnes ou clochettes blanc rosé en bouquets, puis baies blanches, roses ou rouges non comestibles. 170 espèces et des hybrides. À utiliser en talus, en bordure, en couvre-sol, en massif, en potée. **TYPE DE PLANTE :** persistante. **DIMENSION :** de 40 cm à 1,2 m de hauteur pour 50 cm à 1 m d'envergure.

Wisteria spp. — Glycine

FAMILLE : liane de la famille des Fabaceae. **TERRE :** sèche, fertile, non calcaire, travaillée, amendée chaque année en matière organique. **EXPOSITION :** ensoleillée, chaude, à l'abri des vents forts. Mi-ombre possible. **CULTURE :** planter en automne. Arroser abondamment. Tailler court en février. Ne conserver que 4 boutons à fleurs sur une même tige. **DESCRIPTION :** c'est une grimpante volubile qui s'enroule autour de son support. Fleurs en grappes pendantes blanches, bleues, violettes. 10 espèces. À utiliser en habillage de pergola, de porche, de balcon… **ORIGINE :** Chine, Japon, sud des États-Unis. **TYPE DE PLANTE :** caduque. **DIMENSION :** de 8 à 15 m de hauteur pour 6 à 10 m d'envergure.

Grévilléa — *Grevillea robusta*

FAMILLE : arbuste de la famille des Proteaceae. **TERRE :** bien drainée, fraîche et acide. **EXPOSITION :** plein soleil, pleine chaleur, à l'abri des vents forts.
CULTURE : planter au printemps ou sortir les potées en mai. Arroser. Fertiliser les potées tous les 15 jours l'été. Hiverner ou placer le long d'un mur au sud et pailler. **DESCRIPTION :** buisson aux feuilles souvent piquantes. Fleurs tubulaires rouges ou jaune orangé. 250 espèces. À utiliser en massif. **ORIGINE :** Australie. **TYPE DE PLANTE :** persistante.
DIMENSION : de 1 à 2 m de hauteur pour 60 cm à 1 m d'envergure.

Hier, aujourd'hui, demain — *Brunfelsia pauciflora*

FAMILLE : arbuste tropical de la famille des Solanaceae. **TERRE :** profonde, riche, bien drainée, humifère, amendée au printemps.
EXPOSITION : plein soleil. Protéger du froid.
CULTURE : à rentrer à partir du 15 octobre. En pot, enrichir d'un engrais à rosiers chaque semaine de mai à septembre. Rabattre les tiges à la moitié et rempoter chaque année. **DESCRIPTION :** touffu avec des fleurs qui changent de couleur en 3 jours passant du violet au bleu puis au blanc. 40 espèces. À utiliser en extérieur dans les jardins méditerranéens sinon en pot pour la terrasse. **ORIGINE :** Brésil. **TYPE DE PLANTE :** persistante.
DIMENSION : de 1 à 1,5 m de hauteur pour 1 m d'envergure.

Houx — *Ilex spp.*

FAMILLE : arbuste de la famille des Aquifoliaceae. **TERRE :** pas trop calcaire, humifère et riche. **EXPOSITION :** soleil pas trop intense, mi-ombre. **CULTURE :** planter en automne ou au printemps. Tailler au printemps. Pour une haie touffue, 1 pied à chaque mètre. **DESCRIPTION :** parmi les quelque 400 espèces de houx, celui de Noël est l'Alaska aux nombreux fruits rouge vif. Certains ont les feuilles bordées de blanc (Argenteomarginata) ou tachées de jaune (Madame Briot) et même non épineuse (Ilex crenata). À utiliser en haies, en isolés, en topiaires (taillés). **TYPE DE PLANTE :** caduque.
DIMENSION : de 2 à 6 m de hauteur. De 1 à 3 m d'envergure.

Hydrangea spp. — Hydrangéa, hortensia

FAMILLE : arbuste de la famille des Hydrangeaceae. **TERRE :** riche, fraîche, humifère, neutre ou acide. Un mélange de terre de bruyère et de la terre du jardin convient. **EXPOSITION :** soleil tempéré, mi-ombre. **CULTURE :** planter en automne tous les 80 cm pour les haies. Arroser abondamment. Pailler en été. Enlever les fleurs fanées l'hiver. Rabattre les vieilles tiges en mars. **DESCRIPTION :** extraordinaires floraisons plates, en boules ou en panicules. 80 espèces et d'innombrables variétés du blanc au violet en passant par les roses, mauves et le bleu très caractéristique. À utiliser en haie fleurie, en massif, en potée. **ORIGINE :** Asie de l'Est et Amérique du Nord. **TYPE DE PLANTE :** caduque. **DIMENSION :** de 1 à 2,5 m de hauteur et de 1 à 3 m d'envergure.

Jasminum spp. — Jasmin

FAMILLE : arbuste de la famille des Oleaceae. **TERRE :** drainée, profonde, travaillée, humifère, plutôt acide. **EXPOSITION :** ensoleillée, à l'abri des vents, à la chaleur. Jasminum nudiflorum est rustique. **CULTURE :** planter au printemps. Pailler les pieds et arroser beaucoup dès la floraison. Éliminer les vieux rameaux en hiver. **DESCRIPTION :** très belles fleurs blanches, roses ou jaunes pour cet arbuste à utiliser en treillage, arceau, tonnelle ou potée de terrasse. 200 espèces, certaines inodores, mais en majorité embaumantes. **TYPE DE PLANTE :** caduque ou persistante.
DIMENSION : de 3 à 8 m pour 2 à 5 m d'envergure.

Kalmia latifolia — Laurier de montagne

FAMILLE : arbuste de la famille des Ericaceae. **TERRE :** acide, fraîche, humifère. À l'aise dans la terre de bruyère. **EXPOSITION :** mi-ombre, à l'abri des vents. **CULTURE :** planter au printemps. Arroser l'été et pailler. Ne pas tailler mais enlever les fleurs fanées.
DESCRIPTION : rustique. Fleurs roses ou rouges en coupes réunies en bouquets. 7 espèces. Kalmia angustifolia est toxique pour les animaux. À utiliser en isolé, en massif, en haie. **ORIGINE :** Est des États-Unis.
TYPE DE PLANTE : persistante. **DIMENSION :** de 1 à 3 m de hauteur pour la même envergure.

Laurier-rose — *Nerium olander*

J F M A M J J A S O N D

FAMILLE : arbuste de la famille des Apocyaceae. **TERRE :** bien drainée. En pot : 1/3 terreau, 1/3 terre de jardin, 1/3 sable. **EXPOSITION :** ensoleillée, chaude. **CULTURE :** planter au printemps, en bac dans les régions froides. Rempoter en mars-avril. Tailler les branches d'1/3 de leur longueur. Mettre dehors de mai à octobre. Arroser beaucoup par temps chaud et sec. Ajouter de l'engrais tous les 10 jours. Les rentrer à l'automne en véranda hors gel. **DESCRIPTION :** une seule espèce mais de nombreux cultivars parfumés à fleurs simples ou doubles, du rouge foncé au blanc en passant par le rose et le rose rayé de blanc. Planter en massif, en haie, en bac sur terrasse. **ORIGINE :** Chine. **TYPE DE PLANTE :** persistante. **DIMENSION :** 2 à 5 m de hauteur pour 1,5 m à 3 m d'envergure.

Lierre commun — *Hedera helix*

J F M A M J J A S O N D

FAMILLE : arbuste de la famille des Araliaceae. **TERRE :** fraîche et humifère, même calcaire. **EXPOSITION :** soleil léger, mi-ombre, ombre. **CULTURE :** planter toute l'année, bien arroser. Supprimer les vieux rameaux. Les lierres panachés préfèrent des lumières tamisées. **DESCRIPTION :** commun en forêt d'Europe, rustique, très vivace, peut abîmer de vieux murs. 11 espèces aux feuilles vert foncé ou bordées de blanc, de crème, dentelées, tachées de jaune. À utiliser en couvre-sol et couvre mur en surveillant sa prolifération. **TYPE DE PLANTE :** persistante. **DIMENSION :** de 2 à 10 m de hauteur pour 1 à 5 m d'envergure.

Lilas des Indes — *Lagerstroemia indica*

J F M A M J J A S O N D

FAMILLE : arbuste de la famille des Lythraceae. **TERRE :** profonde, humifère, pas calcaire. **EXPOSITION :** chaude et ensoleillée. **CULTURE :** planter au printemps en pleine terre dans le midi et dans le Sud-Ouest ainsi que sur le littoral atlantique. Tailler au printemps. Enrichissez la terre chaque année. Protéger de l'oïdium. **DESCRIPTION :** le feuillage devient rouge feu en automne. La floraison en panicules terminales est, selon les hybrides, rouge avec toutes les nuances les plus vives, violette, rosée ou blanche. 50 espèces. À utiliser en isolé, en buisson, en massif, en bac. **ORIGINE :** Australie et Asie.- **TYPE DE PLANTE :** caduque. **DIMENSION :** de 1 à 5 m de hauteur et de 1 à 4 m d'envergure.

Phormium spp. Lin de Nouvelle-Zélande

FAMILLE : vivace de la famille des Xanthorrhoeaceae. **TERRE :** bien drainée, sableuse, légère. **EXPOSITION :** ensoleillée et chaude, à l'abri des vents. **CULTURE :** planter au printemps et arroser beaucoup. Après floraison, couper les hampes. Supprimer le feuillage fané. Pailler l'hiver.
DESCRIPTION : longues feuilles décoratives. Hampe florale de 2 m 2 espèces et de nombreux cultivars et hybrides. À utiliser en isolé, en massif, en bac ou potée sur terrasse. **TYPE DE PLANTE :** persistante.
DIMENSION : de 1 à 2 m de hauteur pour 60 cm à 1,5 m d'envergure.

Lavatera spp. Mauve en arbre

FAMILLE : sous arbrisseau éphémère de la famille des Malvaceae. **TERRE :** légère, drainée, sablonneuse, profonde, voire pauvre et sèche. **EXPOSITION :** au soleil, à l'abri des vents forts et des grands froids (-15 °C).
CULTURE : planter au printemps. Pailler le pied toute l'année. Tailler de près en novembre ou en mars. **DESCRIPTION :** quelque 25 espèces de ce buisson à longues floraisons rose taché de blanc, rose soutenu ou rouge carmin selon les variétés. En faire des massifs ou des haies.
ORIGINE : Europe du sud et côtes atlantiques. **TYPE DE PLANTE :** persistante.
DIMENSION : d'1,5 m à 3 m de hauteur pour 2 à 3 m d'envergure.

Acacia dealbata Mimosa

FAMILLE : de la famille des Fabaceae. **FLORAISON :** rare floraison d'hiver. **TERRE :** terre riche et drainée, non calcaire, sauf les plants greffés sur de l'acacia retinodes. **EXPOSITION :** soleil, chaleur, arbre rustique sur le littoral. **CULTURE :** ses racines ont besoin d'espace. Couper à mi-longueur les rameaux ayant porté des fleurs. Engrais au printemps et en été.
DESCRIPTION : feuillage fin vert-de-gris. Floraison jaune très parfumée. Il existe plus de 1 000 espèces d'acacias. Les variétés d'acacias retinodes supportent le calcaire et produisent le « mimosa 4 saisons », avec donc des floraisons toute l'année. **ORIGINE :** Australie. **TYPE DE PLANTE :** persistante.
DIMENSION : de 3 à 12 m de hauteur pour 2 à 5 m d'envergure.

Myrte — *Photinia x fraseri*

FAMILLE : arbrisseau de la famille des Myrtaceae. **TERRE :** fraîche, travaillée, amendée en humus. **EXPOSITION :** à la chaleur, plein soleil. **CULTURE :** planter au printemps, plutôt au sud le long d'un mur. Espacer les pieds d'1 bon mètre. Pailler. Équilibrer la silhouette en coupant les rameaux trop grands à la fin de l'été. Protéger du froid. **DESCRIPTION :** le myrte commun fleurit en blanc. Ce grand arbuste peut avoir un joli tronc de couleur cannelle, crème et citron écaillé sur du gris. Ses fruits sont des baies violettes. À planter en haies libres ou en massifs. **ORIGINE :** Chili. **TYPE DE PLANTE :** persistante.
DIMENSION : de 4 à 6 m de hauteur et de 3 à 4 m d'envergure.

Oiseau de Paradis — *Caesalpinia gilliesii*

FAMILLE : arbuste de la famille des Fabaceae. **TERRE :** profonde, drainée, souple, légère, fraîche l'été.
EXPOSITION : chaude, beaucoup de soleil.
CULTURE : planter au printemps. Beaucoup arroser et pailler le pied. En dehors de la zone méditerranéenne, doit hiverner en serre froide. Tailler pour équilibrer la silhouette. **DESCRIPTION :** feuillage plumeux très découpé. À partir de juin, magnifiques fleurs jaunes à longues étamines rouge vif. À cultiver en véranda. 70 espèces. **ORIGINE :** Argentine, Uruguay. **TYPE DE PLANTE :** caduque.
DIMENSION : de 2 à 3 m de hauteur pour une envergure de 1 à 2 m.

Photinia — *Photinia x fraseri*

FAMILLE : arbuste de la famille des Rosaceae. **TERRE :** fertile et bien travaillée, humifère, drainée, non calcaire.
EXPOSITION : ensoleillée, protégée des vents forts et des froids vifs.
CULTURE : planter en automne ou au printemps. Bien arroser les deux premières années. Pailler en automne. Tailler en été.
DESCRIPTION : les jeunes pousses sont rouges avant de virer au vert en vieillissant. Floraison blanche. 60 espèces. À utiliser en massif et surtout en haie libre ou taillée. Également en bac de terrasse. **TYPE DE PLANTE :** persistante.
DIMENSION : d'1,5 m à 3 m de hauteur pour 2 à 4 m d'envergure.

Phyllodoce spp. — Phyllodocé

FAMILLE : sorte de bruyère de la famille des Ericaceae. **TERRE :** acide, humifère, fraîche, terre de bruyère. **EXPOSITION :** mi-ombre, ombre légère, fraîche, humide. **CULTURE :** planter en automne. Pailler avec de la tourbe. Arroser régulièrement. Abriter du soleil et humidifier en été. **DESCRIPTION :** plante protégée dans la nature. Feuilles serrées vert foncé. Fleurs réunies en ombelles pourpres virant au bleu. 8 espèces. À utiliser en rocaille, en bordure, en potée. **ORIGINE :** Hémisphère nord montagneux. **TYPE DE PLANTE :** persistante. **DIMENSION :** de 10 à 30 cm de hauteur pour 15 à 30 cm d'envergure.

Poncirus trifoliata — Poncirus, oranger trifolié

FAMILLE : arbuste épineux de la famille des Rutaceae. **TERRE :** sèche, profonde, pauvre. À amender avec de la tourbe pour éviter la chlorose. **EXPOSITION :** plein soleil brûlant. **CULTURE :** planter au printemps et pailler le pied. Arroser beaucoup la première année. Tailler. Apporter un engrais pour agrumes au démarrage de la végétation. Résiste bien au froid. **DESCRIPTION :** rustique avec des épines très acérées. Fleurs blanches et fruits jaune pâle non comestibles. 1 seule espèce. À utiliser en haie défensive. Sert de porte-greffe pour les Citrus. **TYPE DE PLANTE :** caduque. **DIMENSION :** de 4 à 6 m de hauteur pour 3 à 5 m d'envergure.

Potentilla spp. — Potentille

FAMILLE : arbuste de la famille des Rosaceae. **TERRE :** pas trop calcaire, pauvre, humidifère. **EXPOSITION :** plein soleil ou mi-ombre. **CULTURE :** planter au printemps ou en automne. Tailler après la floraison. **DESCRIPTION :** rustique et résistante. Adulte en 2 à 3 ans. Beaucoup de fleurs en été, de toutes les nuances de jaune, de rose, voir de crème et de blanc selon l'espèce, 500 en tout. Utiliser en bordure, rocaille, massif, haie basse. **ORIGINE :** Hémisphère nord, tempéré. **TYPE DE PLANTE :** caduque. **DIMENSION :** de 0,5 m à 1,5 m de hauteur et d'envergure.

Raphiolepis — *Raphiolepis spp.*

FAMILLE : arbuste de la famille des Rosaceae. **TERRE :** humifère, fraîche et riche. En pot, 1/3 de terreau d'écorce, 1/3 de tourbe, 1/3 de sable. **EXPOSITION :** très ensoleillée et chaude. **CULTURE :** rustique dans le midi. Planter au printemps. Ailleurs, en potée, dehors de mai à septembre. **DESCRIPTION :** buisson de forme régulière. Petites fleurs blanches et roses en panicules. 15 espèces et de nombreux cultivars. À utiliser en massif dans le sud, en bac ailleurs. **ORIGINE :** Asie du Sud-Est. **TYPE DE PLANTE :** persistante. **DIMENSION :** de 1 à 2 m de hauteur pour 1 à 1,5 m d'envergure.

Rince-bouteilles — *Callistemon citrinus*

FAMILLE : arbuste de la famille des Myrtaceae. **TERRE :** drainée, assez acide et humide. **EXPOSITION :** à la chaleur et au soleil contre un mur au sud ou à l'ouest. **CULTURE :** hors le sud, à cultiver en pot et à sortir à la mi-mai. Arroser beaucoup avec une eau non calcaire par temps sec. Enrichir avec des engrais de mai à septembre. Semis en mars ou boutures à talon en été. **DESCRIPTION :** feuilles gris-vert et étonnantes fleurs aux immenses étamines rouges regroupées en épis. Quelque 25 espèces. À implanter en massifs, en bacs dans la véranda. **ORIGINE :** Australie. **TYPE DE PLANTE :** persistante. **DIMENSION :** de 1.5 à 3 m de hauteur pour 2 m d'envergure.

Rhododendron — *Rhododendron spp.*

FAMILLE : arbuste de la famille des Ericaceae. **TERRE :** terre de bruyère. Il faut un sol acide et frais **CULTURE :** Planter en avril et mai en général, en octobre dans les régions à été sec. Arroser et pailler en cas en périodes de sécheresse. Éliminez les fleurs fanées. Changez la terre de bruyère tous les 3 ou 4 ans. Éviter de tailler. **DESCRIPTION :** une véritable explosion de fleurs regroupées en énormes bouquets au printemps. Attention au feuillage toxique. Bien se laver les mains après manipulation. Plus de 800 espèces, du rhododendron nain (60 cm) au géant de 15 m ! Fleurs de toutes les couleurs. **ORIGINE :** Asie, Europe, Amérique du Nord, Bornéo, Nouvelle-Guinée. **TYPE DE PLANTE :** persistante. **DIMENSION :** de 60 cm à 15 m de hauteur, de 80 cm à 5 m d'envergure.

Santolina chamaecyparyssus — Santoline, petit cyprès

FAMILLE : buisson aromatique de la famille des Asteraceae . **TERRE :** même sèche et caillouteuse. **EXPOSITION :** ensoleillée, sèche. **CULTURE :** planter dans un coin abrité du jardin au printemps ou en automne tous les 30 à 40 cm pour une haie. Tailler les touffes après la floraison. **DESCRIPTION :** forme arrondie avec des feuilles odorantes couvertes d'un duvet argenté. Fleurs jaune pâle en capitules globuleux qui attirent les abeilles. 18 espèces. À utiliser en bordure, en haie basse, en potée. **TYPE DE PLANTE :** persistante. **DIMENSION :** de 30 à 50 cm de hauteur et de 60 cm à 1 m d'envergure.

Perovskia atriplicifolia — Sauge de Sibérie

FAMILLE : arbrisseau de la famille des Lamiaceae. **TERRE :** sèche, pauvre, même caillouteuse et calcaire. **EXPOSITION :** soleil et chaleur. **CULTURE :** planter au printemps. Rabattre en février-mars à 2 yeux du vieux bois. Pincer les jeunes pousses. Arroser modérément. **DESCRIPTION :** feuillage odorant, très découpé et argenté. Panicules de 30 à 40 cm aux fleurs bleu lavande. 7 espèces. À utiliser en massif, en rocaille et en bordure. **ORIGINE :** Asie. **TYPE DE PLANTE :** caduque. **DIMENSION :** de 80 cm à 1,5 m de hauteur pour 1 à 2 m d'envergure.

Philadelphus spp. — Seringat

FAMILLE : arbuste de la famille des Hydrangeaceae. **TERRE :** s'adapte partout, même sur des remblais pierreux et calcaires. **EXPOSITION :** soleil léger ou indirect. **CULTURE :** planter en automne. Arroser en été. Tailler après la floraison. **DESCRIPTION :** très rustique. Fleurs blanches aux senteurs de jasmin. Taille adulte en 4/5 ans. 40 espèces et nombreux hybrides. À utiliser en isolé, en haie libre, en fond de massif.
TYPE DE PLANTE : caduque. **DIMENSION :** de 1 à 4 m de hauteur pour 1 à 5 m d'envergure.

Skimmia — *Skimmia japonica*

FAMILLE : arbuste de la famille des Rutaceae. **TERRE :** terre de bruyère. **EXPOSITION :** mi-ombre. **CULTURE :** planter au printemps et beaucoup arroser. Sol toujours humide. Pas de taille. **DESCRIPTION :** buisson régulier aux feuilles brillantes vert clair. Les fleurs étoilées blanches sentent la fleur d'oranger. Fruits rouge vif présents tout l'hiver. À utiliser en bordure, en jardinière. **TYPE DE PLANTE :** persistante. **DIMENSION :** de 80 cm à 1 m de hauteur pour une envergure équivalente.

Solanum — *Solanum rantonnetii*

FAMILLE : arbuste de la famille des Solanaceae. **TERRE :** consistante et bien drainée. En pot, 1/3 de terreau de tourbe, 1/3 de sable, 1/3 de terre de jardin. **EXPOSITION :** ensoleillée et chaude. **CULTURE :** planter au printemps. Pailler. Sortir fin mai les plants en hivernage. Maintenir le sol frais. En mars, rabattre les tiges de moitié et rempoter. **DESCRIPTION :** buisson compact et très fleuri.Les fleurs bleu violacé sont groupées en bouquets. 1400 espèces. À utiliser en massif, en potée, en véranda. **ORIGINE :** Paraguay, Argentine. **TYPE DE PLANTE :** persistante ou semi-persistante. **DIMENSION :** de 1,5 à 2 m de hauteur pour 2 m d'envergure.

Sumac de Virginie — *Rhus typhina*

FAMILLE : arbrisseau de la famille des Anacardiaceae. **TERRE :** lourde et profonde. **EXPOSITION :** ensoleillée et abritée des vents. **CULTURE :** planter en automne. Tailler à la fin de l'hiver les pousses florifères à la moitié. **DESCRIPTION :** ses feuilles dentelées deviennent jaune orange puis rouge vif en automne. Les inflorescences en épis, rouges, restent tout l'hiver. 200 espèces. À utiliser en isolé. **TYPE DE PLANTE :** caduque. **DIMENSION :** de 3 à 6 m de hauteur pour 4 à 7 m d'envergure.

Viburnum spp. **Viorne**

J F M A M J J A S O N D

FAMILLE : arbuste de la famille des Adoxaceae. **TERRE :** riche, profonde, humifère, peu calcaire. **EXPOSITION :** soleil, mi-ombre. **CULTURE :** planter au printemps les persistantes, en automne les caduques. Arroser abondamment et pailler les premiers étés. Éliminer les vieux rameaux et le surnombre. Traiter contre les pucerons. **DESCRIPTION :** très rustique et très décoratif. Belles couleurs d'automne. Fleurs en bouquets plats ou globuleux blanches, crèmes, rosées, jaune pâle selon l'espèce. Il y en a 150. À utiliser en isolé, en haie libre, en massif, en couvre-sol, en rocaille, en bac. **TYPE DE PLANTE :** caduque ou persistante.
DIMENSION : de 1 à 5 m de hauteur pour 1 à 4 m d'envergure.

Weigela spp. **Weigélia**

J F M A M J J A S O N D

FAMILLE : arbuste de la famille des Caprifoliaceae. **TERRE :** fraîche, neutre, bien drainée. **EXPOSITION :** soleil tempéré, mi-ombre. **CULTURE :** planter à l'automne, bien arroser, pailler. Garder le sol humide à la floraison. Tailler ensuite à 20 cm. **DESCRIPTION :** rustique et vigoureux. Jolie couleur du feuillage à l'automne. Fleurs en clochettes groupées en bouquets. 12 espèces et hybrides aux couleurs de fleurs rouge vif, blanc pur, rose mauve… À utiliser en isolé, en haie libre, en massif ou en bac de terrasse.
TYPE DE PLANTE : caduque.
DIMENSION : de 1 à 3 m de hauteur pour 1 à 2 m d'envergure.

planter au jardin

les fleurs

400 trucs & astuces

Trucs et astuces pour les fleurs

Vos godets personnels pas chers

Récupérez les pots de yaourts en plastique les plus résistants. Percez leurs fonds et servez-vous en comme d'un semoir à main. Ils peuvent aussi remplacer les godets vendus dans le commerce. Quand vous planterez en place, il vous suffira de découper un côté du pot et la motte viendra très facilement.

Recyclez les boîtes à œufs

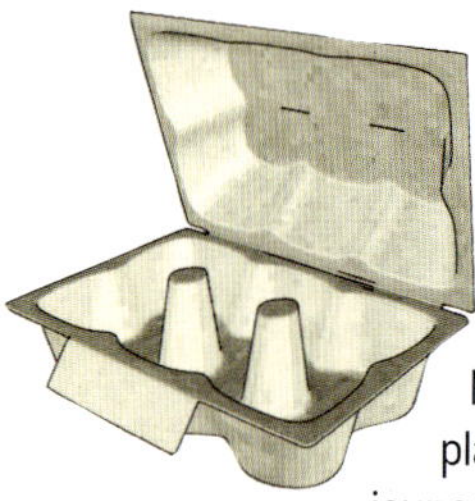

Conservez vos boîtes à œufs en carton, elles feront d'excellents bacs pour vos semis. Remplissez-les de terre et plantez vos graines. Enfermez le tout dans un autre produit recyclé : les boites en plastique que les grandes surfaces utilisent pour emballer les lots de viennoiseries. Maintenez humide et placez au soleil. Quand la plante a démarré, découpez les alvéoles avec leurs jeunes pousses et repiquez-les telles quelles en place. Vous venez d'inventer une serre en matériaux recyclés !

Une autre serre en matériaux recyclés

Les nouvelles fontaines à eau, ou les bouteilles de 5 l d'eau minérale qu'on trouve en grandes surfaces peuvent elles aussi faire d'astucieuses serres pour vos jeunes plants. Il suffit de découper le fond et de les poser comme une cloche sur le plant. Vous aurez enlevé le bouchon et vous arroserez par le goulot.

Découpez le fond de la fontaine à cette hauteur

Une hormone de bouturage naturelle

Faites tremper des petites branches de saule pleureur pendant une douzaine d'heures. Et voilà une solution d'hormone de bouturage qui remplace sans problème les hormones de synthèse. Procédez ensuite de la même manière en plongeant vos boutures dans cette solution avant de les planter.

Ces vieilles graines sont-elles encore bonnes ?

Facile à vérifier. Mettez-les dans un bol d'eau. Si elles coulent, c'est qu'elles sont bonnes à planter.

Des herbicides naturels

Un mélange d'eau chaude et de gros sel chasse les mauvaises herbes de vos allées. Vous pouvez aussi utiliser l'eau de cuisson bouillante des pommes de terre ou celle des pâtes.

Un engrais naturel

Vos plantes ont besoin de minéraux. Ceux des œufs et des légumes partent en partie dans leurs eaux de cuisson et de lavage. Pensez à les récupérer et arrosez vos plantes avec.

Pour qu'elles ne manquent pas d'eau

Absentez-vous l'esprit tranquille, vos plantes ne mourront pas de soif si vous installez le dispositif suivant : placez une bassine d'eau à côté de vos plantes en pots et reliez-la à chaque pot avec des mèches de coton.

Donnez des couleurs à vos fleurs

Enterrez aux pieds de vos fleurs, en particulier des rosiers, des peaux de banane découpées en lanières. C'est un engrais naturel qui rend leurs couleurs plus vives.
Et si vous voulez des hortensias très bleus, mettez un peu d'ardoise dans la terre.

Pour les géraniums, un bouchon d'eau de javel dans un arrosoir d'eau, et ils resplendissent.

On adore les oiseaux...

Sauf quand ils picorent les jeunes pousses. Un bon moyen de les protéger est de les saupoudrer de poivre fort. Les oiseaux iront voir plus loin. Surtout si vous avez mis des graines pour eux dans du coton sur un perchoir.

Protégez vos semis à peu de frais

Du grillage à fines mailles posé en tunnel sur vos semis est un excellent obstacle, pas très coûteux, à la gourmandise des oiseaux.

Le jus vert

Mixez au robot un mélange d'eau et de feuilles vertes (salade, laitue, romaine...). Passez au tamis et ajouter de l'eau de source. Pulvérisez sur vos plantes un peu mal en point. Elles vont reprendre goût à la vie !

Bouture de violette

Savez-vous qu'une feuille suffit. Enterrez-la à moitié et veillez à ce que la terre soit toujours humide. Après quelques semaines, vous verrez apparaître une nouvelle pousse.

Le bon usage du tuteur

Les plus discrets sont les meilleurs. Utilisez des bambous ou du métal fin peint en vert pour les rendre quasi invisibles. Pour l'attache, un simple raphia fera l'affaire. Et n'oubliez pas qu'il faut toujours planter le tuteur entre le vent et la plante. C'est lui qui la protège. Pas l'inverse.

Attaches high-tech

Une cassette vidéo défectueuse vous fournira d'excellentes et solides attaches pour tuteurer vos plantes. Ces bandes magnétiques sont très solides et ne blessent pas les tiges.

Les conseils du jardinier

Conseils d'hivernage

Vos géraniums et vos fuchsias passent mal les hivers un peu vifs. Prévoyez un local d'hivernage clair, entre 4 et 8 °C, bien aéré. Pour rendre les plantes plus résistantes, vous aurez arrêté la fumure en août. Il faut couper les pousses encore vertes et peu arroser. Juste pour que la terre ne soit pas desséchée.

Pour leur sortie au printemps, préférez un ciel couvert. Donnez leur le temps de se réhabituer au soleil. Taillez à 10/15 cm et transplanter dans une terre fraîche. Attendez 3 semaines avant de reprendre les fumures.

Arroser malin

Pendant les 2 premières semaines, vos plantes ont besoin que le sol soit mouillé en profondeur. Bricolez donc vous-même un système astucieux pour vous faciliter la vie. Faites courir dans vos massifs de jeunes pousses un tuyau d'arrosage percé de petits trous. Il vous suffira alors d'ouvrir l'alimentation d'eau pour obtenir un arrosage en goutte à goutte qui pénètre bien dans la terre, s'évapore peu et ne touche pas aux feuilles. Dans les règles de l'art !

Un peu de rouille fortifie

Une poignée de vieux clous en fer au fond de votre bac de récupération de l'eau de pluie et cette eau deviendra un bon fortifiant pour vos plantes.

Filtrez sexy !

Si vous tenez à ce que votre eau de pluie soit absolument propre, confectionnez un filtre avec un vieux collant que vous fixerez en bas du tuyau de gouttière sous lequel vous récupérez cette eau.

va refleurir. Coupez ces tiges au sécateur au ras du sol. Arrosez tout l'été et paillez pour conserver l'humidité. Retuteurez les tiges florales quand elles réapparaissent en septembre.

Le plein de vitamines avec la capucine

Ses feuilles sont très riches en vitamines A et C. On peut en ajouter dans la salade. Très chic et très énergétique. En tisane [10 gr de feuilles pour 1/2 l d'eau], c'est une thérapie contre les infections respiratoires et contre les infections urinaires.

Météo

Une simple pomme de pin laissée à l'extérieur vous annoncera le temps. Si elle est ouverte, c'est qu'il va faire beau. Si elle reste fermée, c'est qu'il va pleuvoir.

Les conseils du jardinier

Le conseil développement durable

Pour économiser l'eau mieux vaut arroser le soir, après le coucher du soleil, pour limiter l'évaporation. Mieux encore si vous pouvez investir dans un système automatique, programmez-le pour qu'il fonctionne la nuit.

Sur des petites surfaces, pas d'arrosage à tout va en tourniquet. Utilisez plutôt votre arrosoir pour un arrosage du pied des plantes ou installez-y des tuyaux troués. Et paillez pour conserver au sol son humidité.

Les saints de glace

C'est une tradition ancestrale des jardiniers, il ne faut pas que les jeunes poussent sortent de terre les 11, 12 et 13 mai, les trois jours des saints de glace, sous peine de dépérir. Il est vrai qu'avant le réchauffement climatique les nuits de ces trois journées étaient assez souvent exceptionnellement froides pour la saison.
La sagesse populaire veut aussi qu'on ne ressorte pas les plantes fragiles avant la fin des « saints de glace ».

Comment bêcher ?

La technique traditionnelle consiste à planter la bêche dans la terre, à soulever la motte et à la remettre en place en la retournant. Cela l'aère et met à la surface des parasites que les oiseaux vont dévorer ou que le froid détruira. En jardinage biologique pur et dur, au contraire, on préconise de ne pas bouleverser les couches du sol afin de préserver les micro-organismes qui le fertilisent.
On ne retourne donc pas la terre.

Quand la mauvaise herbe devient bonne...

Toutes ne sont pas à jeter au compost ou à brûler. Les jeunes pousses d'orties par exemple sont excellentes en soupe. On en fait aussi des tartes et des soufflés. Le pourpier se prépare aussi en cuisine. Ses feuilles croquantes sont légèrement acidulées.

Nos amis les bêtes ne sont pas toujours les amis du jardin

• Un bon moyen de dissuader votre chien de creuser des trous dans le jardin est d'y enfouir ses propres crottes. Il n'y reviendra pas et perdra cette mauvaise habitude.

• Et s'il se montre un peu trop familier avec vos pots de fleurs ou vos plantes, vaporisez-les d'essence de citronnelle. L'odeur ne lui plaît pas beaucoup et il ira vagabonder ailleurs.

• Les chats quant à eux n'apprécient pas du tout l'odeur de la naphtaline. Quelques boules judicieusement placées sur le balcon, la terrasse, ou dans les massifs posées sur des planchettes, les éloignent efficacement.

Astuce de janvier

Pensez, en cas de risque de gel, à jeter une bûchette ou un fagot dans votre bassin. Cela empêchera que la pression de la glace fissure les parois. Et si vous voulez trouer la couche de glace pour que vos poissons puissent respirer, il faut le faire en douceur pour éviter une brutale surpression. Un bon moyen consiste à poser dessus une bouilloire remplie d'eau...bouillante !

Sortez vos tulipes de terre

D'année en année, elles deviennent moins belles, moins grandes, moins colorées, si vous laissez les bulbes en terre après la floraison. Il vaut mieux les arracher en juillet, quand les feuilles ont bien jauni. De cette manière, leur beauté se flétrit moins vite. Même s'il vaut mieux les renouveler complètement après 3 à 4 ans.

En cages, elles vivent mieux

Fabriquez vous-même de petites cages en grillage dans lesquelles vous mettrez vos bulbes de tulipes avant de les planter. Les tiges se frayeront leur chemin sans problème. Vous aurez plus de facilité à les arracher et, surtout, c'est une protection efficace contre le grignotage des mulots et autres campagnols qui s'en délectent.

Mettez vos tulipes sur le sable

Une poignée de sable au fond du trou à la plantation calera bien le bulbe et sera un excellent drainage.

Une bonne désinfection des bulbes s'impose

Quand vous les arracher pour l'hiver, pensez à les désinfecter en les trempant une vingtaine de minutes dans de l'eau à 45 °C. Bien les sécher ensuite et les ranger.

Jetez ceux des jacinthes

Inutile de conserver les bulbes des jacinthes. Ils sont à renouveler chaque année.

Donnez un peu d'ombre à vos semis de bisannuelles

Bisannuelles ou vivaces, il leur faut de la lumière. Mais point trop n'en faut. Plein soleil, en août, sous le cagnard, elles seront mieux sous une toile d'ombrage. La meilleure place pour ces semis, disent beaucoup de jardiniers, c'est d'ailleurs le pied d'un mur orienté au nord.

Évitez les promos de bulbes en décembre

Les bulbes à floraison printanière sont souvent en promo en fin d'année. Mais vous risquez d'être déçue quand le printemps sera venu par de piètres floraisons. Ces bulbes ont souffert à passer tout ce temps dans les rayons.

Le lis des Incas n'aime pas être bousculé

Laissez-le à la même place quelques années car il est lent à se développer et n'aime pas le changement. Étant donné la somptuosité de sa fleur, il mérite ces égards !

Les pastilles de tourbes

Elles vous faciliteront les semis de plantes à grosses graines comme les pois de senteur ou les capucines. On trempe les pastilles de tourbe dans de l'eau. Elles gonflent et se transforment en une motte souple dans laquelle vous enfoncez la graine. Et pas de stress au moment du repiquage, vous plantez carrément la jeune pousse avec sa motte de tourbe.

La griffe de sorcière est maso !

Il faut la faire souffrir pour qu'elle soit plus belle : pas d'arrosage ni d'engrais azoté, et sa floraison sera magnifique !

La fleur à tout faire

Le cosmos est la fleur idéale pour occuper le terrain quand vous avez des vides à combler. Facile à cultiver, pas exigeante en entretien, et en plus cette annuelle est élégante avec de belles et grandes fleurs aux couleurs variables selon les variétés.

les roses

35 trucs & astuces

Les rosiers

La rose, reine des jardins, voit naître quasiment chaque jour de nouvelles variétés, la mode d'aujourd'hui consistant à les dédier à telle ou telle star ou personnalité.
Connue chez les Grecs et les Romains, elle existe probablement depuis la nuit des temps. On la cultive depuis le Moyen-Âge. Les Croisés l'ont importée du Moyen-Orient. C'est au XIXᵉ siècle que les pépiniéristes français ont fait preuve d'une grande inventivité pour créer de nombreuses et nouvelles variétés.

On les classe aujourd'hui selon leur origine et leur forme.

Les rosiers galliques, les plus anciens, presque disparus aujourd'hui.

Les rosiers de Damas, ceux des Croisés. Buissonnants avec des fleurs très parfumées, rose plus ou moins foncé.

Les rosiers blancs qui ressemblent à l'églantine sauvage.

Les rosiers à cent feuilles dits « roses de Hollande » créés au XVIIᵉ Siècle. Fleurs en boule creuse, rose plus ou moins foncé. Parfum très capiteux.

Les rosiers de Portland, roses et très parfumés, remontants.

Les rosiers Bourbons nés à la Réunion. Roses carmin. Parfum puissant.

Les rosiers Thé, transportés de Chine dans des paniers à feuilles de thé.

Les hybrides remontants aux fleurs cramoisies et très parfumées.

Les hybrides de Thé, un croisement des précédentes et des rosiers Thé. Ils sont l'origine de presque toutes les variétés d'aujourd'hui.

Les rosiers floribundas, aux fleurs abondantes de toutes couleurs en bouquets, mais sans parfum.

En haut : la rose « Guy de Maupassant ».
En bas : diverses sortes de roses aux formes et couleurs multiples.

« La France »

C'est la première variété créée par le pépiniériste français Guillot en 1867, en croisant un hybride remontant avec un rosier Thé.

Protégée

Il y a un droit d'auteur, ou plus exactement d'obtenteur, c'est ainsi qu'on nomme un concepteur de nouvelles variétés de roses.
Une variété nouvelle ne peut être aujourd'hui multipliée qu'avec l'accord de son créateur.

Les 7 grands types de rosiers

- **Les rosiers buissons à grandes fleurs.**

Ils mesurent de 40 cm à 1 m de hauteur et leurs 3 à 5 branches partent du sol. Elles donnent une succession de belles roses isolées ou groupées par 3 ou 5 fleurs. Ce sont des rosiers remontants.

- **Les rosiers buissons à fleurs multiples** ressemblent aux précédents, si ce n'est qu'ils donnent une succession de roses groupées en bouquets de 10 à 25 roses (rosiers polyanthas) ou de 5 à 12 roses (rosiers floribundas). Ils sont eux aussi remontants.
- **Les rosiers couvre-sol** de même dimension ont la particularité de se courber vers le sol et d'y étendre leurs branches jusqu'à 1 à 2 m d'envergure. Leur feuillage est fin et leurs fleurs abondantes.
- **Les rosiers grimpants** sont hauts de 2 à 4 m après 2 à 3 ans. Il faut les arquer ou les palisser. On en trouve à grosses fleurs et à fleurs groupées.

- **Les rosiers lianes** sont des rosiers grimpants avec des grappes de petites fleurs. Ils peuvent atteindre 10 m. Ils ne sont pas remontants.

- **Les rosiers tiges** ont été greffés sur un « tronc » d'environ 1 m. Leur tête de 4 ou 5 branches produit tout l'été, à l'extrémité des rameaux, une succession de grosses fleurs ou des fleurs en bouquets.
- **Les rosiers pleureurs** sont des rosiers tiges greffés à 1,60 m au port retombant.

Les conseils du jardinier

Bien acheter son rosier

À racines nues, les rosiers sont moins chers. Cela nécessite d'aller chez un bon pépiniériste et ensuite de bien planter dans les règles de l'art. Il faut aussi avoir l'œil. Regarder l'état des tiges qui doivent être vertes, sans tâches ni rides. Laisser de côté s'il y a déjà des pousses vert pâle. La chaleur et l'éclairage ont provoqué un démarrage de végétation qui peut compromettre la reprise.

En conteneur, vérifier l'état du feuillage. Éliminer ceux à feuilles abîmées ou tâchées. Ils ne faut pas que les racines sortent du pot ou soient trop emmêlées, signe d'une longue période en pot. Vérifier aussi qu'il ne bouge pas dans sa motte de tourbe. Cela indiquerait un rempotage récent.

Quand planter les rosiers ?

Planter les rosiers à racines nues d'octobre à début avril, pendant leur période de repos végétatif. Avril est le mois où l'on commence à trouver des rosiers en conteneurs qui peuvent être plantés jusqu' en septembre.

Praliner les racines

Après les avoir « rafraîchies », il faut praliner les racines de vos rosiers à racines nues avant de les planter. Il suffit pour ça de les nourrir en les faisant tremper une heure ou 2 dans un mélange de boue d'argile liquide (ou de bouse de vache !).

Une première taille

À peine planté, le rosier doit être taillé une première fois. Laissez quand même passer la période où il y a encore des risques de gelées si vous avez fait votre plantation fin février par exemple. Ne gardez que les 3 ou 4 plus belles branches et taillez à 2 ou 3 yeux.

Ils n'aiment pas le calcaire

Si votre terre est un peu calcaire, faites un apport de terre de jardin. Plantez dans un endroit ensoleillé après avoir bien préparé le terrain par un bon bêchage d'au moins 50 cm de profondeur, bien émietter ensuite, et finir par l'apport de fumier décomposé ou d'engrais de fond.

Binage de printemps

Leur terre a besoin d'être aérée au printemps. S'ils ont été buttés pour l'hiver, c'est le moment de débutter et de biner autour du pied, puis d'arroser si le temps est au sec.

Un petit apport d'engrais et des traitements préventifs contre les insectes et les maladies sont de saison.

Jamais au même endroit

Comme la plupart des plantes, les rosiers laissent leurs traces dans la terre où ils ont été plantés. Si vous tenez absolument à en replanter dans le même massif, il faut impérativement en changer la terre sur au moins 50 cm de profondeur.

ZOOM

Attention ne pas confondre...

Attention à ne pas confondre des rosiers à racines nues, présentés dans certaines grandes surfaces ensachées dans de la tourbe, avec des rosiers en conteneurs. Cette motte de terre, en général assez émiettée, et exposée à la chaleur des éclairages, n'est qu'un artifice de présentation.

Toilette de printemps

Mi-février, mi-mars, c'est le moment de préparer vos rosiers aux grandes éclosions. Commencez par supprimer tout le bois mort et les rameaux trop grêles. Puis leur donner un coup de jeune en réduisant le nombre de ramifications. Taillez les branches les plus faibles qui ne porteront pas de fleurs. Et enfin coupez quelques cm au-dessus des bourgeons qui produiront les nouvelles branches en sélectionnant ceux qui poussent vers l'extérieur. On peut refaire une taille 4 ou 6 feuilles en dessous des fleurs fanées après la floraison pour faciliter la remontée.

Un rosier « remontant »

Il a fleuri en juin et il refleurira en été et jusqu'aux premières gelées.

C'est grave docteur ?

Les rosiers sont des plantes solides qui nécessitent peu de soins. Ils leur arrivent néanmoins d'être atteints de maladies.

- Des tâches noires sur le feuillage. Probablement le Marsonia. Un traitement fongicide s'impose.
- Une sorte de feutrine blanche sur les feuilles : le temps est pluvieux, les nuits sont fraîches, c'est l'oïdium. Pulvérisez tous les 15 jours un produit soufré spécial rosiers.
- Des tâches couleur rouille. C'est la rouille des rosiers. À combattre avec des pulvérisations de fongicide tous les 15 jours également.

Et pour les pucerons, outre les méthodes que nous indiquons dans le chapitre sur les nuisibles (pulvérisation de purin d'ortie, utilisation de larves de coccinelles et de coccinelles), il y a toujours les insecticides en traitement préventif et ensuite toutes les quinzaines en saison.

Bon à savoir

Le rosier n'aime en principe pas les sols trop calcaires, ses feuilles jaunissent et il n'y résiste pas, ni les sols argileux dans lesquels ses racines s'asphyxient. Mais on vend aujourd'hui des rosiers greffés « tous terrains ». Sachez cependant que les greffés « canina », s'ils durent 20 ans, sont moins florifères que les greffés « multiflora » qui sont en revanche plus sensibles aux maladies et résistent moins longtemps.

Le langage des roses

Rouge, c'est l'amour et le respect
Jaune, c'est la joie et l'amitié
Blanche, l'innocence, la pureté et le secret
Rose foncé, la reconnaissance
Rose pâle, la joie de la naissance ou du mariage
Rose pêche, la modestie
Rose corail, le désir
Rose orange, la fascination

Aïe, Aïe, Ail !

Cela semble curieux, mais on dit qu'enterrer de l'ail au pied des rosiers stimule leur parfum. Cela éloignerait aussi les pucerons ! Et y planter de l'ail ornemental empêcherait la maladie de la tâche noire. Un bon massif d'œillets d'Inde à proximité des rosiers et vous voilà débarrassé du risque pucerons.

À la bougie

Certains mettent de la bougie blanche sur les coupes de leurs rosiers. C'est l'équivalent d'un mastic cicatrisant favorisant les repousses.

Peaux de banane

Elles contiennent du potassium, du magnésium et du fer. Mises dans la terre des pieds de rosiers, elles rendent les couleurs de vos roses plus intenses.

les fleurs

comment le faire ?

Planter un rhizome tel que l'arum

1 **Séparer au couteau de petits rhizomes du pied mère que vous aurez arraché de terre en faisant en sorte qu'il y ait au moins un bourgeon sur chaque prélèvement.**

2 **Préparer le terrain en zone humide à la fourche à bêcher en cassant les mottes. Enlever les cailloux et les mauvaises herbes. Ajouter un engrais qui se libère lentement.**

3 Avec le transplantoir, placer les rhizomes dans la terre tous les 25 à 30 cm. Arroser et tasser pour éliminer les éventuelles poches d'air.

4 On peut aussi choisir de planter l'arum en pot à placer dans un bassin. Le poser sur des briques pour que sa surface de terre soit à peine recouverte par l'eau.

Planter des dahlias

1 Préparer les rhizomes en éliminant les parties desséchées.
Conserver sur chacun un bourgeon et quelques radicelles.

2 Préparer le terrain par un bêchage de 20 cm de profondeur.
Éliminer cailloux et mauvaises herbes. Apporter éventuellement du compost ou du terreau et un engrais à libération lente.

3 Après avoir planté un tuteur dans le trou de 15 cm, placer dans celui-ci le rhizome bien à plat avec le bourgeon près du tuteur.

4 Recouvrir de terre fine. Tasser doucement pour qu'elle adhère bien au rhizome sans laisser de poche d'air. Arroser doucement en pluie fine avec l'arrosoir.

Planter des petits bulbes

1 **Préparer le terrain pour obtenir une terre légère par un bêchage sur 20 cm de profondeur.**
Enlever soigneusement toutes les pierres.

2 **Niveler avec la griffe.**
Déterminer les endroits où les bulbes vont être plantés regroupés par 3 à 5 de même couleur dans le cas de crocus par exemple.

3 À la main ou avec un plantoir cylindrique à bulbes, enterrer les bulbes à 5 cm de profondeur et tous les 20 cm environ. Tasser le sol et arroser en pluie fine avec l'arrosoir.

4 Pour obtenir un effet naturel dans une plantation sur une pelouse, vous pouvez laisser faire le hasard en lançant vos bulbes et en décidant de les planter là où ils sont tombés. Veillez à une densité d'au moins 20 bulbes au m².

Planter en jardinière des géraniums

1 Étaler un film en non tissé sur la couche de gravillons de drainage mise au fond, pour la séparer du terreau. Remplir avec du terreau à rosiers argileux.

2 Si les mottes des géraniums sont un peu sèches, les humidifier dans une bassine d'eau. Laisser l'eau s'écouler quelques minutes avant de planter.

3 **Tasser le terreau.**
Laisser 2 cm au moins jusqu'au bord de la jardinière.
Mettre en place les mottes, séparées de 20 à 25 cm, avec le transplantoir.
Tasser à la main et rendre la surface plane.
Mouiller avec l'arrosoir, surtout autour des pieds.

4 **Installer un grillage pour soutenir** les tiges retombantes. Cela soulagera les pieds qui seront mieux aérés.

Planter une tubéreuse

1 Préparer le sol dans un coin ensoleillé du jardin. Bêcher à 25/30 cm de profondeur. Ajouter un peu de sable pour le drainage.

2 Utiliser la griffe pour bien niveler et briser les mottes de façon à obtenir une terre bien meuble. Ceci après avoir enlevé cailloux et mauvaises herbes.

3 Disposer les racines tubéreuses à même le sol en les espaçant de 40 à 50 cm si c'est une plante au développement important.

4 Creuser ensuite un trou de 10 à 15 cm avec le transplantoir et y disposer les racines sans les altérer. Recouvrir de terre et tasser. Arroser avec l'arrosoir.

Transplanter des jeunes pousses en godets

1 Bien préparer le massif par un bêchage, puis par l'élimination des cailloux et des mauvaises herbes. Ajouter de l'engrais organique. Briser les mottes à la griffe puis dessiner l'emplacement de la plantation.

2 Humidifier les mottes des plants en les trempant dans une bassine d'eau jusqu'à ce qu'il n'y ait plus de bulles. Les sortir et laisser l'eau s'écouler avant de planter.

3 **Si ce sont des godets de tourbe, planter sans dépoter. Sinon, enlever soigneusement le godet sans émietter la motte ni abîmer les racines.**

4 **Creuser le trou avec le transplantoir de façon que la motte soit à peine recouverte de terre. Tasser franchement à la main. Arroser abondamment et pailler pour éviter les mauvaises herbes et conserver la fraîcheur.**

Planter un bulbe de tulipe

1 **Bien préparer le terrain avec un bon labour de 20 cm de profondeur. Briser finement les mottes et éliminer cailloux et racines.**

2 **Passer la griffe pour que la terre soit bien émiettée et légère. La tulipe aime les sols très meubles. Disposer sur le sol vos bulbes pour avoir une vue d'ensemble de votre massif.**

3 Faire un trou profond de la taille du bulbe avec le plantoir cylindrique mieux adapté à cette tâche qu'un transplantoir. Espacer en fonction de la variété de tulipe, de 10 à 30 cm.

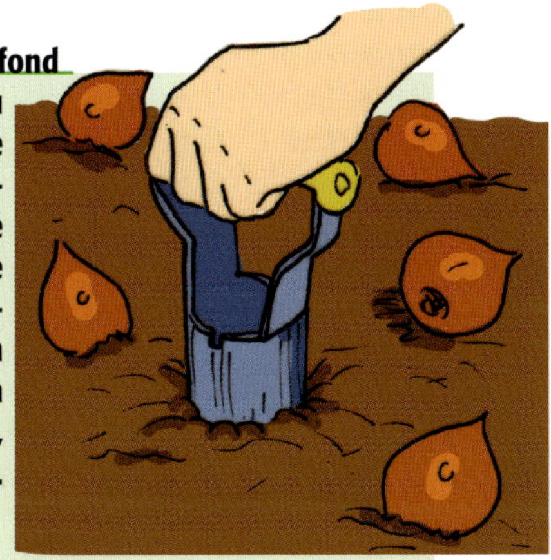

4 Poser le bulbe à plat, la partie pointue vers le haut. Recouvrir de terre et tasser doucement à la main de façon qu'il n'y ait pas de poches d'air. Arroser en pluie fine avec l'arrosoir. Pailler si le climat est très froid.

Le semis à l'abri

1 **Mettre une couche de graviers ou de billes d'argile au fond du récipient, caisse en bois, terrine en terre cuite, ou autre. Recouvrir d'une couche de 5 à 6 cm de terreau tamisé. Tasser doucement.**

2 **Semer les graines. Bien les répartir. Recouvrir d'une couche de quelques millimètres de terreau. Tasser d'une main légère et vaporiser de l'eau. Mettre sous châssis froid.**

3 **Repiquer les pousses dans des godets en tourbe remplis de terre de jardin et de terreau dès qu'elles ont 2/3 feuilles. Creuser le trou avec un crayon. Arroser et tenir à l'abri du froid.**

4 **Mettre en place aux beaux jours dans un massif bien préparé (ameubli, nettoyé et ratissé). Espacer de 20 à 35 cm selon les plantes. Tasser au pied du plant et bien arroser.**

Le semis au semoir à main

1 **Faire un bêchage vigoureux du massif d'une bonne hauteur de bêche. Éliminer cailloux et mauvaises herbes. Enfouir du fumier organique bien décomposé.**

2 **Utiliser la griffe pour niveler et briser les mottes. Finir avec le râteau pour obtenir une couche de surface très finement émiettée. Tracer avec le manche la forme de votre plantatlon.**

3 **Pour placer les graines de façon régulière, utiliser un semoir à main. Recouvrir d'une couche de 2 à 3 millimètres d'épaisseur de terreau finement tamisé. Tasser avec le dos du râteau. Arroser avec l'arrosoir.**

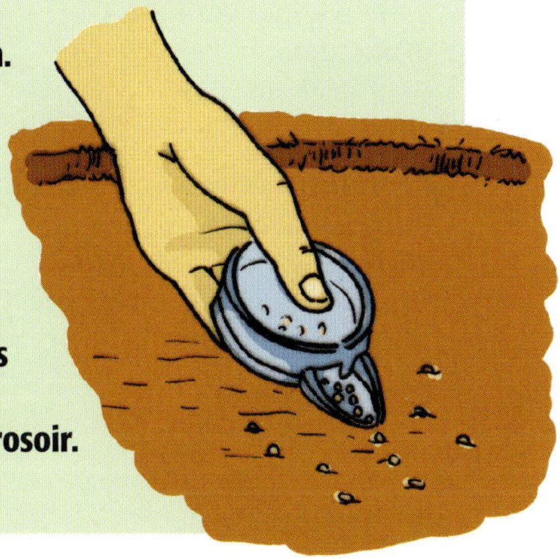

4 **Éclaircir dès que les jeunes plants ont des feuilles en fonction du développement à venir en conservant un plant tous les 20 ou 30 cm selon la plante.**

Les plants arrachés peuvent être repiqués ailleurs. Tasser la terre remuée à la main.

Le semis en poquets

1 **Préparer le sol par un bêchage d'une vingtaine de cm de profondeur.**
Bien décompacter la terre.
Enlever les cailloux et les mauvaises herbes.
Niveler avec la griffe.
Briser les mottes.

2 **Ratisser pour enlever les cailloux de surface. Dessiner dans le massif l'emplacement des semis avec le manche du râteau.**

3 Prendre la binette pour creuser les poquets qui sont des petits trous de 2 à 3 cm de profondeur. Pour des capucines par exemple, faire ces trous tous les 30 cm et y placer 4 ou 5 graines.

4 Recouvrir d'1 à 2 cm de terre ou de terreau tamisé. Tasser avec la binette pour que la terre adhère bien aux graines. Arroser beaucoup en pluie fine avec l'arrosoir.

Le semis en terrine sous verre

1 Étendre une couche de 2 cm de graviers sur le fond d'une terrine percée de plusieurs trous pour assurer un bon drainage. Recouvrir de terreau pour semis.

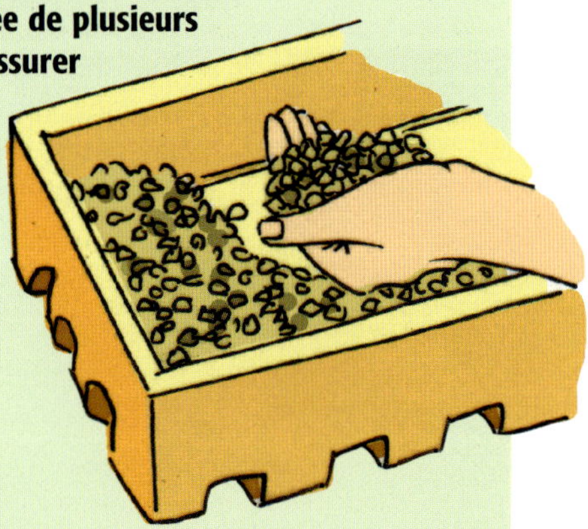

2 Remplir la terrine et tasser légèrement avec une planchette en bois pour mettre le niveau à 1 cm du bord, une précaution pour que les arrosages ne débordent pas.

3 **Répartir les graines sur toute la surface à l'aide d'un semoir à main. Ne pas les recouvrir mais tasser doucement à nouveau avec la planchette pour qu'elles soient toutes bien en contact avec le terreau.**

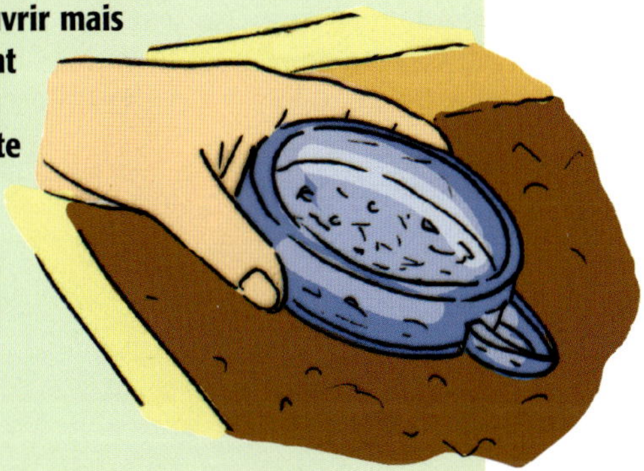

4 **Arroser en brouillard au pulvérisateur et recouvrir d'une plaque de verre. Placer dans une pièce à au moins 20 °C de température. Essuyer et retourner la plaque de verre chaque jour.**

L'éclaircissage

1 **Après un semis en poquets, comme pour les capucines, sélectionner parmi les jeunes pousses les deux plus fortes car toutes ne se développeront pas bien.**

2 **Éliminer les plants aux feuilles plus chétives. Conserver les mieux formés. Éclaircir en arrachant les plants à enlever à la main en veillant à ne pas déraciner les autres.**

3 Après l'éclaircissage, retasser le sol autour des plants conservés pour que la terre réadhère bien aux racines. Procéder à un arrosage en pluie fine.

4 Nettoyer régulièrement le massif. Enlever les mauvaises herbes avec une binette afin de casser en même temps la croûte de surface due aux arrosages et à la pluie.

Le rabattage, l'exemple du lupin

1 **Éliminer les fleurs fanées avant la montée en graines qui épuiserait le pied. Couper les hampes florales le plus près possible du sol.**

2 **Couper au sécateur le feuillage qui jaunit. Dans le cas du lupin, brûler tous les déchets. Ne pas les mettre sur le tas de compost qu'ils pourraient contaminer.**

3 Repérer par un piquet l'emplacement de la plante pendant la période hivernale pour ne pas risquer de l'abîmer en marchant dessus.

4 En cas d'hiver rigoureux, protéger la souche en la recouvrant d'un tapis de feuilles mortes ou de paille d'une vingtaine de cm. L'enlever aux premiers beaux jours.

Le tuteurage et le pincement

1 **Les grands dahlias ont besoin d'un tuteur car les tiges peuvent ployer et casser sous le poids des feuilles et des fleurs. Enfoncer celui-ci avec précaution pour ne pas abîmer le rhizome.**

2 **Le placer à 5 cm de la tige et utiliser plutôt du raphia pour la lier sans la serrer contre le tuteur en croisant le lien. Plusieurs liens sont nécessaires si la tige est haute.**

3 Pour avoir de grosses fleurs, ne conserver que le bouton de haut de tige. Supprimer les autres et les rameaux latéraux.

4 Supprimer les fleurs fanées pour empêcher les montées à graines qui épuisent le rhizome. Et c'est favorable à la naissance de nouveaux boutons floraux.

Le repiquage

1 **Arroser le sol de vos plants de semis dès qu'à l'apparition des premières feuilles ils sont prêts pour un repiquage en pépinière, étape recommandée avant leur mise en place dans le jardin.**

2 **Arracher les plants avec toutes leurs racines et une motte de cette terre humidifiée. Veiller à ne pas endommager les racines en enfonçant nettement le transplantoir.**

3 Préparer votre zone pépinière avec un labour profond de 20 cm.
Retirer cailloux et mauvaises herbes.
Enrichir avec un apport de terreau.
Niveler et briser les mottes à la griffe.

4 Repiquer en ligne en utilisant un cordeau.
Utiliser le transplantoir pour mettre en place les plants tous les 20 cm. Tasser avec les doigts.
Arroser en pluie fine avec l'arrosoir.

Le bouturage d'une tubéreuse

1 **Prendre des tubercules, par exemple de bégonias, mis en végétation en janvier. Monter la température à 20 °C pour accélérer la sortie des pousses. Bouturer quand elles ont 2 à 3 feuilles.**

2 **Avec une lame très coupante, couper une pousse avec une partie du tubercule sorti de la terre, le talon. Remettre en place le reste du tubercule.**

3 **Dans un bac de serre**
à fond percé, mettre une couche d'1 cm de graviers et recouvrir d'un mélange égal de terre de bruyère et de sable.
Tasser avec une planchette en bois.

4 **Faire un trou avec le doigt**
et y placer la bouture bien droite.
Arroser au pulvérisateur et refermer la serre.
Maintenir au chaud à 18 °C et en atmosphère humide.

Le bouturage d'une pousse

1 **Prélever la bouture sur un pied sain. Couper au sécateur une pousse de l'année à 10 cm environ du point d'insertion des feuilles.**

2 **Couper au greffoir ou à la serpette les 2 ou 3 feuilles les plus près de la base de la bouture. Tremper celle-ci dans de la poudre d'hormones. Enlever le surplus par une légère secousse.**

3 Repiquer dans un mélange égal de tourbe et de sable sous châssis. Prendre un crayon pour creuser l'emplacement et y faire glisser la bouture. Tasser au doigt et arroser en pluie fine.

4 Repiquer en pot après l'enracinement dans un mélange terreau-terre de jardin.
Replacer sous châssis ou en serre.
Arroser régulièrement en pluie fine.

Le bouturage du dahlia

1 Choisir les plus beaux tubercules des dahlias arrachés en automne et conservés en cave ou au grenier. Bien formés et fermes, ils n'ont aucune trace visible de maladie, ni de blessure.

2 Tapisser le fond d'une caisse d'une couche de graviers pour le drainage. Recouvrir d'un mélange de terreau (1/3) et de sable (2/3). Y enterrer les tubercules. Arroser et mettre la caisse au chaud.

3 Des jeunes tiges apparaissent après quelques semaines. Les séparer du tubercule quand elles atteignent 10 cm de hauteur. Couper juste sous le point de naissance.

4 Repiquer ces jeunes pousses en godets remplis de terreau pour semis. Tasser au doigt et mouiller en pluie fine. Conserver les godets à la chaleur et à la lumière. Mise en place en mai.

La division, l'exemple d'une pivoine

1 **Supprimer les feuilles fanées et une bonne partie du feuillage. Ne coupez pas trop près de la base pour sauvegarder les bourgeons placés près du collet.**

2 **Arracher la touffe à l'aide de la fourche à bêcher. Ne plantez pas l'outil trop près de pour ne pas risquer d'en abîmer les racines, mais bêcher profond pour les faire sortir au maximum.**

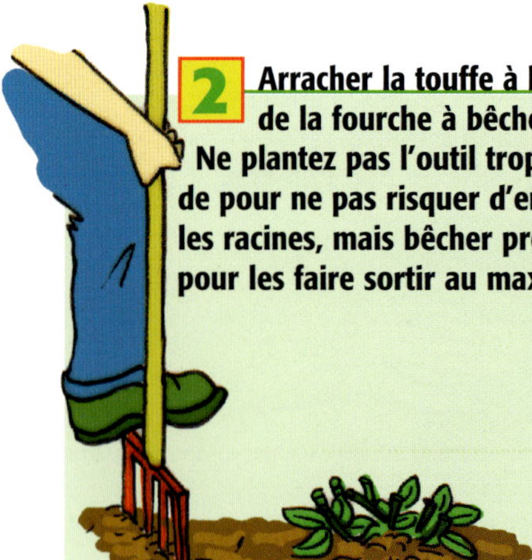

3 Faire tomber la terre et, à l'aide d'une serpette bien aiguisée, faire la division en veillant à ce que chaque morceau soit pourvu de racines et de bourgeons.

4 Faire un trou à la bêche dans un sol préalablement labouré à une bonne vingtaine de cm. Placer l'éclat de façon que le collet, la partie entre les racines et la touffe, soit au niveau du sol. Arroser généreusement.

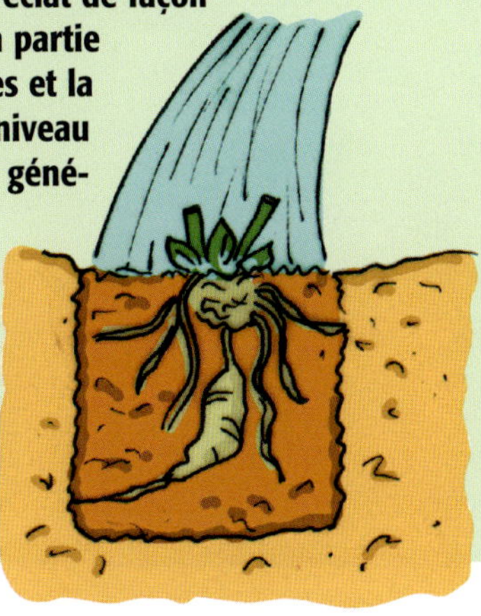

planter au jardin

les fiches fleurs et plantes

les symboles utilisés

ensoleillement et intempéries

plein soleil

mi-ombre

ombre

supporte la chaleur

craint le gel

ne craint pas le gel

arrosage

faible

moyen

fort

croissance

faible

moyenne

forte

terres

ne supporte pas les terres calcaires

a besoin de terre de bruyère

floraison

J	F	M	A	M	J	J	A	S	O	N	D

les mois en rouge sur fond jaune indiquent la période de floraison

Abutilon du Rio Grande *Abutilon megapotamicum*

FAMILLE : arbrisseau de la famille des Malvaceae. **TERRE :** bien drainée, humifère. En pot, 1/3 de terreau d'écorce, 1/3 de tourbe, 1/3 de sable. **EXPOSITION :** à l'abri des vents forts. **CULTURE :** planter ou sortir les pots à la mi-mai. Hiverner à la mi-octobre. Arroser sur terre sèche. Engrais par quinzaine en été. Rabattre au tiers et rempoter en mars. **DESCRIPTION :** buisson aux branches souples. Fleurs aux calices rouge vif qui enserrent des pétales jaunes avec des étamines pourpres. 150 espèces. Sensible aux pucerons et cochenilles. À utiliser en massifs, clôtures, vérandas. **ORIGINE :** Brésil. **TYPE DE PLANTE :** vivace. **DIMENSION :** de 1 à 2 m de hauteur pour 80 cm à 1,5 m d'envergure.

Acanthe *Acanthus mollis*

FAMILLE : vivace de la famille des Acanthaceae. **TERRE :** fraîche, riche, bien drainée. Terre calcaire et caillouteuse possible. **EXPOSITION :** assez chaude, soleil et mi-ombre. **CULTURE :** planter au printemps 3 pieds au m². **DESCRIPTION :** la feuille d'acanthe est reproduite dans le style corinthien. Belle inflorescence verticale d'1 m de hauteur avec des fleurs tubulaires blanches veinées de rose et des bractées pourpres épineuses. 30 espèces. À utiliser en massif, en touffe isolée, en potée. **TYPE DE PLANTE :** vivace. **ORIGINE :** bassin méditerranéen. **DIMENSION :** de 80 cm à 1,2 m de hauteur pour une envergure identique.

Achillée *Achillea spp.*

FAMILLE : vivace buissonnante de la famille des Asteraceae. **TERRE :** sèche, légèrement calcaire. Pousse aussi sur des terres argileuses bien amendées. **CULTURE :** planter toute l'année en godets de 4 à 6 pieds au m². Rabattre la végétation en fin de saison. **DESCRIPTION :** touffe à port dressé ou rampante avec des feuilles découpées et argentées. Fleurs très petites réunis en corymbe plat. 85 espèces avec des couleurs jaune, blanc, pourpre et ocre virant au rouge brique. À utiliser en rocaille, muret, bordure ou entre les dalles de chemins (Achillea umbelata). **TYPE DE PLANTE :** vivace. **DIMENSION :** de 15 cm à 1 m de hauteur pour 30 à 60 cm d'envergure.

Aconitum spp. — Aconit, casque de Jupiter

FAMILLE: plante de la famille des Ranunculaceae. **TERRE:** fraîche, profonde, riche en humus. Accepte le calcaire. **CULTURE:** planter en automne ou au printemps (4 à 6 pieds au m²). Tuteurer les grandes fleurs. Arroser par temps sec. **DESCRIPTION:** herbacée rustique magnifique et vénéneuse. Les tiges dressées sont surmontées de grandes grappes de fleurs bleues. Mellifère. 100 espèces et hybrides. Ne craint pas le gel. À utiliser en massif, en touffe isolée, pour les fleurs coupées. **ORIGINE:** hémisphère Nord. **DIMENSION:** de 60 cm à 1,5 m de hauteur pour 30 à 50 cm d'envergure.

Ageratum houstoniamum — Agératum

FAMILLE: annuelle de la famille des Asteraceae. **TERRE:** humifère, fraîche et riche. **CULTURE:** planter à partir de fin avril. Arroser régulièrement. **DESCRIPTION:** buisson très ramifié avec de nombreuses grappes florales bleues, blanches ou roses. 40 espèces, naines et hautes, avec des couleurs de fleurs jusqu'au violet foncé. À utiliser en bordure, en jardinière, en potée.
ORIGINE: Mexique. **TYPE DE PLANTE:** annuelle. **DIMENSION:** de 15 à 60 cm de hauteur pour 20 à 30 cm d'envergure.

Allium spp. — Ail d'ornement

FAMILLE: plante bulbeuse de la famille des Alliaceae. **TERRE:** sèche, pauvre, à graviers, calcaire, bien drainée.
EXPOSITION: à la lumière et à la chaleur.
CULTURE: planter les bulbes en automne, les petites tous les 5 à 7 cm et les grandes tous les 15 à 20 cm. Éliminer les fleurs fanées. Fertiliser pendant la floraison.
DESCRIPTION: fleurs en boule jusqu'à 30 cm de diamètre. Couleurs du violet foncé au blanc en passant par le pourpre et le rose. 700 espèces.
ORIGINE: régions tempérées d'Europe et d'Asie. **TYPE DE PLANTE:** plante à bulbe. **DIMENSION:** de 20 cm à 1,5 m de hauteur et de 5 à 15 cm d'envergure.

Alysse odorant — *Lobularia maritima*

FAMILLE : plante de la famille des Brassicaceae. **TERRE :** fertile, pas compacte. **CULTURE :** semer d'avril à juillet. Éclaircir tous les 20 cm. Arroser beaucoup l'été. Rabattre après la première floraison.
DESCRIPTION : couvre-sol à croissance rapide au feuillage vert-de-gris et aux abondantes fleurs parfumées. 5 espèces et de nombreux cultivars de toutes les couleurs du blanc au violet foncé. À utiliser en rocaille, en bordure, en potée, en jardinière, en suspension. **ORIGINE :** ouest de l'Asie, ouest de l'Europe. **TYPE DE PLANTE :** annuelle. **DIMENSION :** de 8 à 15 cm de hauteur pour 20 à 30 cm d'envergure.

Ancolie — *Aquilegia spp.*

FAMILLE : vivace de la famille des Ranunculaceae. **TERRE :** bien drainée, fraîche, humifère. Survit mal dans le calcaire. **CULTURE :** planter d'octobre à mars 6 à 9 pieds au m². Première floraison après 2 à 3 ans. Repiquer en mai. Diviser les grosses touffes en fin d'automne. Rabattre la végétation en octobre. **DESCRIPTION :** rustique, fleurs à sépales colorés et pétales d'une autre couleur dans les hybrides qui associent le bleu au blanc ou le carmin au crème. 70 espèces. À utiliser en massif, en rocaille. **TYPE DE PLANTE :** vivace.
DIMENSION : de 20 à 80 cm de hauteur pour 15 à 60 cm d'envergure.

Anémone — *Anemone spp.*

FAMILLE : vivace rustique de la famille des Ranunculaceae. **TERRE :** bien drainée, riche en humus, profonde.
CULTURE : les espèces bulbeuses se plantent en octobre tous les 5 cm et 5 cm de profondeur. Les vivaces au printemps, 4 pieds au m². Pailler ou recouvrir en hiver. Bien arroser l'été. **DESCRIPTION :** aspects très variés des 120 espèces existantes. Couleurs du blanc au rouge en passant par le bleu. À utiliser en tapis, en rocaille, en bordure, en potée, en jardinière. **TYPE DE PLANTE :** vivace. **DIMENSION :** de 5 cm à 1 m de hauteur pour 5 cm d'envergure.

Artemisia spp — Armoise

FAMILLE: vivace de la famille des Asteraceae. **TERRE:** sèche, pauvre, calcaire, bien drainée. **CULTURE:** planter au printemps. Mettre un engrais complet en mars et arroser l'été. Tailler au début de l'hiver. Tuteurer les hautes tailles qui se couchent sous la pluie. **DESCRIPTION:** buisson touffu et ramifié avec des feuilles vert gris ou argentées très aromatiques. 300 espèces dont l'absinthe et « Nana », une tapissant. À utiliser en massif, bordure. **TYPE DE PLANTE:** vivace. **DIMENSION:** de 5 cm à 1,2 m de hauteur et de 20 cm à 1,5 m d'envergure.

Agathaea coelestis (Felicia) — Aster bleu du Cap

FAMILLE: vivace buissonnante de la famille des Asteraceae. **TERRE:** sableuse et sèche. En pot, terreau de géranium et un tiers de sable avec un bon drainage. **CULTURE:** planter à la mi-avril. Supprimer les fleurs fanées. Fertiliser tous les 15 jours de mai à mi-septembre. Pincer les jeunes pousses. À rentrer fin octobre en cas de gel à 5 °C. **DESCRIPTION:** petites marguerites bleues à cœurs jaunes dans sa forme la plus populaire, la « Read's Blue ». 80 espèces dont la « Read's White » blanche. **ORIGINE:** Afrique du sud. **TYPE DE PLANTE:** vivace. **DIMENSION:** de 20 à 30 cm de hauteur pour 30 à 50 cm d'envergure.

Astilbe x arendsil — Astilbe

FAMILLE: vivace légère de la famille des Saxifragaceae. **TERRE:** terre de bruyère, profonde et humide, plutôt acide et humifère. **CULTURE:** planter d'octobre à avril. Arroser l'été. En octobre, rabattre les tiges au sol. Pailler en avril avec du compost. **DESCRIPTION:** touffes volumineuses et fleurs minuscules réunies en panicules plumeuses de 20 à 50 cm. 12 espèces, du blanc crème au rose et au rouge pourpre. À utiliser en massif ou au bord de l'eau. **TYPE DE PLANTE:** vivace. **DIMENSION:** de 50 cm à plus d'1 m, voir 2 m pour l'Astibe davidii, et de 60 cm à 1 m d'envergure.

Aubriète — *Aubrieta x cultorum*

FAMILLE: vivace couvre-sol de la famille des Brassicaceae. **TERRE:** calcaire, pas riche, bien drainée, caillouteuse. **CULTURE:** planter de septembre à mars 7 à 9 pieds au m². Bien arroser. Multiplication par division ou boutures au printemps. **DESCRIPTION:** coussin tapissant dense aux feuilles en rosettes. Fleurs de 1 à 2 cm de diamètre. 12 espèces avec des fleurs du rose au violet pourpré en passant par le bleu. À utiliser en rocaille, bordure, muret. **TYPE DE PLANTE:** vivace. **DIMENSION:** de 10 à 15 cm de hauteur pour 30 à 60 cm d'envergure.

Bégonia — *Begonia spp.*

FAMILLE: annuelle ou vivace de la famille des Begoniaceae. **TERRE:** humifère, riche, bien drainée, fraîche. **CULTURE:** semer les graines de janvier à mars dans des caissettes sans recouvrir. Repiquer plusieurs fois. Planter en place en mai. Planter dès la fin des gelées les bégonias tubéreux après les avoir mis dans du terreau sableux en mars. Arracher avant la gelée suivante, nettoyer et stocker au sec pour l'hiver. Protéger de l'oïdium et des limaces. **DESCRIPTION:** herbacée tubéreuse ou rhizomateuse, buissonnante, le bégonia a quelque 900 espèces avec une large palette de couleurs lumineuses et des fleurs abondantes. **TYPE DE PLANTE:** annuelle. **DIMENSION:** de 15 à 40 cm de hauteur pour 15 à 50 cm d'envergure.

Bugle — *Ajuga reptans*

FAMILLE : plante rampante de la famille des Lamiaceae. **TERRE :** fraîche, humide, pas trop compacte. **EXPOSITION :** de mi-ombre à ombre. **CULTURE :** planter toute l'année (6 à 9 pieds au m²).
DESCRIPTION : ses tiges prennent racines elles-mêmes et forment avec les feuilles disposées en rosettes un tapis très dense. Les fleurs sont dressées en épis. 40 espèces. A utiliser en couvre-sol en sous-bois, au pied des arbres et arbustes, en jardinière. **TYPE DE PLANTE :** vivace.
DIMENSION : de 5 à 15 cm de hauteur pour 30 à 60 cm d'envergure.

Tropaeolum spp — Campanule

FAMILLE : fleur de la famille des Campalunaceae. **TERRE :** légère, fertile, humifère et même calcaire. **CULTURE :** planter de septembre à avril entre 6/9 pieds au m² pour les petites et 4/6 pour les plus grandes. Arroser abondamment par temps chaud. Semer les annuelles en avril/mai et les bisannuelles en juin, de même que les vivaces. Repiquer sur place en août/septembre. **DESCRIPTION :** très répandue dans nos jardins, la campanule est érigée ou en tapissante avec des fleurs en clochette ou en étoile bleues, violettes, roses, blanches selon l'une ou l'autre des 300 espèces. À utiliser en bordure, rocaille, potée, interstices de dallages pour les variétés naines. **TYPE DE PLANTE :** vivace. **DIMENSION :** de 10 cm à 1,2 m de hauteur et de 20 à 60 cm d'envergure.

Tropaeolum spp — Capucine grimpante

FAMILLE : herbacée volubile de la famille des Tropaeloceae. **TERRE :** pauvre, sèche et sablonneuse. Trop d'humus diminue la floraison. **CULTURE :** en avril ou octobre, semer en poquets de 4/5 graines tous les 50 cm. Pincer les jeunes pousses. Arroser. Fertiliser. Supprimer les fleurs fanées.
DESCRIPTION : couleurs des fleurs du jaune au rouge selon les espèces qui sont 90 dont peu de vivaces rustiques. À cultiver en annuelle et à utiliser en treillage, tonnelle ou en habillage dans une haie. **TYPE DE PLANTE :** caduque.
DIMENSION : de 2 à 5 m de hauteur pour 1 à 2 m d'envergure.

Celosia argentea — Célosie

FAMILLE : plante de la famille des Amaranthaceae. **TERRE :** bien drainée, neutre, enrichie de fumier. **CULTURE :** semer en février en caissette sous abri à au moins 18 °C. Repiquer en godets les plants à 2 feuilles. Planter fin mai tous les 20 cm. **DESCRIPTION :** grandes et belles inflorescences plumeuses. 60 espèces de toutes tailles et de nombreuses couleurs dont de superbes orangés et des rouges somptueux. À utiliser en massif, plate-bande ou en bordure et jardinière pour les hybrides nains. **ORIGINE :** Asie. **TYPE DE PLANTE :** vivace cultivée en annuelle. **DIMENSION :** de 15 cm à 1,2 m de hauteur pour 15 à 45 cm d'envergure.

Centaurée, bleuet — *Centaurea spp.*

FAMILLE: plante de la famille des Asteraceae. **TERRE:** bien drainée, légère et fraîche. Même calcaire et caillouteuse. **CULTURE:** planter les vivaces de septembre à avril (4 à 6 au m²). Semer en place les annuelles en mars-avril. Tuteurer les grandes. Enlever les fleurs fanées. Diviser les grosses touffes en automne. **DESCRIPTION:** rustique. Touffes denses. Fleurs très découpées et solitaires sur leur hampe. 450 espèces de toutes les couleurs. À utiliser en massif et en rocaille. **TYPE DE PLANTE:** vivace. **DIMENSION:** de 40 cm à 1,2 m de hauteur pour 20 à 60 cm d'envergure.

Chrysanthème — *Chrysanthemum spp.*

FAMILLE: annuelle ou vivace de la famille des Asteraceae. **TERRE:** fertile, pas trop humide, enrichi en matière organique. **CULTURE:** semer les annuelles d'avril à juin. Bouturer en avril sous abri ceux à grosses fleurs (Japon, Chine). Pincer les jeunes tiges. Planter les hybrides en juin et pincer en juin pour ramifier. Rabattre les touffes à la fin de la floraison. Pailler en hiver. **DESCRIPTION:** Toutes sortes de formes et de couleurs, aucune ressemblance entre le chrysanthème du Japon et la marguerite d'automne d'origine russe. 20 espèces et 19 genres différents. À utiliser en bordure, massif, potée, jardinière. **ORIGINE:** Chine, Japon, Russie. **TYPE DE PLANTE:** vivace. **DIMENSION:** de 30 cm à 1 m pour 20 à 50 cm d'envergure.

Clematite — *Clematis spp.*

FAMILLE: grimpante de la famille des Renonculaceae. **TERRE:** profonde, fraîche et fertile, argilo-siliceuse si possible. **EXPOSITION:** pied à l'ombre, sous des plantes couvre-sol ou une tuile, fleurs au soleil. **CULTURE:** planter au printemps ou en automne la motte de racines à plat sur le sol. Tailler en hiver les espèces à grandes fleurs, les autres au début de l'été. Éliminer les vieilles tiges. **DESCRIPTION:** vivace aux tiges qui s'enroulent en vrilles. 200 espèces dont certaines avec des fleurs de 20 cm de diamètre, de formes étoilées, en clochettes ou tubulées dans de nombreuses couleurs. À utiliser en treille, en arceau, en habillage, en bac sur terrasse. **TYPE DE PLANTE:** caduque ou persistante. **DIMENSION:** de 3 à 10 m de hauteur pour 2 à 5 m d'envergure.

Dicentra spectabilis — Cœur de Marie

FAMILLE: plante de la famille des Papaveraceae. **TERRE:** humifère, riche et fraîche. **CULTURE:** planter d'octobre à mars (4 à 6 plants au m²). Pailler à la mi-mai pour conserver la fraîcheur du sol. Diviser en septembre. **DESCRIPTION:** touffe de feuilles découpées avec des hampes arquées porteuses de fleurs en forme de cœur blanches, roses, rouges. 20 espèces et des cultivars. À utiliser en massif, en bordure, en sous-bois, en potée, en jardinière. **ORIGINE:** Chine du Nord. **TYPE DE PLANTE:** vivace. **DIMENSION:** de 30 à 70 cm de hauteur pour 30 à 45 cm d'envergure.

Solenostemon scutellaroides — Coléus

FAMILLE: plante de la famille des Lamiaceae. **TERRE:** humifère, fraîche, légère et souple. **EXPOSITION:** pas de soleil direct, aérée.
CULTURE: planter en mai. Pincer la tige principale et supprimer les fleurs à leur apparition. Ôter les bourgeons. **DESCRIPTION:** touffe dressée avec des feuilles ovales dentées de différentes couleurs selon l'espèce (60) ou le cultivar. Fleurs bleues en épi. À utiliser massif, bordure, potée, jardinière, en pot à l'intérieur. **ORIGINE:** Asie. **TYPE DE PLANTE:** vivace. **DIMENSION:** de 20 à 60 cm de hauteur pour 15 à 50 cm d'envergure.

Lychnis coronaria — Coquelourde des jardins

FAMILLE: plante de la famille des Caryophyllaceae. **TERRE:** bien drainée, ordinaire. **CULTURE:** planter en automne (4 à 5 pieds au m²). Bien arroser. Tuteurer. Enlever les fleurs fanées. **DESCRIPTION:** Rustique. Touffes dressées avec un feuillage gris argent et des fleurs plates solitaires carmins. 12 espèces avec des couleurs orange, blanc, rose. À utiliser en massif. **TYPE DE PLANTE:** vivace. **DIMENSION:** de 80 cm à 1 m pour 40 à 50 cm d'envergure.

Cosmos — *Cosmos bipinnatus*

FAMILLE : plante de la famille des Asteraceae. **TERRE :** légère, même pauvre, plutôt sèche. **CULTURE :** semer en place en avril. Éclaircir à 20/30 cm. Arroser uniquement par temps sec. Tuteurer les grandes. Enlever les fleurs fanées. **DESCRIPTION :** buissonnante avec un feuillage clair et de grandes fleurs en capitules. 25 espèces. De nombreux cultivars aux couleurs et tailles variées. Plante facile, sans entretien à utiliser en massif, en mélange d'annuelles. **ORIGINE :** Mexique. **TYPE DE PLANTE :** annuelle. **DIMENSION :** de 30 cm à 1,2 m pour 20 à 50 cm d'envergure.

Crocus — *Crocus spp.*

FAMILLE : bulbeuse de la famille des Iridaceae. **TERRE :** légère, bien drainée. **CULTURE :** planter en septembre et octobre pour les floraisons printanières, en juillet les espèces à floraison en automne. À 5 cm de profondeur et par groupe de 20 à 50. **DESCRIPTION :** rustique, dotée de fleurs en forme de coupe aux coloris variés qui apparaissent au milieu de l'hiver. 100 espèces de toutes les couleurs, du blanc crème au violet pourpre en passant par le jaune. À utiliser en rocaille, jardinière, bordure, pied d'arbre, groupées ou disséminées sur une pelouse. **ORIGINE :** européenne et asiatique. **TYPE DE PLANTE :** à bulbe. **DIMENSION :** de 8 à 15 cm de hauteur pour 3 à 5 cm d'envergure.

Cyclamen — *Cyclamen spp.*

FAMILLE : plante à tubercule de la famille des Primulaceae. **TERRE :** fraîche, riche en humus, perméable et plutôt acide.
CULTURE : planter de juillet à septembre, à fleur de terre tous les 10 à 15 cm. Arroser abondamment en été. **DESCRIPTION :** rustique, feuillage arrondi souvent marbré. Les fleurs aux pétales en ailes de papillon vont du blanc au pourpre en passant par le rose. 20 espèces. À utiliser en tapis, en rocaille, en sous-bois, en potée, en jardinière. **TYPE DE PLANTE :** à bulbe. **DIMENSION :** 5 à 10 cm de hauteur pour 10 à 25 cm d'envergure.

Dahlia x — Dahlia

FAMILLE : plante à tubercule de la famille des Asteraceae. **TERRE :** argileuse, travaillée, bien enfumée. **CULTURE :** planter les tubercules du 15 avril à début mai à 10/15 cm de profondeur et tous les 30 à 50 cm pour les espèces naines, de 60 cm à 1 m pour les grands sujets. Poser des tuteurs, attacher sans serrer. Fumer et enrichir d'engrais liquide chaque mois. Arroser sans mouiller le feuillage. Pincer les tiges latérales et enlever les boutons secondaires. Traiter contre les pucerons et les limaces. Arracher avant le gel, stocker dans le noir.
DESCRIPTION : on trouve des dahlias de toutes les formes et de toutes les couleurs sauf le bleu. **ORIGINE :** Mexique. **TYPE DE PLANTE :** plante à bulbe.
DIMENSION : de 20 cm à 2 m de hauteur pour 15 cm à 1 m d'envergure.

J F M A M J J A S O N D

Diascia x hybrida — Diascia

FAMILLE : plante de la famille des Scrophulariaceae. **TERRE :** riche et fraîche. En pot, du terreau pour géranium bien drainé. **EXPOSITION :** plein soleil, chaleur, à l'écart des vents froids. **CULTURE :** planter ou sortir les potées fin avril. Hiverner hors gel. Bouturer à l'abri à la fin de l'hiver. **DESCRIPTION :** semi-rustique. Fleurs tubulaires en grappes sur des tiges grêles. 50 espèces et de nombreux hybrides dans toutes les nuances de rose jusqu'au rouge carmin. À utiliser en massif, en bordure, en rocaille, en jardinière, en suspension. **ORIGINE :** Afrique du Sud. **TYPE DE PLANTE :** annuelle.
DIMENSION : de 30 à 40 cm de hauteur pour 40 cm d'envergure.

J F M A M J J A S O N D

Digitalis spp — Digitale

FAMILLE : plante de la famille des Scrophulariaceae. **TERRE :** humifère, fraîche, fertile. **CULTURE :** planter en automne (5 à 6 pieds au m²). Pailler au printemps. Couper les épis sans fleurs. Semer en pleine terre de juin à août et recouvrir de terreau humide. **DESCRIPTION :** longues hampes avec des fleurs en clochettes durables, roses, blanches, pourpres, tachetées. 22 espèces. À utiliser en bouquet isolé, en massif, en sous-bois.
TYPE DE PLANTE : vivace. **DIMENSION :** de 60 cm à 1,8 m de hauteur et de 30 à 50 cm d'envergure.

J F M A M J J A S O N D

Dipladénia — *Mandevilla splendens*

FAMILLE: grimpante tropicale de la famille des Apocynaceae. **TERRE:** riche, bien drainée. En pot, moitié terreau, moitié terre de jardin sableuse. **CULTURE:** planter ou sortir les pots en mai. Tailler court en avril. Fertiliser régulièrement. **DESCRIPTION:** tiges ligneuses à feuilles lustrées et bouquets de fleurs en entonnoir roses à gorges jaunes. Elles se ferment la nuit. 120 espèces dont le Mandevilla laxa à fleurs blanches. **ORIGINE:** Brésil. **TYPE DE PLANTE:** persistante. **DIMENSION:** de 2 à 6 m de hauteur pour 2 à 3 m d'envergure.

Edelweiss — *Leontopodium alpinum*

FAMILLE: plante de la famille des Asteraceae. **TERRE:** pauvre et sèche, calcaire. **CULTURE:** planter au printemps (9 pieds au m²). Diviser les vieilles souches après la floraison.

DESCRIPTION: protégée dans la nature, elle est d'origine horticule et se cultive bien au jardin. Feuilles duveteuses argentées et inflorescences laineuses aux bractées blanc pur autour d'un capitule jaune. À utiliser en rocaille et potée.

TYPE DE PLANTE: vivace. **DIMENSION:** de 15 à 230 cm de hauteur pour 10 cm d'envergure.

Epiaire, bétoine — *Stachys spp.*

FAMILLE: plante de la famille des Lamiaceae. **TERRE:** bien drainée, sèche, calcaire. **EXPOSITION:** n'aime pas l'humidité. **CULTURE:** planter de septembre à avril (4/6 pieds au m²). Enlever les fleurs fanées. Rabattre les caduques en novembre. Diviser les vieilles touffes au printemps.

DESCRIPTION: rhizomateuse avec des tiges carrées et des feuilles duveteuses. Les fleurs en épis roses sont mellifères. C'est une plante officinale. 300 espèces. À utiliser en massif, bordure, rocaille, tapissante. **TYPE DE PLANTE:** vivace.

DIMENSION: de 15 à 50 cm de hauteur pour 30 à 60 cm d'envergure.

Euphorbia spp — Euphorbe

FAMILLE : plante de la famille des Euphorbiaceae. **TERRE :** profonde, fraîche, bien drainée. Tolère le calcaire. **CULTURE :** planter entre septembre et mars de 1 à 3 pieds au m^2. Arroser par temps sec en été. Rabattre en automne. Semer en pot en septembre. Placer après l'hiver. **DESCRIPTION :** existe sous toutes les formes, jusqu'aux arbres. 2 000 espèces ! Cultiver les vivaces herbacées comme les Euphorbia amygdaloides, characias, myrsinites ou polychroma. À utiliser en massif, couvre-sol, bordure. **TYPE DE PLANTE :** vivace. **DIMENSION :** de 30 cm à 1,2 m de hauteur et de 20 cm à 1 m d'envergure.

J F M A M J J A S O N D

Mesembryanthemum criniflorum — Ficoïde

FAMILLE : plante grasse de la famille des Aizoaceae. **TERRE :** sableuse, bien drainée. **CULTURE :** semer en place d'avril à juin en mélangeant semis et sable fin. Désherber régulièrement. **DESCRIPTION :** petite tapissante aux feuilles rugueuses et aux fleurs de style marguerites, blanches, roses ou rouges. 10 espèces et des cultivars. À utiliser en couvre-sol, en bordure, rocaille, en potée. **ORIGINE :** Afrique du Sud. **TYPE DE PLANTE :** annuelle. **DIMENSION :** de 10 à 15 cm de hauteur pour 20 à 3 cm d'envergure.

J F M A M J J A S O N D

Dryopteris filix-mas — Fougère mâle

FAMILLE : plante de la famille des Dryopteridaceae. **TERRE :** de jardin, plutôt argileuse. **EXPOSITION :** ombre et mi-ombre. **CULTURE :** planter en sous-bois, contre un mur à l'ombre, au frais. Enlever les frondes devenues sèches. **DESCRIPTION :** de très nombreuses espèces aux frondes qui vont du vert foncé au rougeâtre et sont parfois persistantes. **TYPE DE PLANTE :** vivace. **DIMENSION :** en général de l'ordre de 1 m de hauteur pour 1 m d'envergure.

J F M A M J J A S O N D

Fougère femelle — *Athyrium filix-femina*

J F M A M J J A S O N D

FAMILLE : plante de la famille des Athyriaceae. **TERRE :** fraîche et humide. **EXPOSITION :** ombre à mi-ombre. **CULTURE :** éliminer les frondes fanées pour conserver la vigueur de la plante. **DESCRIPTION :** une souche épaisse avec de grandes frondes en touffes à longs pétioles verts. Les nombreux cultivars ornementaux sont issus de cette espèce de fougère, la plus commune. À utiliser en sous-bois et lieux ombragés. **TYPE DE PLANTE :** vivace. **DIMENSION :** 1 m de hauteur pour 60 cm à 1 m d'envergure.

Freesia — *Freesia spp.*

J F M A M J J A S O N D

FAMILLE : fleur de la famille des Iridaceae. **TERRE :** légère, sableuse, fraîche. **CULTURE :** planter en avril à 3/5 cm de profondeur et tous les 5 à 10 cm. Tuteurer. À l'intérieur, planter à l'automne de 6 à 8 bulbes par pot de 15 cm pour une floraison de février à avril. Choisir un endroit aéré, frais et clair. Hiverner les bulbes hors gel après arrachage fin octobre. **DESCRIPTION :** fleurs en trompettes, parfumées, aux tons vifs sauf le bleu et le pourpre foncé. 6 espèces. **ORIGINE :** Afrique du Sud. **TYPE DE PLANTE :** fleur à bulbe. **DIMENSION :** de 20 à 40 cm de hauteur. De 10 à 15 cm d'envergure.

Fritillaire — *Fritillaria spp.*

J F M A M J J A S O N D

FAMILLE : fleur de la famille des Liliaceae. **TERRE :** sèche, bien drainée, même pauvre. **EXPOSITION :** plein soleil pour les grands, mi-ombre pour les petits. **CULTURE :** planter de fin août (les petites) à fin octobre (les grandes). Poser le bulbe sur un lit de sable, incliné et à 2 fois sa hauteur en profondeur. **DESCRIPTION :** étonnante fleur en forme de couronne de clochettes retombantes en haut d'une hampe droite. 100 espèces. La Fritillaria imperialis s'impose avec sa couronne rouge ou jaune autour d'un panache de feuilles. À utiliser en massif. **TYPE DE PLANTE :** fleur à bulbe. **DIMENSION :** de 15 cm à 1 m de hauteur pour 5 à 30 cm d'envergure.

Fuchsia x hybridum **Fuchsia Hybride**

FAMILLE: plante de la famille des Onagraceae. **TERRE:** bien drainée, humifère, enrichie avec du fumier. **EXPOSITION:** lumière indirecte, chaleur humide. **CULTURE:** planter ou sortir les potées en mai. Ne pas laisser la motte sécher. Mettre de l'engrais pour fleurs tous les 15 jours de juin à septembre. Rabattre en novembre les rustiques et pailler d'une couche épaisse. **DESCRIPTION:** on cultive des hybrides qui résultent de croisement entre diverses espèces d'Amérique centrale et du Sud. Port buissonnant. Floraison abondante en forme de clochettes retombantes en général bicolores. 100 espèces. À utiliser en massif, en jardinière, en solitaire en potée. **TYPE DE PLANTE:** vivace. **DIMENSION:** de 20 à 90 cm de hauteur et de 30 à 70 cm d'envergure.

Armeria maritima **Gazon d'Espagne,** armérie maritime

FAMILLE: plante de la famille des Plumbaginaceae.
TERRE: plutôt sableuse, drainée, ni lourde, ni humide. **EXPOSITION:** supporte le vent et les embruns. **CULTURE:** semer au printemps, de même pour les divisions, et laisser faire la nature. Rabattre après la floraison.
DESCRIPTION: petite plante rustique au port en touffe. Protégée à l'état sauvage, notamment dans les Pyrénées. Fleurs roses et feuillage persistant. Cultivars à utiliser en rocaille ou en premiers plans de massifs. **TYPE DE PLANTE:** vivace.
DIMENSION: de 15 à 20 cm de hauteur pour 20 à 30 cm d'envergure.

Gentiana spp. **Gentiane**

FAMILLE: plante de la famille des Gentianaceae.
TERRE: humifère, légère, plutôt acide.
EXPOSITION: mi-ombre à ombre.
CULTURE: planter au printemps, 6 à 9 pieds au m^2. Surveiller les limaces et bien désherber. **DESCRIPTION:** réputée pour son bleu. Les fleurs en entonnoir sont immenses pour la taille de la plante. La forme est assez souvent tapissante. 400 espèces. À utiliser en rocaille, en massif, en potée. ORIGINE: plante de montagne. **TYPE DE PLANTE:** vivace.
DIMENSION: de 10 à 50 cm de hauteur pour 20 à 60 cm de hauteur.

Géranium vivace — *geranium spp.*

J F M A M J J A S O N D

FAMILLE : plante de la famille des Geraniaceae. **TERRE :** humifère, fraîche, riche et bien drainée est le mieux. Supporte le calcaire. **EXPOSITION :** soleil tempéré, mi-ombre. Humidité. **CULTURE :** planter de septembre à avril (4 à 9 pieds au m²). Bien désherber et garder le sol frais. Pailler par temps très sec. **DESCRIPTION :** formes très variées : buisson, couvre-sol. Rustique. Abondante floraison aux coloris variés et éclatants. Les feuilles peuvent être aromatiques et se colorer en automne. 300 espèces. À utiliser en massif, talus et rocaille. **TYPE DE PLANTE :** vivace. **DIMENSION :** de 15 à 70 cm de hauteur et 30 cm à 1 m d'envergure.

Gerbéra — *Gerbera jamesonii*

J F M A M J J A S O N D

FAMILLE : plante de la famille des Asteraceae. **TERRE :** riche en humus et légère. **CULTURE :** semer en automne ou diviser les touffes au printemps dans le sud. Semis sous abri en février-mars. Recouvrir d'une vitre. Repiquer les plantules en pot tous les 5 cm. Transplanter définitivement en mai. Première floraison en juin. **DESCRIPTION :** nombreux hybrides pour cette grosse marguerite rustique dans le sud, à protéger du froid ailleurs. À utiliser en potée, en jardinière, en fleur coupée. **ORIGINE :** Afrique du Sud, Asie, Bali, Madagascar. **TYPE DE PLANTE :** vivace.
DIMENSION : 40 cm de hauteur pour 20 à 30 cm d'envergure.

Giroflée ravenelle — *Cheiranthus cheirii (Erysimum)*

J F M A M J J A S O N D

FAMILLE : plante de la famille des Brassicaceae. **TERRE :** profonde, consistante et bien drainée. **EXPOSITION :** soleil tempéré. **CULTURE :** semer de juin à août sous abri. Repiquer en godets et installer en octobre, 12 à 15 pieds au m². Pailler. **DESCRIPTION :** fleurs à 4 pétales en croix odorantes et abondantes. 80 espèces et de nombreux cultivars. Les couleurs vont du jaune d'or au carmin. À utiliser en massif, en potée, en jardinière. **TYPE DE PLANTE :** bisannuelle.
DIMENSION : de 20 à 45 cm de hauteur pour 15 à 30 cm d'envergure.

Gladiolus x grandiflorus Glaïeul à grandes fleurs

FAMILLE : plante à bulbe de la famille des Iridaceae. **TERRE :** légère, fraîche, profonde, bien amendée, sableuse si possible. **EXPOSITION :** À l'abri des vents forts. **CULTURE :** planter de fin mars à juillet tous les 20 cm et à 10 de profondeur. Arroser beaucoup. Mettre de l'engrais. Tuteurer. Arracher, nettoyer et stocker dans l'obscurité les bulbes fin octobre. **DESCRIPTION :** 180 espèces et plus de 10 000 hybrides, les seuls qu'on cultive. L'épi de la hampe florale est composé d'une douzaine de fleurs. Couleurs pastel ou vives, unies ou composites. Utilisation surtout en fleurs coupées. **ORIGINE :** Afrique du Sud. **TYPE DE PLANTE :** à bulbe. **DIMENSION :** de 50 cm à 1,2 m de hauteur pour 10 à 20 cm d'envergure.

Gloriosa superba Glorieuse, lis glorieux

FAMILLE : plante tropicale de la famille des Lilliaceae. **TERRE :** humifère, bien drainée.
CULTURE : planter les tubercules bien à plat en mars-avril sous abri à la chaleur. Semis à 20 °C. En pleine terre dans le midi, rhizome à 5 cm de profondeur, en pot ailleurs. Retirer les tubercules ou rentrer les pots en septembre-octobre.
DESCRIPTION : grimpante dont l'extrémité des feuilles vrillent et s'accrochent. Superbes fleurs sur de longs pédoncules, formées de 6 longs pétales effilés et recourbés rouges, jaunes ou bicolore. À utiliser en treillis, pergola ou tonnelle. Très toxique. **ORIGINE :** Afrique tropicale et Asie du sud-est. **TYPE DE PLANTE :** vivace. **DIMENSION :** 1 à 2 m de hauteur pour 1 à 1,5 m d'envergure.

Sinningia speciosa Gloxinia des fleuristes

FAMILLE : plante tropicale de la famille des Gesneriaceae. **TERRE :** légère, terreau, compost tourbé. **EXPOSITION :** soleil indirect. **CULTURE :** semer sous abri au printemps. Rempotage également au début du printemps. Planter en place les tubercules qui doivent affleurer. **DESCRIPTION :** grandes feuilles vert foncé teintées de rouge sur leur verso et très belles fleurs campanulées rouges, roses ou blanches. À cultiver en pot, en jardinière. C'est plutôt une plante d'intérieur qui s'épanouit à 18/21 °C. À sortir fin mai et faire hiverner à 15 °C en terre sèche. 400 espèces. **ORIGINE :** Brésil. **TYPE DE PLANTE :** vivace. **DIMENSION :** de 20 à 25 cm de hauteur pour 20 à 30 cm d'envergure.

Gloire des neiges — *Chionodoxa luciliae*

FAMILLE: plante de la famille des Asparagaceae. **TERRE:** pas trop riche, perméable et souple. **CULTURE:** planter en octobre à 5 cm de profondeur et tous les 5 à 10 cm. Diviser les vieilles touffes à l'automne. **DESCRIPTION:** plante rustique tapissante qui fleurit tôt. Des grappes de fleurs étoilées. 6 espèces, du bleu clair au blanc, du rose vif au rose lilas. À utiliser en massif, en rocaille, en sous-bois, en talus, en bordure. Également en potée et en jardinière. **ORIGINE:** Asie mineure. **TYPE DE PLANTE:** plante à bulbe. **DIMENSION:** de 10 à 25 cm de hauteur pour 5 à 10 cm d'envergure.

Godétia, fleur de satin — *Clarkia amoena*

FAMILLE: plante de la famille des Onagraceae. **TERRE:** bien drainée, fraîche et souple, plutôt riche. **CULTURE:** semer d'avril à mai. Éclaircir tous les 15 cm. On peut repiquer en avril des semis des septembre-octobre. Beaucoup arroser l'été. **DESCRIPTION:** port dressé buissonnant avec des feuilles de 4/6 cm et des fleurs en entonnoir, souvent doubles. Vous trouverez des cultivars variés dont certains avec des mélanges de couleurs, blanc, rose, rouge, bicolore. **ORIGINE:** Amérique du nord. **TYPE DE PLANTE:** annuelle. **DIMENSION:** de 25 à 75 cm de hauteur pour 15 à 30 cm d'envergure.

Griffe de sorcière — *Carpobratus acinaciformis*

FAMILLE: plante grasse couvre-sol de la famille des Aizoaceae. **TERRE:** pauvre, humifère, drainée, sableuse. **CULTURE:** planter dehors en mai. Hiverner en octobre pour protéger du gel. **DESCRIPTION:** les fleurs carmin au cœur jaune s'ouvrent au soleil. Cette tapissante méditerranéenne existe en 25 espèces très ressemblantes. Celle appelée « figuier des Hottentots » fleurit en jaune. À utiliser en rocaille, en couvre-sol, en potée, jardinière, plante d'intérieur. **ORIGINE:** Afrique du sud. **TYPE DE PLANTE:** vivace. **DIMENSION:** de 15 à 20 cm de hauteur pour 80 cm à 2 m d'envergure.

Helleborus spp. Hellébore, rose de Noël

FAMILLE : plante de la famille des Ranunculaceae. **TERRE :** humifère, calcaire, limoneuse. **CULTURE :** planter en automne (4 à 6 pieds au m^2). Pailler en été. Bien arroser. Diviser les touffes en été.
DESCRIPTION : plante toxique jadis utilisée pour soigner la démence. Les fleurs de certaines espèces s'épanouissent en plein hiver. 15 espèces. Couleurs variées, blanc teinté de rose, vert clair à liseré rouge, pourpre bordée de lie de vin… À utiliser en massif, en potée, en fleur coupée. **TYPE DE PLANTE :** vivace.
DIMENSION : de 30 à 60 cm de hauteur pour 20 à 40 cm d'envergure.

Hemerocallis spp. Hémérocalle

FAMILLE : plante de la famille des Xanthorrhoeaceae. **TERRE :** profonde, fraîche, argileuse.
CULTURE : planter à l'automne (4 à 6 pieds au m^2). Arroser beaucoup pendant la floraison. Pailler au printemps. Diviser en octobre.
DESCRIPTION : abondante floraison vite renouvelée. On l'appelle « lis d'un jour ». 15 espèces et des hybrides. Fleurs jaune pâle, rouges, roses, mauves, très lumineuses. À utiliser en massif, en bordure, en touffe isolée. **ORIGINE :** Asie. **TYPE DE PLANTE :** vivace.
DIMENSION : de 40 cm à 1 m de hauteur pour 40 cm à 1 m d'envergure.

Cortaderia selloana Herbe de la pampa

FAMILLE : graminée de la famille des Poaceae. **TERRE :** profonde et fraîche. Accepte aussi le terrain sec.
CULTURE : herbe ornementale à planter isolément, si possible près d'une pièce d'eau. Couper le feuillage sec et les inflorescences en hiver. Pailler le pied pour protéger du gel.
DESCRIPTION : très décorative avec ses plumets, cette herbe a besoin de place. Plusieurs variétés dont une aux inflorescences rosées. **TYPE DE PLANTE :** vivace.
DIMENSION : de 1 à 3 m de hauteur pour 1,5 à 2 m d'envergure.

Hosta, funkia — *Hosta spp.*

FAMILLE: plante de la famille des Asparagaceae. **TERRE:** profonde, consistante, humide, organique. **CULTURE:** planter au printemps (4 à 6 plants au m²). Gare aux limaces! Diviser les touffes encombrantes. Pailler en été. **DESCRIPTION:** touffes de feuilles ovales ou lancéolées qui peuvent être panachées. Fleurs en clochettes blanches ou mauves réunies en grappes. 70 espèces et nombreux hybrides. À utiliser en couvre-sol de sous-bois, en massif, en bordure, en potée. **TYPE DE PLANTE:** vivace. **DIMENSION:** de 5 à 80 cm de hauteur pour 20 cm à 1 m d'envergure.

Houblon — *Humulus lupulus*

FAMILLE: plante rhizomateuse de la famille des Cannabaceae. **TERRE:** profonde, bien drainée, riche en matières organiques. **CULTURE:** planter au printemps. Pincer les jeunes pousses. Attention au marcottage spontané sous peine d'envahissement. **DESCRIPTION:** belle grimpante qui porte de spectaculaires fleurs femelles ovoïdes de 32 cm 2 espèces. Humulus japonicus est utilisé pour la bière. À utiliser en habillage de pylone ou de clôture. **ORIGINE:** Amérique du Nord. **TYPE DE PLANTE:** caduque. **DIMENSION:** de 3 à 7 m de hauteur et de 2 à 4 m d'envergure.

Impatience, balsamine — *Impatiens spp.*

FAMILLE: plante de la famille des Balsaminaceae. **TERRE:** humifère, fraîche et riche. Terreau en plus à la plantation. **CULTURE:** semer les rustiques (balsamines) en place en avril. Semer les hybrides en serres en mars à 18/20 °C sans enterrer. Repiquer en godet sous abri. Planter en mai tous les 20 cm. Planter aussi en place en mai les impatiens de N.G. Bien arroser sans détremper. **DESCRIPTION:** tiges fragiles et fleurs asymétriques plates du fuchsia au blanc en passant par le jaune selon l'espèce (850), l'hybride ou le cultivar. À utiliser en massif d'été et surtout à l'intérieur. **TYPE DE PLANTE:** vivace. **DIMENSION:** de 15 à 80 cm de hauteur pour 20 à 50 cm d'envergure.

Ipomoea spp. — Ipomée, Liseron bleu

FAMILLE : plante de la famille des Convolvulaceae. **TERRE :** légère, riche et saine, travaillée. Ajout de ferment organique en cas de terre pauvre. **CULTURE :** semer en mars-avril sous abri des graines trempées 24 heures dans l'eau. Repiquer dans un pot et installer de mi-mai à juin. La plante s'accroche ensuite naturellement sur son support. **DESCRIPTION :** beaucoup de fleurs en coupes ou tubulaires très décoratives. 500 espèces dont le liseron écarlate et l'étoile du marin aux fleurs blanches et violettes. À utiliser sur grillage, clôture, tonnelle... **TYPE DE PLANTE :** persistante. **DIMENSION :** 2 à 5 m de hauteur pour 2 à 10 m d'envergure.

J F M A M J J A S O N D

Iris spp. — Iris

FAMILLE : plante de la famille des Iridaceae. **TERRE :** bien drainée. Supporte le calcaire. Tourbe et humidité pour l'iris japonais, fraîche et humide pour l'iris de Sibérie. **CULTURE :** planter les bulbeux en septembre-octobre à 5/8 cm de profondeur. Engrais après la floraison. Planter les rhizomateux de juillet à septembre. Diviser pendant l'été. **DESCRIPTION :** rustique. Feuilles allongées et grandes fleurs à 3 pétales et 3 grands sépales d'une grande richesse de coloris. 300 espèces et de nombreux hybrides. À utiliser en massif, en fleur coupée, en potée. **TYPE DE PLANTE :** vivace. **DIMENSION :** de 15 cm à 1 m de hauteur pour 5 à 40 cm d'envergure.

J F M A M J J A S O N D

Hymenocallis spp. — Ismène

FAMILLE : plante bulbeuse de la famille des Alliaceae. **TERRE :** humifère, bien drainée, sableuse. En pot, 1/3 de terreau, 1/3 de terre de jardin, 1/3 de sable. **EXPOSITION :** soleil le matin ou le soir. **CULTURE :** en pleine terre seulement sur la Côte d'Azur. Ailleurs en serre ou véranda à 18/25 °C. Planter en mai, pointe du bulbe affleurante. Laisser le sol devenir sec entre deux arrosages. Engrais par quinzaine en été. En hiver, laisser au repos au sec, entre 8 et 12 °C. **DESCRIPTION :** longue hampe avec d'étonnantes fleurs blanches à 6 pétales et très longues étamines. Elles peuvent être parfumées. 40 espèces. À utiliser en potée. **ORIGINE :** Amérique. **TYPE DE PLANTE :** à bulbe. **DIMENSION :** de 40 à 80 cm de hauteur pour 20 à 40 cm d'envergure.

J F M A M J J A S O N D

Jacinthe — ***Hyacinthus x***

FAMILLE: plante bulbeuse de la famille des Asparagaceae. **TERRE:** légère, sableuse, bien drainée. **CULTURE:** planter en automne à 10/15 cm de profondeur, tous les 15 cm. Tuteurer les variétés à grosses fleurs.
DESCRIPTION: un bouquet de feuilles étroites avec une hampe qui porte une grappe de fleurs en clochette au parfum enivrant. 3 espèces et des hybrides. Les couleurs vont du rouge foncé au bleu ciel en passant par le saumon et le rose. À utiliser en massif, en jardinière, en potée. **ORIGINE:** Méditerranée. **TYPE DE PLANTE:** à bulbe. **DIMENSION:** de 20 à 30 cm de hauteur pour 10 à 15 cm d'envergure.

Jonquille, narcisse — ***Narcissus spp.***

FAMILLE: plante à bulbe de la famille des Alliaceae.
TERRE: argileuse, sans humidité stagnante.
EXPOSITION: soleil tempéré et mi-ombre en été.
CULTURE: planter en septembre et octobre à 10/15 cm de profondeur les grands narcisses et à 8/10 cm les petits. Désherber soigneusement.
DESCRIPTION: La fleur est une très caractéristique trompette centrale émergeant d'une couronne de 6 pétales en corolle. Jaune, blanche, rose, orangée ou bicolore. Parfumée. 50 espèces. Nombreuses variétés horticoles. À utiliser en massif, en bouquets sur pelouse, en sous-bois, en potée et jardinières, en fleurs coupées. **ORIGINE:** Méditerranée. **TYPE DE PLANTE:** à bulbe.
DIMENSION: de 10 à 50 cm de hauteur pour 10 à 30 cm d'envergure.

Lamier, ortie blanche — ***Lamium maculata***

FAMILLE: plante rhizomateuse de la famille des lamiaceae. **TERRE:** humifère, bien drainée, fraîche. **CULTURE:** planter de septembre à avril (4 à 6 plants au m²). Garder le sol humide. Enlever les fleurs fanées et les pousses envahissantes. Attention au marcottage spontané. **DESCRIPTION:** excellent couvre-sol à l'ombre. Proche de l'ortie avec la même tige carrée et les feuilles en triangle dentelées. Épis de fleurs blanches, roses ou pourpres. 50 espèces et de nombreux cultivars. **TYPE DE PLANTE:** vivace. **DIMENSION:** de 15 à 60 cm de hauteur pour 40 cm à 1,5 m d'envergure.

Lavandula spp. — Lavande

FAMILLE : Arbrisseau de la famille des Lamiaceae. **TERRE :** aime les sols calcaires, profonds, bien drainés. Supporte un sol sec et caillouteux. **CULTURE :** Planter au printemps tous les 40 à 60 cm. Tailler en mars et après la floraison. Pas trop d'eau. Plante rustique. **DESCRIPTION :** Belle harmonie de feuilles gris argent et de fleurs bleu mauve au parfum très présent. Quelque 25 espèces avec des fleurs qui vont du violet foncé au bleu pâle. À utiliser en massifs, rocailles, bordures. **ORIGINE :** régions méditerranéennes. **TYPE DE PLANTE :** persistante. **DIMENSION :** de 30 cm à 1 m en hauteur et de 60 cm à 1 m en envergure.

Lillium spp. — Lis

FAMILLE : plante à bulbe de la famille des Liliaceae. **TERRE :** bien drainée, légère, avec de l'humus. Ni calcaire ni excès humide ou sec. Alléger avec du sable. **EXPOSITION :** plein soleil, ombre légère, à l'abri des vents. **CULTURE :** planter au printemps à 15/20 cm de profondeur. Fertiliser au fumier de compost. Pailler en été. Arroser beaucoup. Enlever les fleurs fanées aux 2/3 de la tige. **DESCRIPTION :** rustique. 100 espèces et de nombreux hybrides. Fleurs très élégantes en trompette, en étoile, ou en turban, parfumées, aux coloris variés et souvent striés ou en dégradés.
ORIGINE : hémisphère Nord. **TYPE DE PLANTE :** à bulbe. **DIMENSION :** de 70 cm à 1,7 m de hauteur pour 15 à 20 cm d'envergure.

Amaryllis belladonna — Lis Belladonne

FAMILLE : bulbeuse de la famille des Alliaceae. **TERRE :** bien drainée, légère, humifère, profonde. **EXPOSITION :** plein soleil, à l'abri des vents, au sud. **CULTURE :** planter en juin et en juillet à 25 cm de profondeur tous les 30/40 cm. Engrais pour bulbe après la floraison. Protéger du froid.
DESCRIPTION : une tige dénudée porteuse de plusieurs magnifiques fleurs en trompettes blanches, roses ou roses à cœur blanc. Une seule espèce. À utiliser en massif ou en potée. **ORIGINE :** Afrique du sud. **TYPE DE PLANTE :** bisannuelle.
DIMENSION : de 60 à 80 cm de hauteur pour 20 à 30 cm d'envergure.

Lis des Incas — *Alstroemeria aurantiaca*

FAMILLE : vivace rhizomateuse de la famille des Alstroemeriaceae. **TERRE :** peu calcaire, bien drainée, riche. **CULTURE :** planter en mars-avril à 15 cm de profondeur, tous les 15 cm. Ne pas arroser. Pailler le pied l'hiver. Lente à se développer. **DESCRIPTION :** des fleurs exceptionnelles aux superbes coloris. 50 espèces et de nombreux hybrides de l'orange au violet, du rose au rouge. À utiliser en massif, potée. **TYPE DE PLANTE :** vivace. **DIMENSION :** de 50 cm à 1 m de hauteur pour 30 à 80 cm d'envergure.

Lobélie — *Lobelia erinus*

FAMILLE : plante de la famille des Campanulaceae. **TERRE :** bien drainée, légère. Terreau pour géranium pour les plantes en pot. **CULTURE :** semer en mars-avril sous abri à 18/20 °C. Repiquer en godets. Mettre en place en mai, un plant tous les 20 cm. Garder la terre humide. Fertiliser l'été. **DESCRIPTION :** touffe tapissante au feuillage vert clair. Les fleurs en grappe vont du blanc au violet en passant par les roses et les bleus. 370 espèces et de nombreux cultivars. À utiliser en bordure, potée, jardinière ou suspension. **TYPE DE PLANTE :** annuelle. **DIMENSION :** de 10 à 50 cm de hauteur pour 15 à 40 cm d'envergure.

Lupin — *Lupinus polyphyllus*

FAMILLE : plante de la famille des Fabaceae. **TERRE :** profonde, riche, légère, non calcaire. **EXPOSITION :** soleil tempéré, mi-ombre, fraîcheur et humidité. **CULTURE :** planter de septembre à avril (3 à 5 pieds au m²). Pailler l'été. Arroser beaucoup. Semis au printemps, repiquage en godet et mise en place au printemps. Couper les hampes fanées. **DESCRIPTION :** touffe de feuilles palmées et grappes de fleurs serrées de 60 cm de longueur. 200 espèces et de nombreux hybrides aux coloris variés. Des formes naines. À utiliser en massif et en rocaille. **ORIGINE :** ouest de l'Amérique du Nord. **TYPE DE PLANTE :** vivace. **DIMENSION :** de 25 cm à 1,5 m de hauteur pour 30 à 80 cm d'envergure.

Lysimachia spp. — Lysimaque

FAMILLE : plante de la famille des Primulaceae. **TERRE :** humifère, profonde et fraîche. **EXPOSITION :** soleil tempéré. **CULTURE :** planter toute l'année les plantes en pot. Tuteurer les grandes. Ne pas laisser sécher la terre. Tailler.
DESCRIPTION : Rustique. Touffes dressées ou rampantes. Fleurs en étoiles ou en coupes, jaunes, blanches ou roses. 150 espèces. À utiliser en massif, en couvre-sol, en bordure ou en suspension. **TYPE DE PLANTE :** vivace.
DIMENSION : de 5 cm à 1,2 m de hauteur pour 30 cm à 1 m d'envergure.

Anthirrhinum majus — Muflier

FAMILLE : plante annuelle de la famille des Scrophulariaceae. **TERRE :** bien drainée, fraîche, humifère, enrichie de fumier. **CULTURE :** semer en mars-avril sous abri. Repiquer. Pincer les plants de 10 cm et planter en en mai. Arroser l'été.
DESCRIPTION : on l'appelle aussi « gueules-de-loup ». Les fleurs sont en inflorescences allongées. 40 espèces. Cultiver des hybrides aux couleurs variées sauf le bleu. À utiliser en rocaille, bordure, potée, jardinière pour les formes naines.
ORIGINE : Méditerranée. **TYPE DE PLANTE :** annuelle.
DIMENSION : de 25 cm à 1 m de hauteur. De 30 à 50 cm d'envergure.

Convallaria majalis — Muguet

FAMILLE : plante à rhizome de la famille des Asparagaceae. **TERRE :** riche, fraîche, humifère, perméable. **CULTURE :** planter en automne. 20 pieds par m^2. Laisser affleurer le bourgeon à la surface. Conserver le sol humide tout le temps. Diviser les vieilles souches en automne.
DESCRIPTION : ses clochettes parfumées symbolisent le porte-bonheur. Il s'étale année après année pour former un tapis florifère. 1 seule espèce et plusieurs cultivars dont un à fleurs nervurées de jaune et un autre à fleurs roses. À utiliser en sous-bois, devant une haie, en bordure, en potée. **TYPE DE PLANTE :** vivace.
DIMENSION : de 20 à 25 cm de hauteur pour 10 à 30 cm d'envergure.

Myosotis — *Myosotis spp.*

FAMILLE : fleur de la famille des Boraginaceae. **TERRE :** bien drainée, riche, fraîche, avec un ajout de fumier. **CULTURE :** planter de septembre à mars (10 à 15 pieds au m²). Semer en terrine de juillet à septembre. Repiquer en godet 15 jours après la levée. **DESCRIPTION :** rustique. Touffe aux feuilles rugueuses et aux fleurs en bouquets d'un bleu en général intense. 50 espèces et de nombreux cultivars.
TYPE DE PLANTE : bisannuelle.
DIMENSION : de 15 à 30 cm de hauteur pour 10 à 20 cm d'envergure.

Œillet — *Dianthus spp.*

FAMILLE : plante de la famille des Caryophyllaceae. **TERRE :** calcaire, bien drainée avec un apport d'humus. **CULTURE :** semer les annuels en caissettes sous abri à 15/18 °C en février-mars. Repiquer en godets aux premières feuilles. Mettre sous châssis froid avant la mise en place d'avril-mai. Espacer de 30 cm. Semer les bisannuels en pépinière de juin à août. Planter en octobre. Planter les vivaces d'octobre à mars. Arroser sous la chaleur. Pailler au printemps. **DESCRIPTION :** une plante qui prend toutes les formes et toutes les couleurs selon l'espèce (300) et les variétés. À utiliser en bordure, rocaille, potée, jardinière, fleur coupée. **TYPE DE PLANTE :** annuelle. **DIMENSION :** de 15 à 40 cm de hauteur pour 10 à 30 cm d'envergure.

Œillet d'Inde, rose d'Inde — *Tagetes spp.*

FAMILLE : plante de la famille des Asteraceae. **TERRE :** souple et légère, même sèche et calcaire. Apport d'humus. **CULTURE :** semer en terrine de février à avril. Repiquer les plants à 2/3 feuilles en caissette tous les 5 cm. Après un mois empoter en godet de tourbe. Garder sous châssis froid. Mettre en place en motte courant mai tous les 20 à 40 cm. Arroser régulièrement. Enlever les fleurs fanées. Tuteurer les grands.
DESCRIPTION : port buissonnant avec des fleurs en capitule du jaune au marron. 50 espèces et de nombreux cultivars. À utiliser en massif, bordure, jardinière, potée. **ORIGINE :** Mexique, Colombie, Argentine. **TYPE DE PLANTE :** annuelle. **DIMENSION :** de 20 cm à 1 m de hauteur pour 10 à 30 cm d'envergure.

Osteospermum spp. **Ostéo**

FAMILLE: plante de la famille des Asteraceae. **TERRE:** légère et bien drainée. **CULTURE:** planter au printemps tous les 30 cm. Arroser quand il fait chaud. **DESCRIPTION:** arbrisseau semi-rustique avec de nombreuses fleurs en capitules finement découpés. 70 espèces et de nombreux hybrides dont certains à fleurs spatulées. À utiliser en bordure, massif et rocaille, en potée. **ORIGINE:** Afrique du Sud. **TYPE DE PLANTE:** vivace. **DIMENSION:** de 10 à 6 cm de hauteur pour 30 cm à 1 m d'envergure.

Bellis perennis **Pâquerette**

FAMILLE: famille des Astaraceae. **TERRE:** lourdes, riches. Toute terre pas trop sèche convient. **CULTURE:** semer de juin à septembre. Repiquer les plants en godets et planter en septembre-octobre. Couper les fleurs fanées.

DESCRIPTION: la pâquerette vivace pousse spontanément. On la cultive en bisannuelle. Nombreuses fleurs de 1 à 4 cm de diamètre. 15 espèces. Bellis perennis existe en cultivars rouges, roses, blancs ou en mélange de couleurs. À utiliser en massif, en jardinière, en potée, dans des interstices de dallage, sur une pelouse fleurie. **TYPE DE PLANTE:** bisannuelle.
DIMENSION: de 10 à 20 cm de hauteur et d'envergure.

Passiflora caerulea **Passiflore**

FAMILLE: grimpante volubile de la famille des Passifloraceae. **TERRE:** profonde, riche, humifère. **CULTURE:** planter au printemps. Tailler les rameaux à la moitié après la floraison. Butter le pied et protéger avec des voiles en hiver. **DESCRIPTION:** immenses tiges qui s'accrochent avec leurs vrilles. Fleurs aux organes spectaculaires. Fruits orangés comestibles. 400 espèces de tailles variées avec des fleurs bicolores du blanc rosé au violet pourpre. Passiflora caerula est rustique. À utiliser en couvre-mur, en habillage, en véranda, en plante d'intérieur. **TYPE DE PLANTE:** persistante.
DIMENSION: de 5 à 10 m de hauteur et de 3 à 6 m d'envergure.

Pavot — *Papaver spp.*

FAMILLE : plante de la famille des Papaveraceae. **TERRE :** bien drainée, légère, même pierreuse et calcaire. **CULTURE :** semer en place les annuels de mars à mai sur un sol ratissé. Éclaircir à 10 cm. Arroser régulièrement. Les bisannuels se sèment en mai-juin et sont à mettre sous cloche en hiver. Les vivaces se plantent au printemps tous les 20/30 cm. Tuteurage circulaire. **DESCRIPTION :** fleurs en coupe creuse à 4 pétales sur une tige grêle. 70 espèces dont le coquelicot et d'autres aux fleurs de toutes les couleurs et de toutes tailles. À utiliser en massif, en sous-bois, en rocaille. **TYPE DE PLANTE :** vivace. **DIMENSION :** de 10 cm à 1,2 m de hauteur pour 10 cm à 1 m d'envergure.

Pavot de Californie — *Eschscholzia californica*

FAMILLE : fleur de la famille des Papaveraceae. **TERRE :** toute terre bien drainée, même sèche, caillouteuse, calcaire.
CULTURE : semer en place d'avril à fin mai ou en septembre en bord de mer. Éclaircir à 20/25 cm. Arroser en cas de forte chaleur. **DESCRIPTION :** large touffe vert-bleu avec des fleurs en coupe évasée oranges, jaunes ou blanches. 10 espèces avec de nombreux cultivars. À utiliser en massif, rocaille, talus, bordure, pour combler des vides. **ORIGINE :** Californie. **TYPE DE PLANTE :** annuelle. **DIMENSION :** de 20 à 40 cm de hauteur pour 15 à 20 cm d'envergure.

Pélargonium, géranium — *Pelargonium spp.*

FAMILLE : plante de la famille des Geraniaceae. **TERRE :** bien drainée, riche. Sable mélangé à du terreau plus du fumier en pot. **CULTURE :** semer de janvier à mars en terrine. Repiquer en terrine, puis en godet. Mettre en place tous les 25 cm en mai en pleine terre ou en pot d'au moins 15 cm par plant. Engrais liquide tous les 10 jours de mai à septembre. Enlever les fleurs fanées. Beaucoup arroser en laissant sécher la terre entre deux arrosages. **DESCRIPTION :** 230 espèces et de nombreux hybrides. Toutes les couleurs, unies, panachées, striées… Toutes les tailles et toutes les formes. À utiliser en massif, en potée, en jardinière, en suspension. **ORIGINE :** Afrique du Sud. **TYPE DE PLANTE :** vivace. **DIMENSION :** de 25 cm à 1 m de hauteur pour 15 à 60 cm d'envergure.

Galanthus nivalis — Perce-neige

FAMILLE : fleur de la famille des Alliaceae. **TERRE :** fraîche, pas trop riche, drainée. **EXPOSITION :** lumière tamisée, ambiance fraîche. **CULTURE :** planter par 20 à 100 bulbes de septembre à fin octobre, tous les 5 cm et à 5 cm de profondeur. Diviser les touffes dès que les feuilles jaunissent. **DESCRIPTION :** fleur à l'allure fragile, protégée à l'état sauvage. Elle se termine par une clochette blanche à peine tachée de vert. 19 espèces. À utiliser en sous-bois, en rocaille, en bordure, en groupe sur une pelouse. **ORIGINE :** Asie Mineure et Europe. **TYPE DE PLANTE :** fleur à bulbe. **DIMENSION :** de 10 à 20 cm de hauteur pour 5 à 10 cm d'envergure.

Petunia spp. — Pétunia

FAMILLE : plante de la famille des Solanaceae. **TERRE :** humifère, bien drainée. En pot, du terreau pour plante à massif. **CULTURE :** semer en terrine sans enterrer les graines en février-mars. Mettre sous vitre. Repiquer les plants à leur apparition. Mettre en place en mai tous les 20/30 cm. Engrais liquide hebdomadaire jusqu'en septembre. Enlever les fleurs fanées. **DESCRIPTION :** rameaux souples avec des fleurs en forme d'entonnoir de toutes les couleurs selon les variétés. 40 espèces et de nombreux hybrides. À utiliser en massif, rocaille, en jardinière, en suspension, en potée. **ORIGINE :** Amérique du Sud. **TYPE DE PLANTE :** annuelle.
DIMENSION : de 20 à 80 cm de hauteur pour 30 à 60 cm d'envergure.

Phlox spp. — Phlox

FAMILLE : plante de la famille des Polemoniaceae. **TERRE :** bien drainée, non calcaire, avec apport d'humus. **CULTURE :** semer en place les annuels en avril-mai. Éclaircir tous les 20 cm. On peut aussi semer en godet de tourbe, 3 graines par godet, en mars et repiquer en mai. Engrais liquide. Les vivaces, de septembre à avril (4 à 9 pieds au m²). Tuteurer les grands. **DESCRIPTION :** touffe avec les fleurs étoilées groupées en bouquets. 67 espèces et de nombreux hybrides, de toutes les couleurs et de toutes les tailles. À utiliser en massif, en bouquet, en rocaille, en bordure, en potée. **ORIGINE :** Amérique du Nord.
TYPE DE PLANTE : annuelle.
DIMENSION : de 10 cm à 1 m de hauteur pour 15 à 80 cm d'envergure.

Pied-d'alouette — *Delphinium spp.*

FAMILLE: plante de la famille des Renonculaceae. **TERRE:** profonde, riche, travaillée. Calcaire accepté. **EXPOSITION:** Plein soleil. À l'abri des vents forts. **CULTURE:** planter de septembre à avril (2 à 5 pieds au m²). Garder le sol humide. Pailler avec du compost au printemps. Après la floraison de printemps, couper jusqu'aux belles feuilles. Rabattre au ras du sol fin octobre. **DESCRIPTION:** longues hampes florales chargées d'épis de fleurs dans toutes les nuances de bleus parmi les 250 espèces et les hybrides. À utiliser en massif ou en isolé. **TYPE DE PLANTE:** vivace. **DIMENSION:** de 40 cm à 1,8 m de hauteur pour 30 à 60 cm d'envergure.

Pivoine — *Paeonia spp.*

FAMILLE: plante de la famille des Paeoniaceae. **TERRE:** profonde, riche, humifère, sans calcaire. Apport de fumier en mars. Pas d'humidité stagnante. **CULTURE:** planter de mi-septembre à avril tous les 80 cm pour les herbacées, tout les 1,5 m pour les arbustives. Bien arroser. Sarcler. Engrais au printemps. **DESCRIPTION:** fleurs solitaires souvent parfumées en coupes ou en boules, de grande taille et aux magnifiques couleurs. 30 espèces et de nombreux cultivars en forme herbacée comme en forme arbustive. À utiliser en touffe sur la pelouse, en massif, en haie. **ORIGINE:** Europe, Amérique du Nord, Chine, Japon. **TYPE DE PLANTE:** vivace. **DIMENSION:** de 60 cm à 2 m de hauteur pour 8 cm à 1,5 m de hauteur.

Platycodon — *Platycodon grandiflorus*

FAMILLE: plante de la famille des Campanulaceae. **TERRE:** bien drainée, légère, profonde. **CULTURE:** planter au printemps (5 à 7 pieds au m²). Pailler pour conserver la fraîcheur du sol. **DESCRIPTION:** les fleurs en clochettes s'ouvrent en étoile à 5 branches et forment des bouquets. Une seule espèce et plusieurs variétés qui vont du bleu-violet au rose et au blanc, mais surtout du bleu. À utiliser en massif, bordure, rocaille, potée, fleur coupée. **ORIGINE:** est de l'Asie. **TYPE DE PLANTE:** vivace. **DIMENSION:** de 20 à 60 cm de hauteur pour 20 à 4 cm d'envergure.

Lathyrus spp. Pois de senteur

FAMILLE : plante de la famille des Fabaceae. **TERRE :** fraîche, riche, drainée. Supporte le calcaire. **EXPOSITION :** de grand soleil à mi-ombre. Pas trop dans le vent. **CULTURE :** semer en septembre ou en avril par poquet de 3 des graines trempées 24 heures dans l'eau. On peut semer sous abri en mars, repiquer et placer en mai. Enlever les fleurs fanées pour éviter les gousses. **DESCRIPTION :** annuelles ou vivaces, 150 espèces et de nombreuses variétés vendues en graines aux jolies fleurs papilionacées de coloris variés dont le rose violacé du Lathyrus latifolius. **TYPE DE FLEUR :** caduque. **DIMENSION :** d'1,2 m à 3 m de hauteur pour 1 à 1,5 m d'envergure.

Ranunculus asiaticus Renoncule des jardins

FAMILLE : plante de la famille des Ranunculaceae. **TERRE :** fraîche, bien drainée et amendée en fumier décomposé. **CULTURE :** planter en mars tous les 10 cm et à 5 cm de profondeur. Pailler en hiver ou arracher et stocker les griffes à sec à la fin de l'été. **DESCRIPTION :** rhizome tubéreux, la griffe, avec une touffe de feuillage très découpé et des fleurs globuleuses de toutes les couleurs. 400 espèces dont des mauvaises herbes sauvages (bouton-d'or). De nombreux hybrides. À utiliser en massif, en bordure, rocaille, potée et fleur coupée. **ORIGINE :** Asie Mineure. **TYPE DE PLANTE :** à bulbe. **DIMENSION :** de 20 à 6 cm de hauteur pour 15 à 20 cm d'envergure.

Fallopia baldschuanicum Renouée du Turkestan

FAMILLE : liane volubile de la famille des Polygonaceae. **TERRE :** toutes, même les calcaires et très pauvres. **CULTURE :** planter au printemps. Tailler au ras du sol en mars les rameaux trop importants. **DESCRIPTION :** pousse de 4 à 5 m par an. Indestructible et vite envahissante. Petites fleurs blanches ou roses en panicules de 20 cm de longueur. 7 espèces dont une, Polygonum aubertii, aux feuilles bronze dont le bout devient rouge. À utiliser pour cacher une cabane ou un mauvais mur. **ORIGINE :** Asie Centrale. **TYPE DE PLANTE :** caduque. **DIMENSION :** de 8 à 15 m de hauteur et de 6 à 10 m d'envergure.

Rehmannia — *Rhemannia elata*

FAMILLE: plante frileuse de la famille des Serophulariaceae. **TERRE:** légère et bien drainée. En pot: terreau, sable, terre de jardin, fumier décomposé. **EXPOSITION:** soleil tempéré. **CULTURE:** semer en mars sous abri à 18/20 °C. Repiquer en pot 5 semaines après la levée. Planter en mai. Hiverner en véranda. **DESCRIPTION:** touffe de feuilles ovales sur des tiges grêles avec de grosses fleurs en campanules pendantes. 9 espèces. À utiliser en jardinière, en potée, en véranda. **ORIGINE:** Chine. **TYPE DE PLANTE:** vivace. **DIMENSION:** de 30 cm à 1,5 m de hauteur pour 30 à 50 cm d'envergure.

Rose trémière — *Alcea rosea*

FAMILLE: plante de la famille des Malvaceae. **TERRE:** normale, même calcaire et assez sèche. Pas de terre grasse et humide. **MULTIPLICATION:** semis en été. Elle se ressème souvent spontanément. Tailler les épis fanés pour l'empêcher. **CULTURE:** Cette rose « d'outremer » devenue « trémière » se plante en automne. Éviter les endroits trop ventés. Croissance rapide. **DESCRIPTION:** Fleurs en gros pompons ou corolles simples généralement roses. Mais on trouve des variétés à fleurs jaunes, oranges, rouges, blanches, violettes et même noires. **ORIGINE:** Orient. Rapportée par les croisés. **TYPE DE PLANTE:** vivace annuelle et surtout bisannuelle. **DIMENSION:** de 1,5 m à 2,5 m de hauteur.

Rudbeckia pourpre — *Echinacea purpurea*

FAMILLE: plante de la famille des Asteraceae. **TERRE:** bien drainée, profonde et souple, fertile. **CULTURE:** planter au printemps (4 à 5 pieds au m²). Pailler en mai. Couper les fleurs fanées. Semer sous abri (18/20 °C). Diviser les touffes quand les floraisons diminuent. **DESCRIPTION:** rustique. La hampe porte une fleur unique en capitule aux ligules retombantes. Mellifère. 9 espèces avec des couleurs qui vont du blanc au pourpre en passant par le rose et le carmin. À utiliser en massif et en fleur coupée. **TYPE DE PLANTE:** vivace. **DIMENSION:** de 70 cm à 1 m de hauteur pour 30 à 50 cm d'envergure.

Lythrum salicaria — Salicaire

FAMILLE : plante de la famille des Lythraceae. **TERRE :** fraîche, voir humide. **CULTURE :** planter au printemps ou à l'automne tous les 50/60 cm. Arroser abondamment. Rabattre au ras du sol en automne. **DESCRIPTION :** touffe duveteuse avec des rameaux lignés et des fleurs étoilées pourpres en épis. 38 espèces, de couleur framboise à rose. À utiliser en bord de bassin, en massif. **ORIGINE :** hémisphère Nord. **TYPE DE PLANTE :** vivace. **DIMENSION :** de 70 cm à 1 m de hauteur pour 30 à 45 cm d'envergure.

Saponaria spp. — Saponaire, plante à savon

FAMILLE : tapissante de la famille des Caryophyllaceae. **TERRE :** bien drainée, fraîche, même calcaire. **CULTURE :** planter à l'automne (5/6 pieds au m²). Tuteurer. Tailler après la floraison. Diviser en automne.
DESCRIPTION : rustique. Jadis utilisée comme savon. Formée en coussins avec des petites fleurs plates à 5 pétales en bouquets. 20 espèces. À utiliser en bordure et en rocaille. **ORIGINE :** montagnes d'Europe et d'Asie. **TYPE DE PLANTE :** vivace.
DIMENSION : de 5 à 60 cm de hauteur pour 15 à 50 cm d'envergure.

Salvia spp. — Sauge

FAMILLE : plante de la famille des Lamiaceae.
TERRE : légère et souple. Ajout d'humus.
CULTURE : semer les annuelles en mars en terrines. Repiquer en godet en maintenant à 18/20 °C et mettre en place en mai tous les 30 cm. Les vivaces rustiques se plantent d'octobre à mars. Voile d'hivernage à prévoir.
DESCRIPTION : de formes très variées avec de superbes floraisons en grappes ou en épis. Les feuilles de la Salvia officinalis ont des vertus médicinales. 900 espèces de toutes tailles et couleurs. À utiliser en massif, bordure, potée et jardinière. **TYPE DE PLANTE :** vivace.
DIMENSION : de 30 cm à 1,2 m de hauteur pour 20 à 60 cm d'envergure.

Sédum, orpin — *Sedum spp.*

FAMILLE : plante grasse de la famille des Crassulaceae. **TERRE :** bien drainée, légère, sableuse. **CULTURE :** planter au printemps. Ajouter du gros sable. Diviser les touffes dégarnies après la floraison.
DESCRIPTION : port souvent tapissant avec des fleurs étoilées à 5 pétales en bouquets terminaux. 400 espèces. Couleurs variées, du jaune au rose cramoisi en passant par le rouge et le pourpre violacé. À utiliser en bordure, rocaille, jardinière.
TYPE DE PLANTE : vivace. **DIMENSION :** de 5 à 40 cm de hauteur pour 20 à 60 cm d'envergure.

Soleil — *Helianthus spp.*

FAMILLE : plante de la famille des Asteraceae. **TERRE :** profonde, sèche et calcaire. **CULTURE :** planter les vivaces au printemps (1 à 3 pieds au m^2). Tuteurer. Diviser d'octobre à avril. Semer les annuelles en place au printemps en poquets de 3 graines.
DESCRIPTION : fleurs mellifères de grande taille, solitaires ou en bouquet au développement facile. 75 espèces et de nombreux cultivars. À utiliser en massif, en fleur coupée. **TYPE DE PLANTE :** vivace. **DIMENSION :** de 40 cm à 2,5 m de hauteur pour 20 cm à 1,5 m d'envergure.

Souci — *Calendula officinalis*

FAMILLE : fleur quasi rustique de la famille des Asteraceae. **TERRE :** toutes, même très pauvres. **EXPOSITION :** soleil non brûlant, mi-ombre légère. **CULTURE :** semer en place d'avril à juin. Éclaircir à 25 cm. Couper les fleurs fanées pour éviter les semis spontanés.
DESCRIPTION : touffe buissonnante avec des fleurs en capitules de 8 à 10 cm de diamètre. 25 espèces. Cultivars à fleurs doubles, oranges ou jaunes à centres noirs (Calypso) ou à revers rouge acajou (Prince indien). À utiliser en massif, bordure, en fleurs coupées. **ORIGINE :** Europe Méridionale. **TYPE DE PLANTE :** annuelle.
DIMENSION : de 30 à 60 cm de hauteur et de 20 à 40 cm d'envergure.

Sparaxis tricolor — Sparaxis

FAMILLE : plante de la famille des Iridaceae. **TERRE :** bien drainée, riche en humus. En pot, terreau plus sable. **EXPOSITION :** plein soleil à l'abri du vent. **CULTURE :** planter à la fin de l'automne dans le sud, au printemps ailleurs, tous les 10 cm, à 3/5 cm de profondeur. Bien désherber. Arroser abondamment. Arracher au début de l'automne et stocker au sec. **DESCRIPTION :** la « fleur arlequin » est étoilée multicolore à 6 branches. 6 espèces aux coloris vifs et variés. À utiliser en rocaille, en bordure abritée, en fleur coupée.
ORIGINE : Afrique du Sud. **TYPE DE PLANTE :** à bulbe.
DIMENSION : de 20 à 50 cm de hauteur pour 10 à 20 cm d'envergure.

Thunbergia alata — Suzanne aux yeux noirs

FAMILLE : vivace de la famille des Acanthaceae. **TERRE :** riche, drainée, humifère, consistante. En pot, moitié terreau de rempotage, moitié sable. **EXPOSITION :** ensoleillée ou mi-ombre, à l'abri des vents forts. **CULTURE :** semer en mars. Repiquer en godet. Sortir à la mi-mai. Rabattre les tiges fanées. Palisser et bien arroser. **DESCRIPTION :** jolies fleurs jaune orangé à cœurs noirs. Parmi les 100 espèces, certaines ont des fleurs blanches. La Thunbergia grandiflora aux fleurs bleues a besoin de plus de chaleur.
ORIGINE : Afrique tropicale. **TYPE DE PLANTE :** persistante.
DIMENSION : d'1,5 m à 3 m (10 m pour la grandiflora) et de 1 à 2 m d'envergure.

Iberis spp. — Thlaspi, corbeille d'argent

FAMILLE : tapissante de la famille des Brassicaceae. **TERRE :** bien drainée, légère, même pauvre. **CULTURE :** planter les vivaces en automne (6 à 9 pieds au m^2). Semer les annuels en place en avril. Éclaircir tous les 10 cm. **DESCRIPTION :** très dense, bon couvre-sol. Feuilles vert foncé et abondance de bouquets de fleurs blanches à 4 pétales. 40 espèces dont certaines à fleurs de couleurs, roses, pourpres, lilas, en grappes. À utiliser en couvre-sol, bordure, rocaille, en potée, en jardinière. **TYPE DE PLANTE :** vivace. **DIMENSION :** de 10 à 40 cm de hauteur pour 20 à 80 cm d'envergure.

Tritoma, faux aloes *Kniphofia galpinii*

FAMILLE : plante de la famille des Xanthorrhoeaceae. **TERRE :** sablonneuse, légère, fraîche et calcaire. **CULTURE :** planter au printemps (3 à 4 pieds au m²). Fertiliser en avril. Pailler en juin pour l'été. Attacher les feuilles en automne et couvrir d'un voile d'hivernage. **DESCRIPTION :** spectaculaire floraison en épi-cylindrique de fleurs tubulaires rouges, jaunes, roses, panachées. Mellifère. 70 espèces et de nombreux hybrides. À utiliser en massif. **ORIGINE :** Afrique du Sud et Madagascar. **TYPE DE PLANTE :** vivace. **DIMENSION :** de 60 cm à 1,5 m de hauteur pour 30 à 80 cm d'envergure.

Tulipe *Tulipa spp.*

FAMILLE : plante à bulbe de la famille des Liliaceae. **TERRE :** bien drainée, légère, aérée, sableuse. **CULTURE :** planter de fin septembre à fin novembre, tous les 10 à 20 cm et entre 10 et 25 cm de profondeur selon la variété de bulbe. Du calibre du bulbe dépend la beauté de la fleur. Choisir au moins du 10/11 cm et plus. **DESCRIPTION :** 100 espèces, 4 000 hybrides qui ont en commun les feuilles lancéolées et les hampes rigides terminées en général par une seule fleur. Vaste choix de formes et de couleurs dans tous les catalogues. À utiliser en groupe, en massif, en bordure, en potée, en jardinière. **ORIGINE :** Orient. **TYPE DE PLANTE :** à bulbe. **DIMENSION :** de 20 à 70 cm de hauteur pour 5 à 15 cm d'envergure.

Verge d'or *Solidago spp.*

FAMILLE : plante de la famille des Asteraceae. **TERRE :** plutôt fraîche, même calcaire. **EXPOSITION :** plein soleil. Pas trop de vent. **CULTURE :** planter au printemps (4 à 6 pieds au m²). Pailler pendant l'été. Tuteur circulaire pour les grandes. Rabattre en automne. Diviser les vieilles touffes au printemps. **DESCRIPTION :** touffe élancée avec des fleurs jaunes d'or en plumet. Mellifère. 100 espèces et des hybrides. À utiliser en massif. **TYPE DE PLANTE :** vivace. **DIMENSION :** de 20 cm à 1,2 m de hauteur pour 20 à 90 cm d'envergure.

Erigeron spp. — Vergerette

FAMILLE : fleur de la famille des Asteraceae. **TERRE :** riche et profonde, sans humidité stagnante. **EXPOSITION :** lumière mais pas de soleil trop chaud. **CULTURE :** planter au printemps, 5 à 7 pieds au m². Tuteurer les plus grandes. Rabattre la touffe à la fin de l'automne. **DESCRIPTION :** rustique, un air de ressemblance avec l'aster. Fleurs solitaires, semi-doubles ou réunies en corymbes sont très vivement colorées. 200 espèces dans les gammes bleu-violet-mauve-rose. À utiliser en massif, bordure et en fleurs coupées. **ORIGINE :** Amérique du Nord. **TYPE DE PLANTE :** vivace.
DIMENSION : de 20 à 70 cm de hauteur pour 15 à 45 cm d'envergure.

Parthenocissus spp. — Vigne vierge

FAMILLE : grimpante de la famille des Vitaceae. **TERRE :** riche, profonde, plutôt argileuse, enrichie en matières organiques. **EXPOSITION :** plein soleil tempéré. Accepte la mi-ombre. **CULTURE :** planter au printemps ou en automne. Palisser jusqu'à ce que la vigne vierge s'accroche. Pincer les tiges volubiles mal orientées. Tailler en toutes saisons. **DESCRIPTION :** liane à croissance rapide. 10 espèces aux feuilles diverses. Jolies teintes en automne. Fleurs insignifiantes, baies bleues ou noires. **ORIGINE :** Chine et Amérique du Nord. **TYPE DE PLANTE :** caduque. **DIMENSION :** de 8 à 15 m de hauteur pour 6 à 10 m d'envergure.

Viola spp. — Violette, pensée

FAMILLE : plante de la famille des Violaceae.
TERRE : légère, humifère. En pot, du terreau d'écorce et de tourbe. **EXPOSITION :** ensoleillée à mi-ombre et ombre pour la violette odorante. **CULTURE :** semer en pépinière les pensées de juin à août, les violettes cornues en juillet. Repiquer tous les 10 cm 1 mois après la levée. Mettre en place en automne.
DESCRIPTION : rustiques, les Viola ont une exceptionnelle palette de couleurs. Les fleurs sont à 5 pétales dont 1 éperon et 2 pétales dressés. 500 espèces et de très nombreux cultivars dans les pensées, les violettes cornues et les violettes odorantes.
TYPE DE PLANTE : annuelle, mais aussi bisannuelle et vivace.
DIMENSION : de 10 à 20 cm de hauteur pour 10 à 30 cm d'envergure.

Vipérine — *Echium candicans*

FAMILLE: plante frileuse de la famille des Boraginaceae. **TERRE:** légère, sèche, bien drainée. **EXPOSITION:** ensoleillée, chaude. **CULTURE:** planter en mai, ou sortir les pots. Faire hiverner en véranda. Semer sous abri à 20/24 °C en février. Repiquer un mois après la levée. **DESCRIPTION:** longues feuilles à duvet argenté et fleurs bleues en forme d'entonnoirs réunies en bouquets de 30/40 cm de hauteur. 40 espèces. À utiliser en massif, en rocaille, en potée. **ORIGINE:** îles Canaries. **TYPE DE PLANTE:** bisannuelle. **DIMENSION:** de 1 à 1,5 m de hauteur pour 1 à 2 m d'envergure.

Zinnia — *Zinnia elegans*

FAMILLE: plante de la famille des Asteraceae. **TERRE:** profonde, bien drainée, enrichie de fumier décomposé. **EXPOSITION:** ensoleillée, chaude. **CULTURE:** semer en mars sous abri à 21/23 °C. Recouvrir superficiellement les graines de terreau tamisé. Repiquer sous châssis froid. Mettre en place en mai. On peut aussi semer en place en mai. **DESCRIPTION:** buissonnante avec des feuilles vert clair et des fleurs en capitules composées de plusieurs rangées de ligules colorées. 20 espèces dont des naines et de nombreux cultivars. À utiliser en massif, en fleur coupée, en bordure, en potée et jardinières. **ORIGINE:** Mexique. **TYPE DE PLANTE:** annuelle. **DIMENSION:** de 20 à 80 cm de hauteur pour 15 à 30 cm d'envergure.

les fiches

plantes d'eau

Iris — *Iris spp.*

FAMILLE : plante rhizomateuse de la familles des Iridaceae. **TERRE :** acide et humide du printemps à la fin de l'été. Sèche en hiver. Les iris d'eau et les iris des marais acceptent les sols neutres immergés de 10 à 30 cm. **CULTURE :** planter les iris d'eau et de marais au printemps. Mettre de l'engrais en avril. Diviser les touffes après floraison tous les 4 ans. **DESCRIPTION :** De très nombreuses espèces et variétés, 300, dont certaines sont des plantes d'eau. Superbes fleurs du bleu-violet au blanc en passant par des jaunes finement striés. À utiliser en bord de bassin, en berge de cours d'eau. **TYPE DE PLANTE :** vivace. **DIMENSION :** de 60 cm à 1,5 m de hauteur pour 20 à 60 cm d'envergure.

Jacinthe d'eau — *Eichhornia crassipes*

FAMILLE : plante flottante de la famille des Pontederiaceae. **TERRE :** les racines de développent à la surface de l'eau. **EXPOSITION :** chaude, au soleil, dans une eau à 20°C minimum. **CULTURE :** placer les pied fin mai à la surface du bassin. Un pied peut couvrir 10 m² en une saison. Prélever les plus belles touffes à l'automne pour un hivernage en aquarium à 13/15°C. **DESCRIPTION :** des feuilles ovales brillantes portées par des tiges flotteurs. Les fleurs bleu-lavandes sont regroupées en épis. À utiliser en décor de bassin. **TYPE DE PLANTE :** vivace.
DIMENSION : de 20 à 30 cm de hauteur pour 40 à 50 cm d'envergure.

Jonc fleuri — *Butomus umbellatus*

FAMILLE : plante rhizomateuse de la famille des Botomaceae. **TERRE :** riche, profonde, humide ou immergée de 10 à 30 cm.
EXPOSITION : ensoleillée et chaude.
CULTURE : planter au printemps. Diviser chaque année et planter les éclats dans une nouvelle terre enrichie de fumier décomposé. **DESCRIPTION :** rustique. Touffe herbacée aux fines feuilles coupantes avec des fleurs portées au dessus de l'eau en bouquets. **TYPE DE PLANTE :** vivace. **DIMENSION :** de 80 cm à 1 m de hauteur pour 40 à 50 cm d'envergure.

Carex spp. — Laîche

FAMILLE : herbe de la famille des Cyperaceae.
TERRE : argileuse acide, humide.
CULTURE : planter au printemps. Éliminer tout de suite le feuillage sec. Elle se répand facilement. Empêcher l'essaimage.
DESCRIPTION : ce sont des touffes d'herbes assez raides aux feuilles coupantes et colorées très décoratives. 1500 espèces. À utiliser en zone de marais. **TYPE DE PLANTE :** vivace.
DIMENSION : de 30 cm à 1,5 m de hauteur pour 30 à 90 cm d'envergure.

Nelumbo nucifera — Lotus

FAMILLE : plante de marais de la famille des Nelumbonaceae. **TERRE :** argileuse, humifère, compacte. **EXPOSITION :** ensoleillée et chaude. **CULTURE :** planter à 1 m de profondeur de mai à juillet. Le rhizome, très fragile, s'enterre à 10 cm de profondeur mis dans un panier ajouré. Apport de fumier décomposé au printemps. **DESCRIPTION :** le rhizome est immergé mais le lotus développe au dessus de l'eau de grandes feuilles rondes jusqu'à 80 cm de diamètre et de spectaculaires fleurs jusqu'à 30 cm de diamètre. 2 espèces et de très nombreux cultivars. À utiliser en décoration de pièces d'eau. **ORIGINE :** Asie. **TYPE DE PLANTE :** vivace.
DIMENSION : de 70 cm à 1,5 m de hauteur pour 1 à 3 m et plus d'envergure.

Typha spp. — Massette

FAMILLE : plante d'eau de la famille des Typhaceae. **TERRE :** humifère, compacte, très humide ou immergée de 5 à 20 cm.
CULTURE : planter au ras de la surface du sol au printemps des fragments de rhizome avec de jeunes pousses. Diviser tous les 3 ans.
DESCRIPTION : rustique. Evoque le roseau. La massette a des inflorescences en épis bruns en forme de cigares. 15 espèces dont certaines très envahissantes. À utiliser en touffe ou en écran de bord de bassin ou d'étang. **TYPE DE PLANTE :** vivace.
DIMENSION : de 60 cm à 1,80 m de hauteur pour 2 à 3 m et plus d'envergure.

Myosotis aquatique — *Myosotis scorpioides*

FAMILLE : plante semi-aquatique de la famille des Boraginaceae. **TERRE :** lourde et argileuse, humide ou immergée d'une quinzaine de cm. **EXPOSITION :** du soleil à l'ombre. **CULTURE :** planter en avril et en septembre/octobre en semis sur terre humide ou par bouturage. **DESCRIPTION :** différent du myosotis de jardin par ses touffes moins denses et son attrait pour l'eau. Feuilles ovales et poilues. Minuscules fleurs bleu-pâle réunies en bouquets. 50 espèces dont l'Alba à fleurs blanches. À utiliser en bord de bassin ou de cours d'eau, en vasque. **TYPE DE PLANTE :** vivace. **DIMENSION :** de 20 à 30 cm de hauteur pour la même envergure.

Nénuphar hybride — *Nymphaea x hybrida*

FAMILLE : plante flottante de la famille des Nymphaeaceae. **TERRE :** lourde, humifère. **CULTURE :** planter en mai-juin au fond du bassin ou dans des pots ajourés. Rempoter tous les 3 ans. Les hybrides non rustiques doivent hiverner. **DESCRIPTION :** Les feuilles flottantes en forme de cœur forment un tapis et les grandes feuilles en coupe sont soit à fleur d'eau soit portées par des tiges à 15/30 cm au-dessus. 50 espèces. On cultive les hybrides aux grandes fleurs très colorées. À utiliser au centre d'un grand bassin. **TYPE DE PLANTE :** vivace. **DIMENSION :** de 10 à 30 cm au dessus de l'eau pour la fleur. Envergure de 1 à 2 m.

Nénuphar jaune — *Nuphar lutea*

FAMILLE : plante aquatique de la famille des Nymphaeaceae. **TERRE :** argileuse, humifère, supporte l'eau froide et courante. **EXPOSITION :** d'ensoleillée à ombrée. **CULTURE :** planter les rhizomes à plat sous 5 à 8 cm de terre au printemps. Utiliser des conteneurs perforés et rempoter chaque année. **DESCRIPTION :** Rustique. La souche peut être immergée jusqu'à 3 m de profondeur. Les grandes feuilles flottantes sont en forme de cœur. La fleur est un gros bouton d'or au parfum ingrat. À utiliser en pièce d'eau manquant de soleil. **TYPE DE PLANTE :** vivace. **DIMENSION :** de 10 à 15 cm au dessus de l'eau pour la fleur. 2 m et plus d'envergure.

Ludwigia grandiflora Oenothère aquatique

FAMILLE : plante immergée de la famille des Onagraceae. **TERRE :** humifère, profonde. **EXPOSITION :** ensoleillée et chaude.
CULTURE : planter en immersion au bord d'un bassin ou d'un cours d'eau. Une tige jetée dans l'eau en été s'enracine. Prolifère.
DESCRIPTION : les tiges rouge foncé portent des feuilles ovales en partie immergées. Abondante floraison de fleurs jaunes. À utiliser en décoration de grands bassins.
ORIGINE : Pérou. **TYPE DE PLANTE :** vivace. **DIMENSION :** 10 cm au-dessus de l'eau pour 5 à 6 m d'envergure.

Caltha palustris Populage des marais

FAMILLE : plante rhizomateuse de la famille des Ranunculaceae.
TERRE : neutre ou acide, humifère, humide ou en petite immersion. **CULTURE :** planter au printemps tous les 25 à 30 cm. Diviser les vieilles touffes après la floraison.
DESCRIPTION : rustique, le « souci d'eau » a une abondante floraison jaune qui ressemble à des boutons d'or. 10 espèces dont certaines à fleurs blanches. À utiliser en bord de bassin ou de cours d'eau.
TYPE DE PLANTE : vivace.
DIMENSION : de 20 à 40 cm de hauteur pour 30 à 50 cm d'envergure.

Sagittaria sagittifolia Sagittaire

FAMILLE : plante d'eau de la famille des Alismaceae. **TERRE :** humifère, profonde, consistante, sous 15 cm d'eau.
CULTURE : planter en mars et avril les tubercules à 5 cm de profondeur dans un panier ajouré, la plante étant envahissante sinon. **DESCRIPTION :** la «flèche d'eau » ou «queue d'aronde » développe des feuilles aériennes et flottantes en forme de fer de lance. Les fleurs blanches tachées de pourpre sont en grappes sur des hampes. 20 espèces. À utiliser en touffe en bord d'eau ou au centre d'un bassin. **TYPE DE PLANTE :** vivace.
DIMENSION : de 50 à 90 cm de hauteur pour 2 m et plus d'envergure.

planter au jardin

la pelouse

30 trucs & astuces

La pelouse

La pelouse, ce n'est pas de l'herbe ! Le moelleux tapis de verdure dont vous rêver nécessite quelques soins. Et pour commencer, sachez que beaucoup de choses se jouent dans la préparation du sol.

Une ennemie de toujours : la mauvaise herbe

Ce sera une lutte permanente, mais dès le départ, dans la préparation de votre sol, il faut absolument le nettoyer de toutes les mauvaises herbes. Un premier labour de 20 cm de profondeur fait le gros du travail. Enlever toutes les pierres, toutes les racines et tous les déchets. Mais des graines restent enfouies. La ruse est alors de laisser reposer 3 semaines, le temps que sortent des jeunes pousses. Dès qu'elles ont 2 feuilles, pulvériser un désherbant systémique à base de glyphosate. Vous pourrez semer 2 à 3 semaines plus tard.

ZOOM

Surveillez les dosages !

À l'achat de votre désherbant, regardez bien l'étiquette pour repérer le dosage du produit. Cela peut aller de 120 g/l à 360 g/l, soit du simple au triple. Du coup le moins cher n'est pas forcément aussi peu cher qu'il y paraît !

Soignez votre sol

Vous venez de retourner le sol par un bon bêchage, c'est le moment de le rendre plus apte à accueillir votre future pelouse. Compost, fumier déshydraté, terreau amélioreront une terre légère qui gardera mieux l'eau et sera plus nutritive. Si la terre est un peu lourde ou si elle est sableuse, un apport de tourbe sera bénéfique dans les 2 cas.

Un bon coup de griffe

Pour niveler le sol, émietter les mottes de terre, puis pour obtenir un sol le plus uni et le plus plat possible, il faut commencer par travailler avec la griffe à quatre dents avant de fignoler le travail au râteau.

Que d'eau !

C'est l'un des secrets d'une belle pelouse. Il faut l'arroser régulièrement. Alors, si elle atteint ou dépasse les 500 m², c'est le moment de penser sérieusement à la question. Un système d'arrosage intégré, c'est cher, mais si vous y pensiez pour plus tard, il vaut mieux profiter du fait que le terrain est retourné pour l'installer. Ce sera plus coûteux s'il faut retourner une pelouse existante.

Le rouleau, au moins 100 kg.

La dernière phase de préparation de votre sol avant le semi est le tassage de la terre. Mieux elle sera tassée et plus votre pelouse supportera les piétinements. Utiliser un rouleau d'au moins 100 kg, le mieux étant d'avoir un rouleau à charge variable par l'apport d'eau ou de sable car vous vous en servirez par la suite pour l'entretien. Il faut le passer par temps sec pour que la terre ne colle pas dessus.

Semez croisé au début de l'automne

Le semis régulier du gazon à la main et à la volée est un art difficile. Pour que ce semis soit le plus homogène possible, il faut le croiser en semant la moitié de la quantité dans un sens et l'autre moitié dans un sens perpendiculaire au premier, ceci dans un grand carré tracé au cordeau. On peut aussi utiliser un semoir en délimitant des bandes de sa largeur. On croisera également. La meilleure période est le début de l'automne. La terre est encore chaude. Les graines des graminées vont germer et pousser plus vite.

La bonne dose

Elles varient de 30 à 40 g au m^2 selon la composition du mélange. Le gazon anglais pur (ray-grass) se sème à 50 g/m^2. Il est nécessaire de mélanger les graines très fines avec du sable fin pour homogénéiser le mélange et faciliter le semis. Enfouir les graines légèrement avec le râteau et passer à nouveau le rouleau pour plomber le sol. Normalement la levée va se faire après 6 à 10 jours.

Les conseils du jardinier

Pour niveler et aplanir très régulièrement le sol, il faut croiser le passage des outils, griffe et râteau. D'abord un passage dans le sens de la largeur, puis un second dans le sens de la longueur.

Délimitez les contours de votre pelouse avec un sillon de 2 ou 3 cm dans lequel vous ferez un semis plus dense.

Méfiez-vous des premiers prix

Quelquefois qualifiés de « rustiques », ce sont surtout des mélanges de variétés de qualité médiocre qui donnent des gazons qui s'abîment vite, perdent leur densité et se dégarnissent.

Jardin naturel

Le terreautage par épandage d'une couche de 3 cm de terreau fin en début de printemps fait bénéficier le sol d'un supplément de matières organiques qui profitera à votre pelouse. Les racines des graminées qui la composent vont y trouver une nouvelle vitalité. On le recommande pour les pelouses tondues ras.

À prévoir aussi si l'on doit ressemer sur des parties dénudées.

Un bon placage

C'est une solution coûteuse mais qui présente l'avantage de vous offrir une pelouse quasi instantanée à presque n'importe quel moment de l'année. Les plaques de gazons, en rouleaux ou en bandes, devront néanmoins être appliquées sur un terrain parfaitement préparé. Et laissez leur une bonne semaine avant de marcher dessus, le temps qu'elles s'accrochent bien au sol.

Déroulez vite

Commandez au dernier moment vos rouleaux de gazon et posez-les dans les 48 heures sinon ils risquent de jaunir par manque de lumière.

Quelles espèces de graminées choisir ?

Tout dépend du genre de gazon que vous voulez. Si vous le voulez très ornemental, très tapis moelleux, les mélanges de graminées à feuillage fin s'imposent. Mais c'est un gazon fragile qui résiste mal au piétinement. La meilleure solution est souvent de choisir un mélange avec 30 à 40 % de ray-grass anglais, espèce qui, elle, résiste bien au piétinement. La composition du mélange doit être indiquée sur l'emballage ou sur l'étiquette verte du SOC, le service officiel de contrôle et de certification.

Les principales graminées de qualité

- **Le ray-grass anglais** dans ses variétés les plus récentes est devenu l'une des meilleures espèces. Il étouffe les mauvaises herbes, résiste bien au piétinement, tolère un peu d'ombre et reste vert en hiver.
- **La fétuque rouge** traçante, demi-traçante ou gazonnante accepte les tontes courtes. Les demi-traçantes et gazonnantes sont plus fines, mais cette dernière est plus sensible au piétinement et elle jaunit avec la sécheresse.
- **La fétuque élevée** résiste quasiment à tout et ses dernières sélections s'affinent.
- **La fétuque ovine** durette est très fine et très dense mais pas faite pour le piétinement. Ni pour l'hiver.
- **Le pâturin des prés**, c'est du solide, mais c'est assez grossier. À réserver aux terrains de jeux.
- **Les agrostides** font de très beaux gazons, denses et fins, mais exigent beaucoup d'entretien. Ils sont utilisés pour les greens de golf.
- **Le pâturin commun** accepte l'ombre mais n'aime pas trop qu'on le piétine.

1) Ray-grass
2) Fétuque élevée
3) Fétuque ovine
4) Pâturin des prés
5) Agrostides
6) Pâturin commun

Quand tondre ?

En moyenne, 1 fois par semaine au printemps et à l'automne, par temps sec. Beaucoup moins en été pour permettre au gazon de résister à la chaleur. Et pas du tout en hiver. Laissez le gazon atteindre 5 à 6 cm avant de procéder à la première tonte. Ensuite, réglez la tondeuse à 1/3 de la longueur du brin d'herbe. Les tontes courtes, à 3 cm, seront réservées aux pelouses d'ornement qui ne sont pas trop piétinées.

3 à 4 litres au m²

C'est la quantité d'eau qu'il faut au gazon dans un arrosage. D'où l'intérêt des systèmes automatiques car il faut arroser une bonne demiheure la même zone pour arriver à cette quantité. Arroser plutôt après le coucher du soleil en été et le matin au printemps, après des journées venteuses qui assèchent la terre, et dès que la température dépasse 20 °C. Et plus le gazon est tondu ras, plus il a besoin d'eau.

Nourrir le sol

Un apport d'engrais azoté pour nourrir le sol au début du printemps et en automne peut être nécessaire si vous voyez que votre gazon a un peu de mal à croître ou s'il a été un peu malmené. Mieux vaut utiliser un engrais à libération progressive et prolongée à raison de 5 kg au m². Il existe aussi des engrais « gazon » mélangés à un désherbant ou à un produit antimousse.

Regarnir au ray-grass

Rien de mieux pour regarnir les surfaces dénudées que d'utiliser un mélange composé uniquement de variétés de ray-grass anglais. Outre que c'est l'une des meilleures graminées pour gazon, elle a l'avantage de couvrir ces espaces en moins de quinze jours.

Un peu d'air !

Surtout si votre pelouse est sur un sol lourd, pensez à l'aérer. Deux fois

par an dans ce cas, au début du printemps et en automne. Si votre pelouse n'est pas trop grande, vous pouvez, de façon ludique, organiser des marches équipées de semelles spéciales à pointes. Sinon, utilisez un rouleau muni de rangées de pointes. Il existe naturellement aussi des aérateurs à moteur.

Mauvaises herbes

La meilleure façon d'éviter leur prolifération est de bien entretenir sa pelouse. Moins on a à utiliser d'herbicide, mieux c'est. Mais cela peut être nécessaire sur un gazon fatigué et ne couvrant plus suffisamment le sol. Procéder alors avec circonspection, sur sol humide mais sans risque de pluie, en respectant les doses prescrites, au printemps et pas plus tôt, en portant des gants et un masque. Ne portez plus les tontes au compost pendant au moins 3 ou 4 tontes et ne laissez pas les enfants jouer sur la pelouse traitée pendant plusieurs jours.

Bonnes « mauvaises herbes »

Pissenlit, bouton-d'or, trèfle, ne sont pas forcément des mauvaises herbes à éradiquer. Sous réserve qu'elles n'envahissent pas la pelouse, bien sûr. Le trèfle par exemple fixe bien l'azote dans le sol, ce qui est bénéfique, et il est toujours vert. La fleur de bouton-d'or est vraiment ravissante et le pissenlit peut se manger en salade ou se boire en tisanes excellentes pour le foie.

La scarification

Le mot impressionne. Cela paraît terrible. Et en effet, si on y pense bien, ce n'est rien d'autre que trancher dans le vif. On utilise d'ailleurs pour cela des outils à main qui sont des sortes de râteaux à lames, ou des outils à moteurs dotés de lames circulaires. Le souci est qu'en vieillissant le gazon développe des racines superficielles qui s'emmêlent en surface et finissent par créer un tapis étouffant, source d'humidité et de maladies où la mousse vient s'installer. En scarifiant, on détruit ce tapis nuisible, on redonne de la liberté et de l'air.

que planter

pour avoir des fleurs en toutes saisons

Que planter pour avoir des fleurs en toutes saisons

PRINTEMPS		ÉTÉ	
arbres et arbustes			
Abutilon	Genêt	Abélia	Lavande
Acacia jaune	Grévillea	Althéa	Lilas des Indes
Ajonc	Groseillier à fleurs	Angélique épineuse	Lin de Nouvelle-Zélande
Amandier de Chine	Lilas	Arbousier	Mauve en arbre
Amélanchier	Myrte écarlate	Arbre au poivre	Myrtehibiscus dormant
Aucuba du japon	Oranger du Mexique	Baguenaudier	Oiseau de paradis
Buisson-ardent	Petit houx	Bambou sacré	Potentille
Cassier	Photinia	Buddleja	Santoline, petit cyprès
Céanothe	Pittosporum	Calliandra	Solanum
Cestrum	Pommier à fleurs	Erythrine	Spirée
Ciste	Rince-bouteilles	Fuchsia de Magellan	Stéphanandra
Corête du Japon	Seringat	Hier, aujourd'hui, demain	Symphorine
Cornouiller	Skimmia	Laurier-rose	Troène
Cotonéaster	Spirée		Yucca glorieux
Epine-vinette	Véronique arbustive		
Filaire	Viorne		
Forsythia	Weigelia		

rince-bouteille

oiseau de paradis

buddleja,
arbre à papillons

cornouiller

myrte

AUTOMNE	HIVER
arbres et arbustes	
Arbre aux faisans	Chimonanthe
Callicarpa	Cognassier du Japon
Caryoptéris	Germandrée
Clérodendron	Mahonia
Lespedeza	Mimosa
	Noisetier pourpre
	Sarcococca
	Saule arbustif

clérodendron

mauve pourpre

mimosa

Que planter pour avoir des fleurs en toutes saisons

PRINTEMPS		ÉTÉ	
en terre de bruyère			
Andromède du Japon	Cassiope	Bruyère	
Aronia	Enkianthus	Bruyère commune	
Azalée	Gaulthéria	Hydrangéa, hortensia	
Bruyère	Magnolia	Laurier de montagne	
Bruyère de St Daboec	Muguet en arbre	Magnolia	
Busserole, raisin d'ours	Rhododendron		
Camélia			
grimpantes			
Allamanda		Allmanda	Frémontia
Chèvrefeuille		Bignone du Chili	Hortensia grimpant
Clématite		Bignone persistante	Houblon
Glycine		Bougainvillée	Jasmin
Jasmin		Capucine grimpante	Jasmin de Virginie
		Chèvrefeuille	Liseron bleu
		Clématite	Pandoréa
		Dentelaire du cap	Passiflore
		Diplanédia	Suzanne aux yeux noirs

chèvrefeuille

bougainvillée

bruyère commune

AUTOMNE	HIVER

en terre de bruyère

AUTOMNE

- Bruyère
- Bruyère commune
- Hydrangéa, hortensia
- Laurier de montagne
- Magnolia

HIVER

- Bruyère
- Camélia

capucine

grimpantes

AUTOMNE

- Capucine grimpante
- Chèvrefeuille
- Clématite
- Dentelaire du Cap
- Diplanédia
- Glycine
- Passiflore
- Renouée du Turkestan

dipladénia

HIVER

- Jasmin

clématite

Que planter pour avoir des fleurs en toutes saisons

PRINTEMPS		ÉTÉ	
fleurs			
Ancolie	Muguet	Acanthe	Griffe de sorcière
Anémone bulbeuse	Myosotis du Caucase	Achilée	Héliotrope
Anémone pulsatile	Narcisse, jonquille	Agapanthe	Impatience
Aster	Nivéole	Agératum	Jacinthe du cap
Aubriète	Pâquerette	Amaryllis pourpre	Lis
Cœur de Marie	Pavot	Anthémis	Lis des Incas
Corbeille d'or	Pensée, violette	Armoise	Liseron
Digitale	Pivoine	Arum d'Ethiopie	Muflier
Edelweiss	Primevère	Aster bleu du Cap	Œillet
Etoile du printemps	Rhubarbe d'ornement	Astille	Œillet d'Inde
Euphorbe	Saponaire	Bégonia	Pavot de Californie
Fritillaire	Scille	Bleuet	Pélargoniium
Giroflée ravenelle	Tulipe	Campanule	Pétunia
Iris	Valériane rouge	Capucine naine	Phlox
Jacinthe	Véronique	Célosie	Pied d'alouette
Lupin	Vipérine	Chrysanthème	Renoncule
		Clarkia élégant	Renouée
		Coquelourde	Rose trémière
		Cosmos	Rudbeckia
		Dalhia	Salicaire
		Freesia	Sauge
		Fuchsia	Souci
		Géranium vivace	Verge d'or
		Giroflée quarantaine	Vergerette
		Glaïeul	Zinnia

rudbeckia

bleuet

géranium vivace

ancolie bleue

AUTOMNE		HIVER	
fleurs			
Anémone	Glaïeul écarlate	Aconit d'hiver	Iris
Aster	Lis Belladonne	Adonide	Pensée, violette
Cierge d'argent	Nérine	Crocus	Perce-neige
Colchique	Rudbeckia pourpre	Gloire des neiges	Primevère
Crocus	Sédum	Hellébore	Puschkinia
Cyclamen d'Europe	Soleil	Herbe aux savetiers	
Dentelaire rampante	Tubéreuse		
Gentiane			

achilleas

aubriète

anémone blanche

pensées bleues

les animaux du jardin

les amis, les nuisibles

50 trucs & astuces

Les amis du jardin

Protégez les vers de terre

Ce sont les meilleurs amis de votre sol. Les galeries qu'ils creusent l'aèrent et le drainent. Plongeant jusqu'à 2 m de profondeur, ils mélangent le sol, font remonter les oligo-éléments, l'enrichissent en matières organiques et tout cela sans toucher aux racines.

Notre conseil : pour retourner la terre, utilisez plutôt une fourche-bêche qu'une bêche qui les tronçonne.

Le perce-oreilles, ami ou ennemi ?

Mieux vaut ne pas les détruire pensent les défenseurs du jardin naturel car ce sont des prédateurs de pucerons et de cochenilles. Ils s'activent la nuit et se cachent la journée. Confectionnez-leur un abri près des plantes sensibles avec un vieux pot de fleur retourné rempli de paille. Oui, mais… Ils aiment aussi mordiller les rosiers, les dahlias, les chrysanthèmes, les œillets, les fruits.

Auquel cas vous pourrez utiliser l'abri comme un piège pour les récupérer et les détruire.

Les petits soldats jardiniers

Rien de mieux que des larves de coccinelles pour mener la guerre aux pucerons. Chacune consomme jusqu'à 15 pucerons par jour. Récupérez-les sur vos fruitiers pour les déposer sur vos rosiers. On en vend aussi dans les jardineries. La coccinelle adulte est elle-même un bon carnivore dévoreur de pucerons, une centaine par jour ! De même les demoiselles, les punaises et les syrphes.

conseils malins

JARDIN NATUREL

Pour que votre jardin soit accueillant aux mammifères et aux oiseaux dévoreurs d'insectes nuisibles, mieux vaut limiter, voir même supprimer, l'utilisation des insecticides, qu'ils soient chimiques ou dits « naturels » réputés non-toxiques.

La présence de ces amis chasseurs de nuisibles devrait suffire à limiter leur présence à un niveau acceptable pour vos plantes.

Des pièges à insectes naturels

Ne détruisez pas les toiles d'araignées. Ce sont de redoutables pièges à insectes notamment pour les pucerons ailés qui vont fonder des nouvelles colonies de ce ravageur de rosiers. Seule l'araignée rouge est à combattre sur les conifères.

Mignon le hérisson !

Il a beau être couvert de piquants, c'est l'un des meilleurs amis du jardinier. C'est d'ailleurs en France un animal protégé. Il se nourrit de larves d'insectes, d'escargots et de limaces, et aussi de vipères et de jeunes mulots et campagnols, des rongeurs redoutables pour vos plantes. Cet excellent destructeur de nuisibles chasse la nuit. Confectionnez-lui un abri de branches avec un lit de paille dans le jardin, près d'une haie.

Ne chassez pas la musaraigne

Vous la reconnaîtrez à son long museau pointu. Ne la confondez pas avec les rongeurs nuisibles. Ce petit mammifère se nourrit d'insectes, de limaces et d'escargots comme le hérisson.

Attirez les oiseaux

Quelques mangeoires uniquement remplies en hiver sont un bon moyen pour fidéliser la présence d'oiseaux dans le jardin. Dès le printemps, ils contribueront à vous débarrasser des insectes nuisibles pour vos plantes tout en créant de la vie et du mouvement.

Chouette la chouette

Cette gourmande, qui est un rapace, se repaît de rongeurs.

L'ennemi de mon ennemi est mon ami !

Pensez-y à propos des serpents rarement les bienvenus dans le jardin. Ils sont pourtant très efficaces contre les rongeurs. Alors d'accord pour éloigner les vipères qu'on peut se contenter de chasser avec un bâton, mais pourquoi ne pas accepter la présence d'inoffensives couleuvres à collier, couleuvres vipérines et autres coronelles lisses ?

Six espèces de grenouilles

Aimez-les ces petites reinettes qui empêchent vos bassins ou vos jardins aquatiques de devenir des nids de moustiques, sans compter leur grande consommation d'insectes en tous genres.

Le seul inconvénient de ces grenouilles vertes aux yeux dorés c'est leur tendance à la prolifération et leur côté bruyant.

Vos bassins peuvent aussi héberger des grenouilles agiles de couleur brune, des grenouilles des champs, brun roux, des grenouilles de Lesson, vertes ponctuées de brun, très bruyantes la nuit, des grandes grenouilles rieuses, vertes et vert foncé ou encore des grenouilles rousses.

L'abeille travaille pour vous

Elle est l'un des meilleurs agents de pollinisation du jardin. Elle le doit à son corps velu avec lequel elle se charge de pollen à chaque fois qu'elle butine. Elle le transporte sur le stigmate d'une autre fleur de la même espèce. Son rôle est de ce fait essentiel dans la fécondation des plantations. Tout comme celui des bourdons et même des guêpes.

Des fleurs pour les papillons

On a toutes et tous envie de papillons dans nos jardins. Ils sont beaux à regarder, ce sont d'excellents pollinisateurs et, les lois de la nature étant ce qu'elles sont, ce sont aussi une bonne nourriture pour les oiseaux. Vous trouverez dans les jardineries des mélanges de graines spéciales papillons pour créer un coin un peu sauvage et attirant dans le jardin. Mais sachez aussi qu'ils aiment les plantes à nectar et les fleurs de couleur, mais pas trop les blanches pour des raisons qu'on ignore. Ils sont attirés par les parfums.
Vos haies et vos arbustes, surtout s'ils sont à nectar, leur serviront d'abris. Ils aiment aussi les tas de feuilles mortes.
Et si vous voulez en voir toute l'année, pensez à répartir vos floraisons sur toutes les saisons.

Voici quelques plantes à papillons :

- **pour le printemps :**
  Aubépine, lilas, viorne, aubriète, giroflée, œillet de poète, primevère…
- **pour l'été :**
  Buddleia, sureau, aster, bourrache, cosmos, coreopsis, immortelle, lavande, marguerite, mauve, œillet d'Inde, pétunia, jasmin, rose trémière, salicaire, soleil, zinnia…
- **pour l'automne :**
  Aster, chrysanthème, sédum, verge d'or…
- **pour l'hiver :**
  Les arbres tels que l'aulne, le chêne, le frêne, le hêtre, le peuplier, le saule, le tilleul, et les arbustes comme le houx, les ronces…

ZOOM

Reconnaissez les oiseaux du jardin

Dans la grande majorité des cas, ils sont les bienvenus, même s'il peut leur arriver de s'intéresser de trop près aux arbres fruitiers ou de passer d'un régime insectivore à un régime végétarien.

La grive,
brune tachetée de noir, aime les escargots et les grands buissons.

La mésange bleue
au ventre jaune se nourrit surtout de larves d'insectes qu'elle extrait de l'écorce. C'est cette belle qui peut passer au régime végétarien.

La mésange charbonnière,
sa cousine, à la tête calottée de noir, dévore chenilles et pucerons.

Le pic-vert,
en habit vert et chapeau rouge, débarrasse les grands arbres des insectes xylophages dévoreurs de bois.

Le gobe-mouches gris
qui porte bien son nom. Pas très beau avec son plumage terne, c'est un redoutable prédateur d'insectes qu'il gobe en plein vol.

Le rouge-gorge
minuscule et reconnaissable à son plastron rouge orangé. Très présent l'hiver. Il se nourrit de larves et de vers.

Ci-contre,
une grive sur la pelouse.

En haut,
un merle noir.

En haut à droite,
une mésange bleue.

Ci-dessus, **sa cousine la mésange charbonnière.**

À sa droite,
avec son plastron orange, c'est un rouge-gorge.

Ci-dessus, **un bouvreuil.**

Les nuisibles, comment s'en débarrasser

Aimez et protégez les prédateurs naturels des nuisibles de votre jardin : le hérisson, la grenouille et le crapaud, les oiseaux comme notre ami le merle, les mignonnes petites coccinelles...

Anti escargot

Contre les escargots, essayez le marc de café au pied des arbres.

Tout contre les limaces...

Les limaces sont l'une des grandes plaies du jardin. Essayez les branches de conifères avec des épines, placées aux pieds de vos plantes. Cela les dissuade d'approcher. On peut aussi entourer les pots avec des fils de cuivre. C'est un obstacle qu'elles n'aiment pas franchir.

Elles n'aiment pas ramper sur des surfaces rugueuses. D'où l'idée de mettre des coquilles d'œufs en miettes autour des plantes. En plus, c'est bon pour l'enrichissement de la terre. On utilise aussi de la cendre de bois. Ou de la sciure. Les bricoleurs recyclent leurs disques de ponceuse (en papier de verre) en les enfilant autour de la tige de la plante.

... même la bière !

Les limaces adorent la bière. Mais les hérissons aussi et ils ont tendance à retourner les petits pots pièges que vous aurez placés dans le jardin.

Résultat : des colonies de limaces alcooliques mais toujours aussi gourmandes en feuilles tendres.

La solution : enterrez au ras du sol des boîtes de conserve à moitié remplies de bière et d'eau sucrée. Essayez aussi avec des demi-pamplemousses vidés de leur chair que vous placerez près des plantes à protéger. Escargots et limaces s'y agglutinent.

Proverbe

« Limaçon aventureux, le temps sera pluvieux »

La taupe

Elle n'est pas la bienvenue. Sa présence est un désastre pour les racines et pour les pelouses qu'elle parsème de monticules de la terre rejetée de ses galeries.

Voici quelques méthodes éprouvées pour l'éloigner :

- Assez coûteux, mais considéré comme le plus efficace : le piège à pétard à placer dans la galerie. De l'ordre de 50 euros ! Cela fait de la taupe un nuisible de luxe.
- Aveugle, on la dit très sensible au bruit. Des bouteilles retournées sur des petits poteaux et agitées par le vent produisent des sons qui l'incitent à aller voir plus loin. Inconvénient : on profite aussi de cette « musique ».
- **Remède de grand-mère :** les traditionnelles boules de naphtaline. Les mites n'aiment pas. Les taupes non plus. Malheureusement, les oiseaux n'apprécient pas beaucoup. On peut faire la même chose avec des chiffons imbibés de pétrole.
- **Plus naturel :** le purin de sureau envoyé dans la galerie, accompagné de quelques branches.

Recette du purin de sureau

Faire macérer 1 kg de feuilles de sureau dans 10 l d'eau pendant une semaine. Filtrez. Épandez du purin de sureau sur vos plantes. Cela éloigne mulots, campagnols et autres rongeurs.

Les conseils du jardinier

Les potions magiques

Il existe plusieurs recettes « maison » de liquides d'épandages qui font autant leurs preuves que les produits chimiques industriels :

- *le mélange cendre de cigarette et eau ;*
- *le mélange alcool à brûler et eau (1 à 2 cuillères d'alcool par litre d'eau) ;*
- *le mélange savon de Marseille, ou produit à vaisselle et eau.*
- *le mélange eau et huile d'olive.*

Certaines d'entre vous pulvérisent leurs rosiers avec une « potion » préparée avec des feuilles de lierre macérées dans de l'eau pendant plusieurs jours.

Les recettes

- **la décoction de lierre.**

1 kg de feuilles pour 10 l d'eau. À utiliser diluée à 5 % en traitement préventif également pour toutes les plantes contre les acariens. On conseille toujours de pulvériser en dehors des heures de plein soleil.

Plus dans l'esprit « jardin », des décoctions traditionnelles à préparer soigneusement :

- **le purin d'absinthe.**
  Faites bouillir 30 minutes 100 g de feuilles d'absinthe séchées dans 1 litre d'eau. Laisser macérer une journée. Diluez dans 10 litres d'eau pour obtenir votre liquide de pulvérisation.

- **le purin d'ortie.**
  On utilise 100 g de feuilles d'ortie hachée dans 10 litres d'eau. On laisse macérer une semaine au soleil dans un seau en bois recouvert d'une planche. On dilue ce purin dans de l'eau dans la proportion 1 volume de purin pour 10 volumes d'eau. À pulvériser à la suite car ce purin ne se conserve pas.

- **l'infusion de mélisse.**
  Faire infuser 50 g de mélisse, feuilles et fleurs, dans 1 l d'eau bouillante. Laisser refroidir et pulvériser l'infusion sans la diluer. Elle ne se conserve pas.

- **la fermentation de fougère.**
  Mettre 1 kg de feuilles de fougère aigle (pteridium aquilinum) à fermenter dans 10 l d'eau non calcaire. Brasser et filtrer.
  À utiliser en solution diluée à 10 % en préventif et diluée à 30 % pour combattre une infestation. Se conserve.

- **Recette de la décoction de rhubarbe**
  Découpez en lanières 500 g de feuilles de rhubarbe. Faites macérer dans 5 l d'eau froide pendant 24 heures. Puis, faites bouillir pendant 30 minutes. Laissez refroidir et filtrez. Conservez dans des bouteilles à l'abri de la lumière.
  À utiliser en pulvérisation contre les pucerons. Cette décoction a l'avantage de ne pas nuire aux abeilles et aux papillons.

Des plantes anti-taupes

Planter du ricin les fait fuir selon certains jardiniers. À essayer. D'autres conseillent de planter des fritillaires. À essayer aussi.

Il se dit aussi que les taupes sont allergiques aux poils de chiens voire à nos propres cheveux. Une bonne poignée de l'un ou l'autre dans la galerie et adieu l'indésirable.

Anti moustiques

Savez-vous que les plantes aromatiques comme le basilic, la marjolaine, le thym, la lavande, de même que les géraniums, ont la vertu d'éloigner les moustiques ? À placer en pots sur vos balcons et terrasses, en jardinières devant vos fenêtres.

La chasse aux pucerons est ouverte

Grande chasseuse dévoreuse de pucerons : la larve de coccinelle. Récupérez-les sur vos arbres fruitiers, tel le prunier, et déposez-les sur les plantes à protéger.

Javel contre fourmi

Éloignez les fourmis en plaçant des papiers absorbants imprégnés d'eau de javel sur leur passage. Des citrons moisis leur font le même effet.

Les cochenilles dans un grand arbre

Difficile de traiter à la paraffine un platane pour combattre les cochenilles. Essayez plutôt d'attirer ses prédateurs naturels que sont les oiseaux, notamment les moineaux. Plantez donc des haies vives à baies d'hiver à proximité de vos grands arbres. Elles vont les attirer. Et placer dans les arbres des mangeoires dans lesquelles vous diminuerez progressivement les quantités de graines. Cela va être fatal aux cochenilles. Quand il n'y en a plus, réalimentez abondamment les mangeoires avec des graines additionnées de saindoux pour que vos amis les oiseaux passent bien l'hiver.

Les conseils de l'horticulteur

Pour éloigner les lapins

« Les lapins par exemple adorent les phlox. Mon truc c'est de vaporiser sur les fleurs visées un mélange de Tabasco et d'eau,

une petite bouteille pour 10 l d'eau. J'ai sauvé un champ de chrysanthèmes avec ce mélange. Résultat garanti. »

Alerte à l'araignée rouge et aux acariens

La chaleur et la sécheresse sont favorables à leur apparition. Ce sont redoutables suceurs et empoisonneurs de sève. Les feuilles deviennent gris satiné, les plantes meurent. Ils attaquent au verger, au potager les aubergines, les haricots, les arbres d'ornement, conifères, tilleuls dans le jardin, les rosiers...

Décoction de lierre et purin d'ortie sont des armes préventives conseillées. Arroser régulièrement et pailler pour conserver l'humidité sont souvent les gestes les plus efficaces.

Traiter le verger à l'huile blanche de pétrole l'hiver est utile. Et implantez-y des punaises. Elles font la guerre aux acariens. Et essayez de ne pas utiliser de fertilisants azotés (notamment pour le gazon).

Pour éloigner les rongeurs

L'écureuil gourmand

C'est sympa d'avoir des écureuils dans son jardin. Sauf qu'ils aiment jouer avec les bulbes de vos fleurs et même les grignoter. Recouvrez-les donc avec des poignées de cheveux. Cela ne fait pas de mal aux écureuils, mais ils n'aiment pas.

Chassez les mulots

Grand rongeur de bulbes et d'écorce, le mulot peut faire des dégâts dans vos plantations. L'une des techniques pour les éloigner consiste à les parsemer de boules antimites. Mettez-en aussi au pied des arbres. Faites-le en automne avant que le sol ne gèle.

Les vertus de l'ail

On ne sait pas si cela a un rapport avec l'utilisation de la gousse d'ail pour chasser les vampires mais toujours est-il que si vous plantez de l'ail en différents endroits de votre jardin, cela a la vertu de tenir éloignés les rongeurs.

La marmotte ne dort que d'un œil

Si vous êtes dans un pays à marmottes, vous risquez fort d'en voir dans votre potager. Quelques ballons d'enfants de couleurs vives les feraient fuir dit-on. Ou tout autre objet de couleur vive laissé dans le potager à dessein. À essayer.

planter en pots

pour la terrasse, le balcon, la maison

30 trucs & astuces

Terrasses et balcons, plantes d'intérieur

C'est l'univers des plantes en pots, en jardinières ou en bacs. Ces espaces permettent de créer de vrais jardins. Les bons gestes du jardinage y sont en partie évidemment différents de ceux des jardins en pleine terre.

Attention aux surchages

Le premier réflexe à avoir concernant la création d'un jardin sur un balcon ou une terrasse est de s'informer sur la charge que cette construction peut supporter. Même pour une terrasse, car elles ne sont pas toutes installées sur des butées de terre dans le prolongement du jardin. Et de toute façon, le revêtement lui-même a ses limites de charge. La terre est lourde. La terre mouillée encore plus !

Prudence

Sur un balcon, choisissez plutôt d'accrocher vos jardinières vers l'intérieur et vérifiez la solidité de leurs attaches régulièrement. En cas de chute et d'éventuel accident, vous seriez responsable. Ne sous-estimez pas la force du vent et tenez compte du fait que des animaux peuvent bousculer des pots.

Microclimats

Orientation, présence de murs, d'immeubles, d'arbres... Un balcon ou une terrasse, ce sont des microclimats originaux dont il faut tenir compte pour organiser ses plantations. Par exemple, des murs blancs au soleil renvoient une lumière et une chaleur intenses qu'il faudra sûrement atténuer... Stores, parasols, pergola s'imposeront.

Les conseils du jardinier

Rien ne vous empêche de créer un petit potager sur votre balcon. Mais n'oubliez pas que ce sont quand même des cultures qui demandent plus d'attention que les jardinières de fleurs. Il y faut des arrosages quotidiens, des apports d'engrais. Prévoir des bacs les plus grands possibles. Aromatiques, tomates, concombres, poivrons, laitues à couper, fraisiers y pousseront sans problème. C'est en revanche peu adapté pour les légumes-racines, à l'exception des radis.

Gare aux inondations

Prévoyez des soucoupes suffisamment grandes sous vos pots pour que les arrosages ne débordent pas. Et arrosez plutôt en moindre quantité mais en plusieurs fois. Les bacs à réserve d'eau sont une bonne solution. Ils n'ont qu'un seul inconvénient : leur prix. Mais rappelez-vous que devant la loi c'est toujours celui qui jouit du balcon qui est responsable des nuisances.

Toujours propres !

Difficile de faire ses plantations, ses repiquages, ses rempotages sans que de la terre tombe et, sur un balcon ou une terrasse, salisse. La solution est d'étendre une bâche et de faire tous ses travaux de jardinage dessus.

Soignez le drainage

En pot, en bac ou en jardinière, les plantes vivent dans un faible volume de terre qui a tendance en plus à se tasser, arrosage après arrosage. Devenue compacte, moins aérée, cette terre asphyxie les racines. Voilà pourquoi le drainage est si important. Commencez toujours par mettre une couche drainant de 2 à 3 cm d'épaisseur au fond de tous les récipients. Les billes d'argile expansée sont parfaites. Une couche de petits graviers peut faire l'affaire.

Allégez les substrats

Pour les plantes en pots, plus le substrat est léger et aéré, mieux c'est. Un terreau bien émietté, des ajouts de vermiculite ou de perlite dans les grands bacs, permettent d'avoir une terre pas trop compacte et pas trop lourde qui laisse respirer les racines.

conseils malins

VOYEZ GRAND

Le matériau des contenants, terre cuite, plastique, bois, métal, n'a pas d'autre importance qu'esthétique. En revanche la dimension a un très grand rôle dans la réussite des plantations. Ne descendez jamais en dessous de 20 cm de diamètre. Et choisissez des profondeurs adaptées aux plantations prévues. Dans moins de 20 cm, rien ne pousse à l'aise hormis quelques bulbes et plantes naines. Pour les herbacées jusqu'à 60 cm de hauteur, il faut des contenants de 30 cm de profondeur. Vivaces et arbustes d'1 m de hauteur peuvent tenir dans des pots de 40 cm de profondeur. Au-delà, cela conviendra même à de petits arbres.

Trempotez vos pots

La terre cuite est poreuse et elle tend à aspirer l'humidité du substrat. Que le pot soit neuf ou que vous le réutilisiez, faites le toujours tremper un bon quart d'heure dans de l'eau avant de faire votre plantation ou votre rempotage.

Fertilisez

En pot, il n'y a pas beaucoup de terre et elle s'épuise plus vite qu'au jardin. Du coup, il est très important de fertiliser. En période de croissance, au printemps, et en été pour la floraison. Bien respecter les dosages indiqués sur les étiquettes. Surdoser, pour la plante, c'est comme une overdose. Elle peut en mourir. En cas d'erreur, arrêter immédiatement les engrais, surfacer sur quelques cm et arroser. On peut d'ailleurs aussi surfacer régulièrement ses plantations toute l'année, c'est-à-dire enlever quelques cm de vieille terre et la remplacer par du terreau neuf. Cela permet de diminuer les apports d'engrais.

Faites briller les feuillages

Essuyez les feuilles de vos plantes en pot avec un chiffon imbibé de bière. Vous serez surprise de leur éclat.

Dépoussiérez vos cactus sans vous piquer

La solution : faites-le au sèche-cheveux, réglé au moins chaud évidemment.

Bouture de cactée

Vos tronçons de cactée destinés à un bouturage doivent être mis à sécher plusieurs jours avant d'être replantés pour que la bouture ait une chance de prendre.

Conservez plus longtemps vos fleurs coupées

Un peu de sel dans l'eau du vase prolonge la vie des fleurs. Pour empêcher l'apparition de moisissures et les garder fraîches plus longtemps, vous pouvez aussi verser quelques gouttes d'eau de javel.

Ranimez une plante après un coup de chaleur

Arrosez d'abord abondamment. Puis immergez le pot dans une bassine d'eau mélangée à une petite quantité de vinaigre blanc. Une fois la motte imbibée jusqu'à la surface, dépotez et enveloppez-la dans du papier journal détrempé. Laissez la reposer au moins 2 heures dans un endroit humide.

De la lumière en hiver

Vos plantes sont comme vous, elles manquent de lumière en hiver. Il existe des spots spéciaux pour cela. Moins cher et aussi efficace : déplacez-les près de vos lampadaires et de vos lampes sur pied.

Faites refleurir votre poinsettia

On appelle aussi « étoile de Noël » cette jolie plante en pot dont on confond les bractées rouge vif, roses ou blanches (un élément de la plante qui entoure la fleur) avec la fleur elle-même, minuscule et jaune. Mais elle est capricieuse pour refleurir et beaucoup l'abandonnent alors. À tort car il y a une astuce pour la forcer à refleurir : Il lui faut au moins 14 heures d'obscurité par jour dans une période de 40 jours. Recouvrez-la d'un sac fin octobre et vous aurez à nouveau des fleurs pour Noël.

La bouture de poinsettia est des plus faciles

Il suffit de couper une jeune tige et de la planter dans du sable humidifié. Attention en les manipulant. Elles produisent un latex toxique dangereux pour vos yeux et votre bouche. Passez ces tiges sous l'eau chaude ou à la flamme d'un briquet pour stopper les écoulements.

Faites refleurir votre violette du Cap

Encore une plante à fleurs qui ne refleurit pas facilement sauf si on prend quelques précautions : d'abord veillez à bien supprimer les fleurs fanées au fur et à mesure. Après la floraison, laissez-la au sec un mois. Recommencez les arrosages et les apports au printemps et en été, placez-la dans un endroit très lumineux et éclaircissez-la.

Bouturez dans un verre

Prenez une jeune feuille de votre violette du Cap avec une longueur de tige de la taille d'un verre. Couvrez ce verre rempli d'eau d'une feuille de carton ou de papier d'alu percée d'un trou. Faites passer la tige par ce trou de façon que les feuilles ne touchent pas l'eau. Des racines apparaîtront au bout d'environ 3 semaines. Replantez alors dans la terre.

Tapissez vos jardinières suspendues

Choisissez un panier en métal, en osier ou en terre cuite et tapissez-le soigneusement de mousse. Puis, remplissez-le de compost riche. Plantez-y des fleurs en godets telles que des alysses, des bégonias, des capucines naines ou des géraniums auxquelles vous ajouterez des asparagus ou du lierre à petites feuilles.

Et n'oubliez pas que les jardinières suspendues se dessèchent plus vite que les bacs et les pots.

Un ficus encombrant

Bien qu'on ne taille pas un ficus, on peut être conduit à devoir lui couper quelques tiges devenues trop encombrantes. Dans ce cas, saupoudrez du charbon de bois sur les coupes pour bloquer l'écoulement de sève.

conseils malins

QUELQUES PLANTES QUI ASSAINISSENT L'AIR

On a encore le droit de fumer chez soi mais pourquoi ne pas aussi avoir des plantes qui absorbent la fumée et les pollutions diverses de l'air ?

Des plantes « écolos » comme le chlorophytum, le bananier nain ou le sanséviera. Le syngonium, le scindapsus, le spathiphyllum et le pépéromia ont aussi cette réputation, le dernier nommé étant plus particulièrement capable de rééquilibrer une atmosphère polluée par le fonctionnement des appareils électriques.

Rempotez après un accident

Un pot cassé et il faut rempoter. Si c'est une fleur, le mieux est de couper la hampe florale. Toute l'énergie de la plante sera ainsi consacrée à sa reprise dans son nouveau milieu.

yucca enkele

violette africaine

géraniums en pots

ZOOM

Osez les orchidées

Elles sont moins difficiles à réussir qu'on ne le dit. Et, avec un peu d'attention, vous profiterez toute l'année de ces somptueuses fleurs.

Question de température

Choisissez la bonne espèce. Tout dépend de la température moyenne chez vous. Si votre maison ou votre appartement sont très chauffés, orientez votre choix vers les espèces de serre chaude. Si les nuits y sont fraîches et que vous n'aimez pas chauffer, ce sont les espèces de serre froide qui s'y sentiront le mieux. Entre les deux, choisissez des espèces de serre tempérée.

Les orchidées de serre froide

- cymbidium
- dendrobium
- oncidium
- miltonia
- pleione

Il leur faut 10 °C minimum, pas trop de chaleur dans la journée et des nuits fraîches. Ne les placez pas derrière des fenêtres orientées au sud sans rideaux. Elles n'aiment pas les variations brutales de température, ni les courants d'air.

en haut à gauche :
orchidée les sabots-de-Vénus.

en haut à droite :
orchidée phalaenopsis.

ci-contre :
orchidée cymbidium.

en bas :
orchidée vandas.

page de droite, en bas :
orchidée cattleyas

ZOOM

Osez les orchidées (suite)

Les orchidées de serre tempérée

- cattleyas
- sabots-de-Vénus

De 13 °C en hiver à 30 °C en été, saison où il faut beaucoup les vaporiser. Elles aiment les fortes lumières.

Les orchidées de serre chaude

- phalaenopsis
- vandas

Il leur faut au moins 18 °C, sans trop d'écart entre le jour et la nuit. Une bonne lumière et des arrosages réguliers vous feront bénéficier de plusieurs floraisons dans l'année.

orchidée oncidium

orchidée dendrobium

le verger

s'occuper du verger

180 trucs & astuces

Les trucs du verger

« Fleurs de février laissent le panier vide »

Ne vous réjouissez pas de voir par les hivers doux vos arbres fruitiers fleurir en février. Surtout si le redoux est suivi de gelées tardives qui vont flétrir cette floraison, qui du coup ne se transformera jamais en fruits. Il n'y a malheureusement rien à faire. La nature commande.

Les lupins anti-vers

Pensez à planter quelques lupins près de vos framboisiers. Ils ont la vertu de faire fuir le ver des framboisiers.

Pour conserver vos framboises

Si vous ne consommez pas votre récolte le jour même, mieux vaut cueillir vos framboises en coupant leur pédoncule aux ciseaux. Le cœur reste alors dans la baie et elles se conserveront mieux.

La patience des « anciens »

L'une des meilleures méthodes pour protéger les fruits de la gourmandise des insectes et des oiseaux est celle que pratiquait nos « anciens » : l'ensachage. Ensacher consiste à enfermer chaque jeune fruit sur l'arbre dans un sac en papier cristal.

La tête en bas

Si vous avez à stocker une récolte de pommes, prévoyez un local frais et aéré dans lequel vous installerez des clayettes, c'est à dire des éta-

Les conseils de l'arboriculteur

A l'annonce de fortes gelées, n'hésitez pas à arroser vos arbres fruitiers tout le temps que durent ces gelées. Bourgeons et jeunes rameaux seront ainsi protégés des froids extrêmes par la pellicule de glace formée par l'eau d'arrosage.

gères à claire voie. Poser les pommes sur une seule couche et la tête en bas pour retarder l'évaporation de l'eau par le pédoncule. Elles mûriront beaucoup plus lentement.

Planter en automne

En automne, la terre est humide et l'enracinement se fera plus en profondeur. Un arbre fruitier de 3 ans à racines nues planté fin novembre sera productif dès le printemps suivant.

Des arbres de petite taille

Il est tout a fait possible de cultiver des arbres fruitiers de petite taille, même des cerisiers. Il faut pour cela vous procurer des arbres greffés sur des porte-greffes à faible végétation. Ces arbres croissent plus vite et portent des fleurs, puis des fruits, de taille normale eux, en moins de 3 ans.

Découvrez les formes des arbres fruitiers

Le plus simple, **le scion**, est un arbre greffé d'1 an et demi, composé d'une seule tige d'environ 1,50 m avec très peu de ramifications. Mais le pépiniériste propose plutôt des arbres déjà formés par tailles successives :

• **Les cordons** ont un tronc et des ramifications latérales, 1 ou 2 bras courbés à angle droit à 40 ou 80 cm de hauteur.

• **Les palmettes** sont une forme plate à deux ou quatre branches. Parfaites contre un mur ou un espalier.

• **Les fuseaux et quenouilles** ont un tronc court et des branches charpentières dans toutes les directions. Ce sont des arbres de 3 m de hauteur en moyenne.

• **Les arbres demi-tiges** ont un tronc d'1 m à 1,30 m et ensuite une ramure de l'ordre de 3 m d'envergure. La cueillette est à portée de main ou d'escabeau.

• **Les arbres-tiges**, ce sont les grands. Ils font 5/6 m de hauteur et les plus grands atteignent 10 m comme les poiriers Curé. Là, il faut une échelle.

On taille pour avoir plus de fruits

Il est tout à fait possible de cultiver les arbres fruitiers en forme libre. Ils sont, dans ce cas, joliment dit, de « pleins vents ». Mais le plus souvent, on les taille pour favoriser la fructification en éliminant les pousses en surnombre et en raccourcissant celles qui vont porter des fruits.

Bon à se rappeler

On appelle «taille trigemme», ou taille à 3 yeux, la taille des pommiers et des poiriers parce que son principe est de ne laisser que 3 bourgeons par pousse. Mais s'il s'agit d'un bouton à fruit, on n'en laisse qu'un.

Comment reconnaître dard, œil à bois et bouton à fruit ?

Tous sont des yeux ou bourgeons mais tous ne servent pas à la même chose.

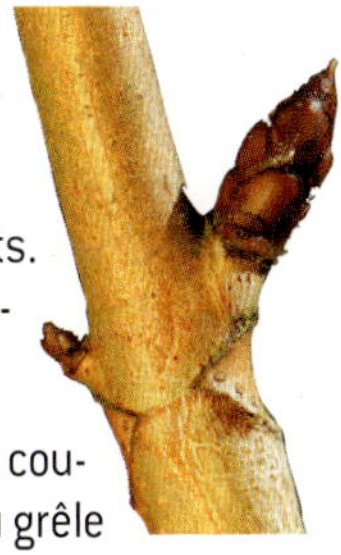

- Les yeux à bois deviendront de nouvelles pousses feuillues. Ce sont juste des renflements pointus. Ils sont les yeux les plus petits.
- Les dards deviendront des boutons à fruits. Ils sont de forme pointue et triangulaires, et souvent portés par un pédoncule ridé.
- Les boutons à fruits sont les plus gros. Renflés et couverts d'écailles , ils sont soit au bout d'un rameau grêle ou au bout d'une pousse latérale.

La bourse

C'est l'endroit où il y a eu un fruit. Il en reste une sorte de cicatrice spongieuse qui porte des dards et des boutons à fruits.

Evitez de tailler les arbres à noyaux

Cerisiers, abricotiers, pruniers... pleurent de la gomme quand on les taille. Cette substance ambrée et collante est un paradis à parasites.

Protégez votre figuier à l'anglaise

Par climat froid, il vaut mieux limiter la hauteur du figuier à 3 m. L'hiver, enveloppez-le d'un manteau « anglais » en liant ses branches et en les recouvrant d'un manteau de paille et de voiles d'hivernage qui laissent passer l'air.

Faites bouger vos fraisiers

Pour éviter qu'ils ne dégénèrent, il ne faut pas garder vos fraisiers en place plus de 3 ans. Achetez de nouveaux plants certifiés sans virus et changez d'emplacements.

Pas au même endroit

Vous voulez remplacer votre vieux pommier par un jeune. Pourquoi pas ? Mais surtout ne le plantez pas au même endroit. Les arbres fruitiers sécrètent dans la terre des toxines nuisibles aux arbres de la même espèce. Il est possible de replanter une autre espèce, poirier, prunier... à condition de bien enlever les racines de l'arbre supprimé.

le verger

comment le faire ?

La greffe en demi-fente

1 Sur un porte-greffe à la coupe bien nette, faire une fente de 5/6 cm en utilisant une cale en bois pour taper sur une lame très tranchante (greffoir, serpette).

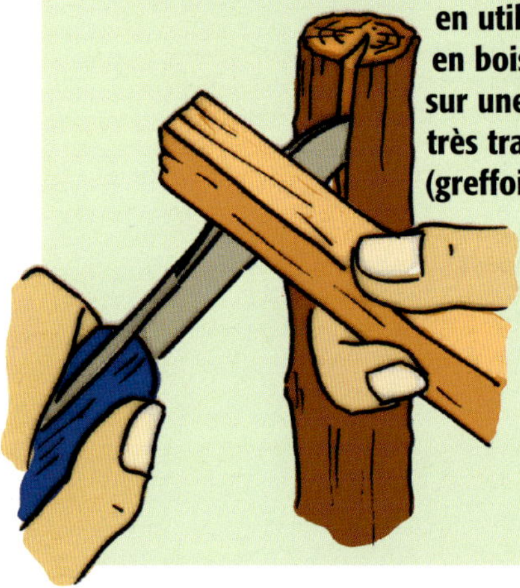

2 Tailler sur 4 cm en biseau sous un œil. Le greffon est un jeune rameau d'une quinzaine de cm, bien lignifié, à effeuiller sans le blesser.

3 Enfoncer délicatement le greffon dans la fente en vous aidant du greffoir pour l'écarter. L'œil, tourné vers l'extérieur, doit arriver au niveau de la coupe.

4 Maintenir en place par une ligature de raphia. Recouvrir avec du mastic à greffer en veillant à ne pas en mettre sur l'œil. Lorsque la greffe aura repris, enlever cette protection.

La greffe en couronne

1 Scier les branches principales, dites charpentières, du porte-greffe, le plus près possible du tronc. Il faut une coupe lissée, sans lambeaux. Finir à la serpette.

2 Faire les incisions dans l'écorce sans blesser le bois. Laisser au moins 5 cm entre chaque. Écarter légèrement l'écorce d'un seul côté de l'incision avec la spatule du greffoir.

3 Tailler les greffons en biseau derrière l'œil du bas. Prévoir un épaulement comme point d'appui du greffon pour son maintien sur la coupe. Supprimer un peu d'écorce en bas pour qu'il n'y ait pas de plissement.

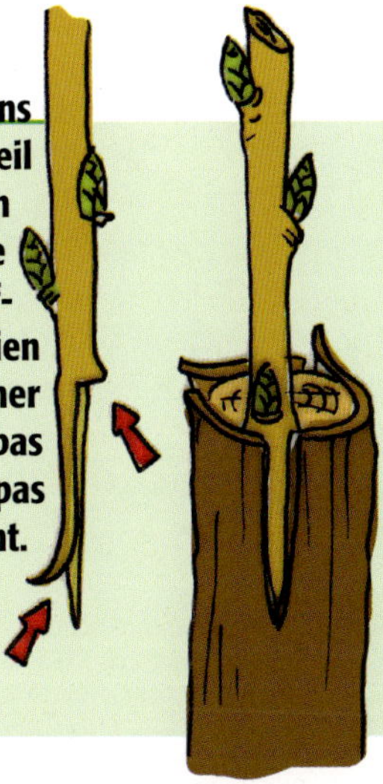

4 Placer les greffons derrière les morceaux d'écorce soulevés en 2 et ligaturer avec du raphia. Tout recouvrir, y compris la coupe de la branche, avec du mastic à greffer.

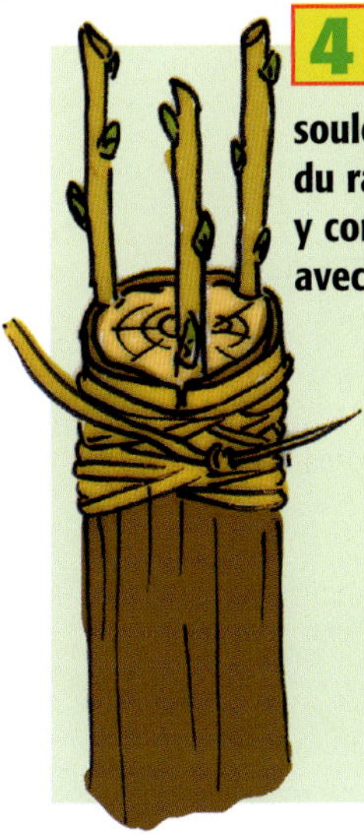

Planter un cerisier

1 **Creuser un trou de plantation**

de volume au moins double de celui de la motte ou de celui des racines de l'arbre. Labourer le fond pour décompacter et épandre un engrais.

2 **Si l'arbre est à racines**

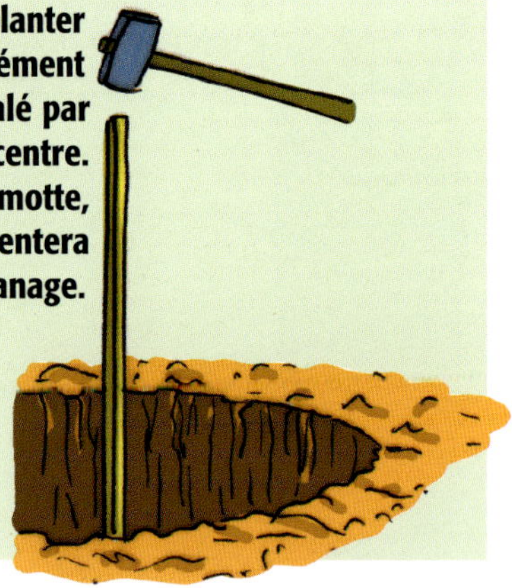

nues, planter profondément un tuteur décalé par rapport au centre. Si l'arbre est en motte, on se contentera du haubanage.

3 Placer l'arbre après avoir retaillé le bout des racines et rabattu d'1/3 la ramure.
S'assurer que le point de greffe est au niveau du sol.
Reboucher en émiettant et bien tasser.
Laisser se former une cuvette et la remplir d'eau.

4 Haubaner en plaçant 3 piquets de 1 à 2 m du tronc suivant sa hauteur.
Relier à la fourche formée par les premières branches avec du fil de fer tendu. Protéger l'écorce.

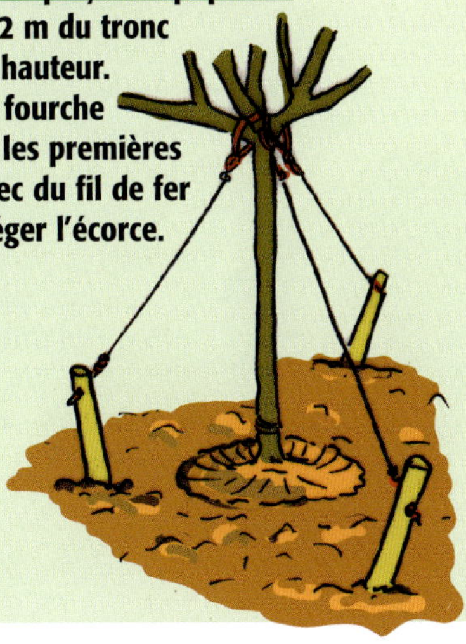

La fertilisation et le paillage, l'exemple du fraisier

1 **Couper au sécateur ou aux ciseaux les tiges qu'on appelle des stolons.** Ils partent du plant et ne font que l'épuiser. Ne pas tirer dessus. Le risque serait de tout arracher.

2 **Doper le redémarrage** avec un engrais riche en azote spécialement destiné aux fraisiers. Dans le cas des fraisiers plantés sur film plastique, diluer cet engrais et arroser.

3 Pour les fraisiers en terre libre, épandre l'engrais à la main entre les touffes sur une terre humide. Respecter les doses préconisées et griffer légèrement pour l'enfouir.

4 Protéger avec un paillage bien aéré d'au moins 5 cm d'épaisseur pour conserver l'humidité du sol et isoler les fruits de la terre. Ils seront plus faciles à ramasser.

s'occuper du verger

les fiches verger

les symboles utilisés

ensoleillement et intempéries

plein soleil

mi-ombre

ombre

supporte la chaleur

craint le gel

ne craint pas le gel

arrosage

faible

moyen

fort

croissance

faible

moyenne

forte

terres

ne supporte pas les terres calcaires

a besoin de terre de bruyère

fructification

J	F	M	A	M	J	J	A	S	O	N	D

les mois en jaune sur fond bleu indiquent la période de fructification

Abricotier *Prunus armeniaca*

FAMILLE : petit arbre de la famille des Rosaceae. **TERRE :** légère, même caillouteuse et calcaire. **EXPOSITION :** à l'abri des vents froids et des gelées. **CULTURE :** planter des arbres greffés d'octobre à mars. Éclaircir fin avril les arbres très chargés. Traiter contre la cloque. Tailler aussi peu que possible pour éviter la gomme. Équilibrer en novembre. Mastiquer les plaies de coupe. Garder le sol nu et pailler l'été.
DESCRIPTION : arbre également ornemental avec des feuilles vert brillant et une belle floraison parfumée blanc rosé à la mi-mars. Cueillir les fruits dès qu'ils se tâchent de rouge. **ORIGINE :** nord de la Chine, Turkestan.
DIMENSION : de 4 à 6 m de hauteur pour 3 à 4 m d'envergure.

Amandier *Prunus amygdalus (prunus dulcis)*

FAMILLE : petit arbre de la famille des Rosaceae. **TERRE :** légère, pierreuse, calcaire. **CULTURE :** planter en automne. Apports d'engrais au printemps et en automne. Épandre du fumier décomposé au printemps. Arroser l'été par temps chaud. Il vaut mieux planter 2 variétés compatibles pour une bonne pollinisation. **DESCRIPTION :** les feuilles lancéolées, « vert amande » sont étroites. Superbe floraison rose ou blanche très précoce dès février. Craint les gelées de printemps. Fruits veloutés gris-vert qui contiennent l'amande. Plusieurs variétés à fruits à coques tendres ou dures. À récolter en vert en juillet pour consommation immédiate, en sec fin septembre pour la conservation. **ORIGINE :** Afrique du Nord, ouest de l'Asie. **DIMENSION :** de 6 à 8 m de hauteur pour 3 à 4 m d'envergure.

Cassissier *Ribes nigrum*

FAMILLE : arbuste de la famille des Grossulariaceae. **TERRE :** plutôt lourde et profonde, fraîche.
EXPOSITION : soleil tempéré, à l'abri des gelées printanières. **CULTURE :** opérer comme pour le groseillier. Planter 2 variétés différentes pour une bonne pollinisation, un pollinisateur pour 4 plants.
DESCRIPTION : spontané dans les bois du nord-est de l'Europe. Feuillage aromatique. Fleurs en clochettes rouges qui se transforment en baies noires au goût assez fort et acide. Récolter à maturité dès que les premiers fruits tombent. **ORIGINE :** un arc qui va des Pyrénées à l'Asie centrale. **DIMENSION :** de 1 à 1,5 m de hauteur pour 80 cm à 1 m d'envergure.

Prunus cerasus — Cerisier

FAMILLE : arbre de la famille des Rosaceae. **TERRE :** légère, profonde, même caillouteuse ou calcaire. Pas trop d'humidité. **EXPOSITION :** soleil tempéré, à l'abri des vents forts.

CULTURE : planter des cerisiers greffés d'octobre à mars. Tuteurer et remplir le fond du trou d'un seau de compost, de quelques poignées d'engrais et de 50 à 80 g de sulfate de magnésium. Bien suivre les indications de fertilisation et d'amendements du sol. De même pour les traitements contre les pucerons, les nuisibles et les maladies.

DESCRIPTION : somptueuse floraison tardive et abondante fructification caractérisent le cerisier. Nombreuses variétés aux maturités qui se suivent de mi-mai à fin juillet. Il vaut mieux en associer plusieurs pour une meilleure pollinisation. Les fruits se cueillent avec les pédoncules quand ils sont très colorés. **ORIGINE :** Asie Mineure. **DIMENSION :** de 6 à 12 m de hauteur pour 4 à 7 m d'envergure.

Castanea sativa — Châtaignier

FAMILLE : grand arbre de la familles des Fagaceae. **TERRE :** légère, profonde, acide. **CULTURE :** planter en automne. Tuteurer et fertiliser au printemps. Taille hivernale pour l'équilibrage.

DESCRIPTION : rustique avec une ramure arrondie.

Le feuillage devient roux doré en automne. Les fruits tombent naturellement et se ramassent au sol. Les laisser tremper en bassine d'eau, les égoutter et les conserver dans du sable. Plusieurs variétés. Le marron est une grosse châtaigne sans cloisons.

ORIGINE : sud de l'Europe, Afrique du Nord, Asie Mineure.

DIMENSION : de 15 à 20 m de hauteur pour 8 à 15 m d'envergure.

Citronnier *Citrus limon*

FAMILLE : arbrisseau de la famille des Rutaceae. **TERRE :** légère, souple, bien drainée. En pot : terreau « agrumes » ou mélange pour moitié de terreau pour rosiers et de terre de jardin. **CULTURE :** planter au printemps ou sortir les potées après les gelées. Engrais « agrumes » avant la première floraison et en septembre. Arroser tous les 2 jours. Fertiliser. Tailler 4 à 5 fois par an. Hiverner entre 5 et 12 °C sauf dans le midi. **DESCRIPTION :** feuilles ovales épineuses à la base, fleurs blanches et parfumées. Cueillir les citrons au fur et à mesure quand ils se détachent facilement. **ORIGINE :** Cachemire. **DIMENSION :** de 2 à 6 m de hauteur pour 1,5 à 4 m de hauteur.

Cognassier *Cydonia oblongua*

FAMILLE : arbre de la famille des Rosaceae. **TERRE :** profonde, fraîche, peu calcaire. **EXPOSITION :** soleil tempéré et mi-ombre, à l'abri du vent. **CULTURE :** planter de novembre à mars. Beaucoup arroser par temps sec. Pailler avec du fumier décomposé au printemps. Éliminer les tiges âgées et aérer le centre. **DESCRIPTION :** rustique. Il devient jaune ombré de rouge en automne. Grandes fleurs blanc rosé suivies de fruits parfumés. Les cueillir bien mûrs avant les gelées. **ORIGINE :** Iran, Turkestan. **DIMENSION :** de 4 à 5 m de hauteur pour 2 à 3 m d'envergure.

Figuier *Ficus carica*

FAMILLE : arbre de la famille des Moraceae. **TERRE :** légère, plutôt sèche, pauvre et calcaire. **EXPOSITION :** plein soleil, à l'abri du froid. **CULTURE :** planter au printemps, près d'un mur au sud dans les régions fraîches. Arroser généreusement quand les fruits apparaissent. Pailler au compost. Taille d'équilibrage, puis tailles de fructification. **DESCRIPTION :** très ornemental avec ses immenses feuilles découpées brillantes et vert foncé. Le fruit, ce sont en réalité les grains contenus dans la figue qui n'est qu'un réceptacle charnu de l'inflorescence. Les récolter quand elles se détachent facilement. **ORIGINE :** Afghanistan. **DIMENSION :** de 6 à 10 m de hauteur pour 4 à 6 m d'envergure.

Opuntia ficus-indica — Figuier de Barbarie

FAMILLE : cactus arbustif de la famille des Cactaceae.
TERRE : sablonneux, sec, caillouteux, aride et même calcaire.
EXPOSITION : plein soleil, grande chaleur, à l'abri des gelées.
CULTURE : planter au printemps une raquette qui va servir de bouture. Laisser faire la nature. Planter en pot dans les régions froides et l'hiverner. Couper les parties mortes ou sèches.
DESCRIPTION : tronc ligneux avec des plaquettes arrondies, charnues et épineuses. Belles fleurs en coupe jaune orangé qui se transforment en fruits épineux également jaune orangé. Les brosser pour enlever les épines.
ORIGINE : Amérique centrale. **DIMENSION :** de 1 à 3 m de hauteur pour 1 à 2 m d'envergure.

Fragaria vesca — Fraisier

FAMILLE : vivace de la famille des Rosaceae. **TERRE :** riche, bien drainée, plutôt acide et humifère. Apporter un fertilisant organique à la plantation.
EXPOSITION : soleil tempéré, mi-ombre.
CULTURE : planter à l'automne tous les 30/40 cm en rangs espacés de 50 cm sans enterrer le cœur du fraisier. Fertiliser avec de l'engrais fraisier. Renouveler après la récolte. Traiter contre les pucerons et maladies. Arroser régulièrement et pailler. Supprimer les stolons, des longues pousses qui s'enracinent. Récolter les fraises mûres en coupant le pédoncule.
ORIGINE : Chili. **DIMENSION :** de 20 à 40 cm de hauteur 15 à 30 cm d'envergure.

Framboisier — ***Rubus idaeus***

FAMILLE : arbuste épineux de la famille des Rosaceae. **TERRE :** fraîche, bien drainée, humifère, et même calcaire. **CULTURE :** planter de novembre à février dans un sol bien nettoyé un plant tous les 40/50 cm. Orienter les lignes nord-sud pour éviter les ombres portées. Espacer de 1,20 m. Installer piquets et fil de fer pour attacher les branches, ou palisser sur un grillage. Arroser l'été. Pailler au compost en automne. Surveiller le puceron vert. Tailler toute l'année les drageons en surnombre. Rabattre après la récolte. **DESCRIPTION :** rustique mais sélectionné au fil des siècles. Forme remontante ou non. Détacher avec délicatesse les fruits de leurs pédoncules lorsqu'ils sont bien colorés. Grand choix de variétés avec des maturités de mi-juin à mi-octobre **ORIGINE :** Europe occidentale. **DIMENSION :** de 1,5 m à 2 m de hauteur pour 1 à 3 m d'envergure.

Groseillier à grappes — ***Ribes rubrum***

FAMILLE : arbuste de la famille des Grossulariaceae. **TERRE :** bien drainée, même pauvre mais pas trop calcaire ni humide. **EXPOSITION :** soleil tempéré à mi-ombre, abritée. **CULTURE :** planter assez profond d'octobre à mars. Praliner les racines des plants achetés racines nues. Traiter en février contre cochenilles et acariens et mars-avril avec un fongicide contre l'oïdium. Mettre des filets contre la gourmandise des oiseaux. Tailler, rabattre, pincer selon les indications. **DESCRIPTION :** spontanée dans l'hémisphère Nord. Buissonnant avec un feuillage aromatique. Fleurs insignifiantes qui deviennent des baies translucides rouges, blanches, et très rarement noires, en grappes. Les cueillir quand les fruits sont bien colorés. **DIMENSION :** de 1 à 1,5 m de hauteur pour 80 cm à 1 m d'envergure.

Ribes grossularia var.uva-crispa — Groseillier à maquereau

FAMILLE : arbuste épineux de la famille Grossulariaceae. **TERRE :** fraîche, pas trop calcaire. **EXPOSITION :** redoute les fortes chaleurs et la sécheresse. **CULTURE :** planter d'octobre à mars dans des trous enrichis de fumier déshydraté ou de compost décomposé et d'une poignée d'engrais potassé. Bien enterrer la motte. Tasser et beaucoup arroser. Traiter contre les cochenilles et les acariens et au fongicide contre les maladies. Tailler et pincer. **DESCRIPTION :** buisson épineux. Floraison discrète et fruits verts, blancs, jaunes ou rouges selon la variété. À récolter quand ils se détachent facilement. **ORIGINE :** Europe du Nord. Croisement avec une espèce d'Afrique du Nord. **DIMENSION :** de 80 cm à 1,2 m de hauteur pour 70 à 80 cm d'envergure.

J F M A M J J A S O N D

Actinidia chinensis — Kaki

FAMILLE : arbre de la famille des Ebenaceae. **TERRE :** sableuse, riche et profonde. **EXPOSITION :** plein soleil, chaleur, à l'abri des vents. **CULTURE :** planter en automne. Tuteurer. Arroser par temps sec. Étayer les branches chargées de fruit en automne. Tailler pour aérer le centre. **DESCRIPTION :** grandes feuilles vert foncé qui deviennent orange pourpre en automne. Les fruits orange vif se récoltent à la mi-novembre et ne se consomment que quasiment blets. **ORIGINE :** Chine. **DIMENSION :** de 6 à 10 m de hauteur pour 3 à 5 m d'envergure.

J F M A M J J A S O N D

Actinidia chinensis — Kiwi

FAMILLE : grimpante volubile de la famille des Actinidiaceae. **TERRE :** légère, fraîche, profonde et non calcaire. **EXPOSITION :** chaude, ensoleillée, aérée et abritée des vents forts. **CULTURE :** planter 1 plant mâle pour au moins 5 plants femelles après avoir mis du fumier décomposé et de l'engrais au fond du trou. Pailler l'hiver. Palisser au fur et à mesure. Arroser généreusement d'avril à juillet, ralentir en août et septembre. Fertiliser en automne. Tailler en décembre-janvier. **DESCRIPTION :** liane à la croissance rapide (3 à 5 m par an). Les fleurs blanc crème puis jaune chamois apparaissent après 3/4 ans. Nombreux fruits sur les pieds femelles à cueillir encore verts et conserver 1 mois en cave au frais. **ORIGINE :** Chine. **DIMENSION :** de 6 à 8 m de hauteur pour 6 à 10 m d'envergure.

J F M A M J J A S O N D

Mandarinier, clémentinier *Citrus reticulata*

FAMILLE : arbre de la famille des Rutaceae. **TERRE :** légère, humifère, fraîche l'été.
CULTURE : planter au printemps ou sortir les pots en mai. Pailler en été. Fertiliser. Aérer la ramure au 1er printemps. Supprimer les bois morts. **DESCRIPTION :** c'est l'agrume qui s'adapte le mieux aux régions froides. Le clémentinier est une variété de mandarinier. Les mandarines sont plus grosses et chargées de pépins. Fleurs blanches parfumées en même temps que les fruits. Les cueillir quand ils se détachent facilement. La couleur n'est que le signe de la résistance au froid, pas du mûrissement. **ORIGINE :** Chine et Japon.
DIMENSION : de 6 à 8 m de hauteur pour 3 à 4 m d'envergure.

Myrtille, airelle *Vaccinium spp.*

FAMILLE : arbuste de la famille des Ericaceae. **TERRE :** acide et humifère, bien drainée. Terre de bruyère. **EXPOSITION :** soleil tempéré ou mi-ombre, même dense. À l'abri des vents et des fortes chaleurs. **CULTURE :** planter d'octobre à mars. Apporter du terreau d'écorce décomposée. Arroser beaucoup en été. Pailler. Après trois ans, apporter de l'engrais et commencer à tailler. **DESCRIPTION :** le feuillage devient doré, rouge cuivré en automne. Les fleurs en grappes deviennent des baies bleu foncé. À récolter au fur et à mesure du mûrissement. La myrtille des jardins est un croisement de myrtille sauvage d'Europe et de myrtille américaine. Planter plusieurs variétés pour des pollinisations croisées qui assurent des productions plus abondantes. **DIMENSION :** de 50 cm à 1,5 m de hauteur pour 50 cm à 1 m d'envergure.

Mespilus germanica — Néflier commun

FAMILLE : petit arbre de la famille des Rosaceae. **TERRE :** profonde, bien drainée, même calcaire. **EXPOSITION :** à l'abri des vents. **CULTURE :** planter d'octobre à mars. Tuteurer, fertiliser au printemps, pailler l'été. Aérer le centre tous les 6/7 ans.

DESCRIPTION : très rustique. Jolies fleurs blanches ou roses en coupe. Les fruits ont des vertus officinales et se récoltent idéalement après une gelée qui les rend blets. Stocker dans un endroit frais et sec. Consommer après 1 mois. **ORIGINE :** sud-est de l'Europe et nord de l'Iran. **DIMENSION :** de 5 à 8 m de hauteur pour 3 à 5 m d'envergure.

Eriobotrya japonica — Néflier du Japon

FAMILLE : petit arbre frileux de la famille des Rosaceae. **TERRE :** consistante et profonde. Tolère un peu de calcaire. **EXPOSITION :** à l'abri des vents froids. **CULTURE :** dans le midi et dans l'ouest, planter au printemps à l'abri d'un mur au sud. Ailleurs, en bac. Arroser par temps sec. Fertiliser. Pailler toute l'année. Éliminer les pousses qui ont produit des fruits.

DESCRIPTION : feuillage ovale gaufré en rosette. Fleurs blanches parfumées. Les fruits, sensibles au gel, se récoltent bien mûrs d'avril à juin. **ORIGINE :** centre de la Chine. **DIMENSION :** de 5 à 6 m de hauteur pour 3 à 4 m d'envergure.

Corylus avellana — Noisetier

FAMILLE : grand arbuste de la famille des Betulaceae. **TERRE :** légère, même rocailleuse, peu calcaire, ni argileuse, ni humide. **CULTURE :** planter en automne. Traiter contre le ver des noisettes (balanin). Tailler les rejets et les tiges sèches en février. Dégager le centre.

DESCRIPTION : rustique avec un beau feuillage jaune en automne. Cueillir les noisettes quand elles se détachent d'elles-mêmes. Les faire sécher et les conserver dans un local aéré et frais. Plusieurs variétés dont le décoratif noisetier à feuilles pourpres. **ORIGINE :** Europe, ouest de l'Asie, Afrique du Nord. **DIMENSION :** de 3 à 5 m de hauteur pour 2 à 4 m de hauteur.

Noyer *Juglans regia*

FAMILLE : arbre de la famille des Juglandaceae. **TERRE :** humifère, profonde, bien drainée, même calcaire. Ne tolère pas l'argile et l'humide.
EXPOSITION : ensoleillée, à l'abri des vents froids et des gelées.
CULTURE : planter en automne avec un apport d'engrais. Dans un sol acide, chauler en avril tous les 3 à 4 ans. Apporter de l'engrais azoté en avril les 5 premières années. Arroser par temps sec. Traiter contre les pucerons et les maladies. N'aime pas la taille.
DESCRIPTION : bel arbre rustique à croissance lente. Fragile aux gelées tardives. Jolie coloration d'automne. Récolter en septembre les noix à consommer et en octobre celles à conserver. Plusieurs variétés.
ORIGINE : sud-est de l'Europe, Himalaya, Chine. **DIMENSION :** de 15 à 25 m de hauteur pour 8 à 15 m d'envergure.

Oranger *Citrus sinensis*

FAMILLE : petit arbre de la famille des Rutaceae. **TERRE :** humifère, consistante et bien drainée. En pot, un substrat de 50 % de terre non calcaire, d'1/4 de gros sable et d'1/4 de terreau pour rosier.
EXPOSITION : chaude et ensoleillée, à l'abri du vent. **CULTURE :** planter au printemps ou sortir les pots après les gelées. Pailler l'été. Fertiliser. Enlever le bois mort et équilibrer la ramure.
DESCRIPTION : Nombreuses variétés dont les Navel de novembre les plus présentes en France. Il faut de longs étés ensoleillés ou de grandes verrières, les orangeries. On l'utilise plutôt en bac, ainsi que le bigaradier, comme arbre d'ornement. Comme tous les agrumes, elle se cueille quand le fruit se détache quasiment tout seul de la branche. **ORIGINE :** Asie du Sud-Est. **DIMENSION :** de 6 à 10 m de hauteur pour 4 à 6 m d'envergure.

Citrus x paradisi — Pamplemousse

FAMILLE : arbre de la famille des Rutaceae. **TERRE :** sableuse, profonde et fraîche, amendée en matière organique. Terreau en pot. **EXPOSITION :** à l'abri du vent. **CULTURE :** planter au printemps dans un sol amendé de fumier décomposé. Pailler en été. Tailler après un mois. **DESCRIPTION :** on cultive un hybride de pamplemoussier et d'oranger, le pomelo, le pamplemousse « pur » étant lui extrêmement acide. Cueillir les fruits quand ils se détachent facilement. Ils se conservent 2 mois sur la branche, 15 jours cueillis. **ORIGINE :** Asie du Sud-Est et Antilles pour le pomelo. **DIMENSION :** de 3 à 5 m de hauteur pour 2 à 3 m de hauteur.

Prunus persica — Pêcher

FAMILLE : petit arbre de la famille des Rosaceae. **TERRE :** légère, profonde et bien drainée, toujours humide, même caillouteuse mais non calcaire.

EXPOSITION : plein soleil à l'abri des gelées. Dans le nord, le palisser contre un mur au soleil.

CULTURE : on cultive des variétés greffées. Le pêcher demande beaucoup de soins et sa taille notamment est assez complexe et contraignante car il produit beaucoup de bois mort à la suite de la fructification qui se fait sur les rameaux de la saison précédente. **DESCRIPTION :** les feuilles sont étroites, recourbées et longues (15 cm). La floraison dès février est rose en bouquets. À protéger des gelées. Nombreuses variétés et cultivars dont les brugnons et nectarines. On récolte les fruits bien colorés qui se détachent facilement de l'arbre. **ORIGINE :** sud de la Chine, Extrême-Orient.
DIMENSION : de 3 à 5 m de hauteur pour 2 à 4 m d'envergure.

Poirier *Pyrus communis*

J F M A M J J A S O N D

FAMILLE : petit arbre de la famille des Lythraceae. **TERRE :** profonde, bien drainée, pas trop calcaire. **EXPOSITION :** ensoleillée, à l'abri des gelées. **CULTURE :** planter de mi-novembre à mars, hors gel et pluie, des poiriers greffés. Garnir le fond d'une brouette de compost décomposé et de 3/4 poignées d'engrais, plus 50 à 80 g de magnésie. Tuteurer et arroser très généreusement. Fertiliser, éclaircir et traiter soigneusement selon les indications. Comme tous les arbres fruitiers, le poirier demande beaucoup de soins précis. **DESCRIPTION :** connu depuis la préhistoire, greffé par les Romains, le poirier est cultivé aujourd'hui partout. Son feuillage rougit en automne. Sa floraison blanche en bouquets se transforme en fruits qu'on récolte en douceur quand ils se détachent facilement. Nombreuses variétés. **ORIGINE :** Asie Centrale. **DIMENSION :** de 7 à 10 m de hauteur pour 3 à 5 m d'envergure.

Pommier *Malus communis (x domestica)*

J F M A M J J A S O N D

FAMILLE : petit arbre de la famille des Rosaceae. **TERRE :** consistante, riche et fraîche, bien drainée, même calcaire. **EXPOSITION :** soleil tempéré. **CULTURE :** on cultive des variétés greffées, chacune pour des qualités particulières. Planter de fin novembre à début mars avec une bonne quantité de fumure de fond (20 kg de compost) et de l'engrais. Tuteurer et abondamment arroser. Planter des variétés différentes pour obtenir des pollinisations croisées car ils ne s'autofécondent pas en général. Apports d'engrais azotés à chaque printemps. Chauler chaque automne en sol acide. Éclaircir, tailler et traiter préventivement, notamment à la bouillie bordelaise. **DESCRIPTION :** le fruitier le plus cultivé en Europe a de nombreuses variétés pour des récoltes de l'été jusqu'en octobres et des goûts de fruits très différents. On la cueille en la faisant tourner sur elle-même dès que les premières tombent au sol. **ORIGINE :** Asie Centrale et Caucase. **DIMENSION :** de 6 à 10 m de hauteur pour 4 à 7 m d'envergure.

Prunus x domestica — **Prunier**

FAMILLE : petit arbre de la famille des Rosaceae. **TERRE :** légère, profonde, bien drainée, un peu acide sans humidité stagnante. **EXPOSITION :** plein soleil à l'abri des vents forts. **CULTURE :** ne cultiver que des pruniers greffés. Planter de novembre à mars dans un trou muni d'un tuteur et rempli d'un seau de fumier déshydraté plus 2 ou 3 poignées d'engrais. Arroser abondamment et régulièrement les premiers étés. Fertiliser et traiter contre les pucerons et nuisibles araignées rouges, guêpes noires… et contre les maladies. **DESCRIPTION :** assez touffu avec des ovales et pointues et une floraison précoce de fleurs blanches en coupe à 5 pétales. Récolter les fruits quand ils sont bien colorés et se détachent facilement. Nombreuses variétés. En associer plusieurs dans une plantation. **ORIGINE :** Europe et Asie.
DIMENSION : de 6 à 8 m de hauteur pour 3 à 4 m d'envergure.

le potager

s'occuper du potager

125 trucs & astuces

Les astuces légumes

Éloigner naturellement les insectes

Les insectes n'aiment pas les aromatiques comme le basilic, le thym, la menthe, le romarin, la sauge, la lavande, ni les fleurs telles que l'aster, le cosmos, le chrysanthème, l'œillet d'Inde. Alors, plantez-en en bordure de vos carrés de légumes.

Et plantez aussi des plantes qui les attirent beaucoup comme la capucine pour les pucerons noirs. Vous les arracherez ensuite et les brûlerez. Pensez aussi à retourner la terre en hiver. Les oiseaux apprécieront les insectes ainsi découverts.

L'amour de la carotte et du radis

Plantez ensemble carottes et radis sous un voile de forçage. C'est très efficace pour éloigner les araignées rouges. Cette ennemie de la carotte ne supporte pas l'odeur du radis. Et des poireaux dans les parages ont l'avantage d'éloigner la mouche de la carotte.

Des potirons de concours !

Gardez une seule fleur par pied et ajoutez un demi-litre de lait par semaine à votre arrosage et il vous faudra utiliser la brouette pour les transporter !

Un carré de tomates impeccable

L'une de nos amies a trouvé cette astuce pour son carré de tomates : elle découpe ses vieux cartons d'emballage et elle les étale entre ses rangs de tomates. Elle dissimule ces cartons sous ses tontes de gazon. Cette astuce a deux vertus : 1/ elle empêche la prolifération des mauvaises herbes ; 2/ elle garde la terre humide. En plus, c'est un chemin agréable à emprunter lors de la récolte.

Le basilic protège les tomates

Associé à la tomate dans une salade, il est savoureux ! En plus, planté à ses côtés dans le potager, il éloigne les nématodes, ces vers minuscules destructeurs de racines qui pullulent dans le sol. L'œillet d'Inde a les mêmes propriétés répulsives contre les nématodes.

Des tomates au goût plus concentré

Pensez à cesser d'arroser vos plants de tomates deux jours avant la cueillette. Elles en seront plus concentrées et aromatisées. C'est vrai aussi pour vos poivrons et les légumes-fruits en général.

Le persil, c'est difficile

Il a la réputation d'être difficile à réussir tant il est long à germer. Il lui faut souvent plus d'un mois pour lever. Une petite préparation permet de réduire ce délai à une semaine à peine. Commencez par mélanger le semis de persil à du sable dans un sac en plastique. Mélangez bien et placez au réfrigérateur dans le bac à légumes pendant un mois. Semez sur un sol peu préparé. Arrosez.

Protégez vos choux

Piquez des rameaux frais de thuya ou de genêt dans votre carré de choux. Cela éloignera les papillons qui du coup ne pondront pas sur vos choux leurs œufs appelés à devenir chenilles.

Des plantes amies des choux

Planter de la bourrache ou de la sauge à proximité du carré de choux les protège aussi de la piéride, ce papillon blanc dont les chenilles vertes ou jaunes dévorent les feuilles de choux et les raves de navets.

Carottes et café

Un peu de marc de café au fond de vos sillons de carottes favorise leur germination et surtout, par son odeur, éloigne les parasites tels que les nématodes et les larves de mouches.

Conserver les pommes de terre

Rien de tel que quelques fleurs de sureau séchées dans les cageots de pommes de terre pour retarder leur germination.

Protéger naturellement le potager en janvier

Avant que la terre ne soit gelée, protéger vos planches de légumes en les recouvrant d'un bon paillage épais de 10 à 15 cm. Ce matelas empêchera l'apparition de mauvaises herbes au redoux et, en se décomposant, il enrichira la terre en humus.

Évitez le stress à vos jeunes pousses

L'idéal est de planter vos tomates, poivrons, courges, aubergines... tous les légumes-fruits d'été, en godets de tourbe que vous transplanterez tels quels au potager, car la tourbe se délite naturellement dans la terre. Cela leur évitera le traumatisme de l'extraction du godet, de la réhumidification et de la réadaptation au nouveau milieu.

Pincer fait du bien !

N'hésitez surtout pas à pincer vos plantes, c'est-à-dire à supprimer les extrémités des jeunes rameaux. Cela force la sève à se concentrer sur les rameaux inférieurs et sur les fruits. À faire surtout en fin d'été pour le mûrissement des derniers légumes-fruits. C'est aussi utile contre les parasites qui se concentrent sur les extrémités des rameaux.

Attention à l'eau trop froide

Un chaud et froid n'est pas bon pour vos légumes à l'état de semis ou de jeunes pousses. Plutôt que l'eau du robinet, utilisez de l'eau stockée en citerne, en bidon ou en arrosoir, qui aura pu se mettre à température ambiante.

Les bonnes astuces de récolte

Pour les légumes qu'il faut arracher de terre, vous vous faciliterez la vie en arrosant les parcelles la veille. Les racines gorgées d'eau sont plus faciles à sortir de terre.

Ressuyez les légumes

Ces mêmes légumes à racines ou à bulbes, une fois arrachés de terre, laissez-les sécher deux ou trois jours à même le sol. C'est ce qu'on appelle « ressuyer ». À faire avec les pommes de terre, les carottes, les navets, les oignons, les échalotes...

Les conseils du jardinier

Conseil culture

C'est indispensable dans les régions pluvieuses ou avec un sol au drainage insuffisant, car beaucoup de légumes à tubercules souffrent de l'humidité stagnante. On les plante alors sur des billons. Ce sont des bandes de terre rehaussées en forme de dôme. L'eau s'écoule dans les rigoles de part et d'autre.

La banane fait mûrir

Mettez vos légumes-fruits pas assez mûrs dans un cageot avec une banane. L'éthylène qu'elle dégage active le mûrissement. Cela vous permettra aussi de cueillir par exemple des tomates encore vertes avant les gelées pour éviter qu'elles soient perdues.

Laisser faner les poireaux

Avant de les repiquer, si vous laissez faner les poireaux 2 à 3 jours à même le sol, cela va les endurcir. N'oubliez pas non plus de les « habiller » autrement dit de couper en partie les feuilles et les racines avant de les replanter. Cela aide à leur reprise.

L'ail, uniquement certifié

Ne plantez pas de caïeux, ou gousses d'ail, achetés au marché pour la cuisine. Car cet ail-là n'est pas totalement garanti sans virus. Pas de risque pour la consommation, mais un vrai risque pour les plantations. Il vaut mieux n'utiliser que de la semence certifiée.

Patience avec les asperges

Le mieux est d'attendre la troisième année avant de les récolter et de ne pas tout prélever. Attention aussi aux attaques de coléoptères, le sien, le criocère, est un petit insecte tout rouge qui hiverne sur le feuillage et fait beaucoup de dégâts. Désherbez soigneusement et régulièrement.

Pour que les choux ne montent pas en graines

Avant de planter de jeunes choux, laissez-les ressuyer deux jours sur le sol.

Des choux de Bruxelles plus gros

Pincez les pieds dès qu'ils atteignent 60 à 70 cm. Vos choux arriveront plus vite. Ils seront plus gros et moins amers.

La finesse du navet, question d'eau

Le navet, qui est l'un des légumes les plus anciennement connus, a tendance à prendre un goût très, voire trop fort s'il subit trop le temps sec. Surveillez bien son arrosage et paillez en été.

Blanchir les salades

Il suffit de les recouvrir d'une cloche. Mais attention qu'elles ne pourrissent pas quand le temps est à l'humidité.

Ne mouillez pas les feuilles du concombre

Concombres et cornichons sont particulièrement sensibles à l'oïdium, cette maladie provoquée par un champignon qu'on repère à l'apparition d'une sorte de poudrage blanc sur les feuilles et les tiges. C'est pourquoi il faut faire très attention à ne pas mouiller le feuillage lors des arrosages. C'est aussi vrai pour les courgettes et les pâtissons.

L'artichaut a beaucoup d'ennemis

Le froid, l'humidité, il n'aime pas, donc il faut le pailler, mais enlever ce paillage s'il pleut.

Oïdium, charançons, pucerons, chenilles… s'intéressent aussi beaucoup à lui. Prévoyez donc des traitements préventifs complets dès le départ de sa végétation.

L'estragon n'aime pas avoir froid

Coupez les tiges au début de l'hiver et recouvrez la souche de paille ou de feuilles sèches.

Le raifort est épuisant

Séduisant dans un massif, car très décoratif, il est aussi épuisant pour la terre. Ne pas le remettre sur un même emplacement avant 5 ou 6 ans.

Arrosez vos laitues les soirs d'orage !

Sinon elles risquent de monter en graines. Un phénomène curieux constaté par les jardiniers et qui serait dû au fait que dans l'air chargé d'électricité du temps d'orage l'oxygène se transforme en partie en ozone. C'est cet ozone qui stimule la montée en graine. L'arrosage contrecarre ce phénomène.

On ne repique pas les carottes

Le risque avec les légumes-racines (carottes, navets, radis...) est que dans un repiquage se forme une racine fourchue qui ne va pas « tourner ». Du coup la récolte sera chétive et sans réel intérêt.

conseils malins

UN POTAGER PRATIQUE

Le potager est la partie du jardin qui demande le plus d'attention et de travail. Contrairement à la tradition ancienne qui le renvoyait tout au fond du jardin, il paraît donc judicieux de l'implanter pas trop loin de la maison. Pensez aussi à y prévoir des allées « tous temps » d'au moins 1,50 m de largeur pour y passer à l'aise avec la brouette.

Moins de fatigue avec un potager surélevé

La technique date du Moyen Âge. Elle consiste à surélever de 15 à 20 cm vos carrés ou planches de potager en les bordant de plessis, un tressage de saule ou de châtaignier utilisé à l'époque, ou de simples bordures en bois. Il suffit alors de les remplir avec du terreau enrichi de fumier décomposé et d'engrais. La mise en place est un peu longue, mais ensuite que d'avantages :

- Une meilleure accessibilité et une moindre pénibilité pour les tâches de jardinage qui se font sans se casser le dos.
- La possibilité de changer la terre sans avoir à creuser.
- Le potager est de qualité sans avoir à se soucier de la nature de la terre d'origine du jardin.

Les conseils du jardinier

Soyez très attentif à ne pas imposer des compagnies désagréables à vos légumes. Ils ne s'aiment pas tous entre eux.

Si l'aubergine aime la proximité du haricot et du poivron, l'épinard, lui, préfère les choux, les laitues, les concombres, les pois, les radis. Tandis que ce dernier aime aussi les betteraves, les carottes, les melons.

Mais ils sont tous les trois bien d'accord pour détester la pomme de terre, comme d'ailleurs la plupart des légumes.

De même, épargnez à vos tomates la proximité des choux, du fenouil et du maïs. Elles préféreront la compagnie des asperges, des carottes, du céleri, des haricots, du basilic, des oignons, du persil, des concombres et des poivrons.

La rotation des légumes au potager

Indispensable : le « livre de potager »

C'est à une véritable planification qu'il faut procéder pour vos cultures au potager. À chaque saison tout change et il faut tenir compte à la fois des indispensables rotations de cultures pour ne pas épuiser la terre, et éviter des incompatibilités entre plantes. Incompatibilités de voisinage, mais aussi incompatibilités pour se succéder sur une même parcelle. Voilà pourquoi un « livre de potager » soigneusement tenu est aussi indispensable au jardinier qu'un « livre de cave » à l'amateur de vins.

Les conseils du jardinier

La rotation des cultures

Elle est indispensable à la bonne santé de la terre, mais penser aussi à la laisser se reposer en pratiquant la « jachère » sur une ou plusieurs planches. C'est une période sans récolte, mais pas forcément sans culture. Semez du trèfle ou de la luzerne qui apporteront naturellement de l'azote à la terre.

Rotation des cultures

Légumes	Rotation (nb. d'années)	À la suite de...
ail	5 ans	légume-fruit
aubergine	5-6 ans	légume-racine
betterave	3 ans	légume-graines
carotte	4 ans	légume-graines
céleri rave	4-5 ans	légumes-graines/bulbe
céleri branche	5 ans	légumes-graines/bulbe
chicorée	2 ans	légumes-graines/bulbe
chou vert	7 ans	légumes-graines/bulbe
chou de Bruxelles	7ans	légumes-graines/bulbe
chou-fleur	7 ans	légumes-graines/bulbe
concombre/cornichon	4 ans	légume-racine
courgette	2-4 ans	légume-racine
échalote	5 ans	légume-fruit
fenouil	3 ans	légumes-graines/bulbe
haricot vert	2 ans	légumes-bulbe
haricot blanc	2 ans	légumes-bulbe
laitue	2-3 ans	légumes-graines/bulbe
mâche	aucune	légumes-graines/bulbe
melon	4 ans	légume-racine
navet	4 ans	légume-graines
oignon	4-5 ans	légume-fruit
persil	1 an	légumes-graines/bulbe
poireau	5 ans	légumes-graines/bulbe
petit pois	5 ans	légumes-bulbe
pissenlit	aucune	légumes-graines/bulbe
poivron/piment	3-4 ans	légume-racine
pomme de terre	4-5 ans	légume-racine
radis	aucune	légume-graines
tomate	4 ans	légume-racine

Faire suivre par...	Incompatibilités
légume-graines	oignons, poireaux
légume-bulbe	concombre
légume-fruit	pomme de terre
légume fruit	
légume-graines/fruit	carotte
légume-graines/fruit	carotte
légume-graines/fruit	
légume-graines/fruit	navet
légume-graines/fruit	
légume-graines/fruit	
légume-bulbe	melons après 5 ans
légume-bulbe	melon, concombre
légume-graines	ail, oignons, poireaux
légume-graines/fruit	choux
légumes-feuilles	
légumes-feuilles	pommes de terre
légume-graines/fruit	
légume-graines/fruit	
légume-bulbe	tomate
légume fruit	choux, radis
légume-graines	
légume-graines/fruit	carotte
légume-graines/fruit	épinards, navets, carottes
légumes-feuilles	ail, échalotes, oignons
légume-graines/fruit	
légume-bulbe	concombre
légume-bulbe	tomates, betteraves
légume-fruit	choux
légume-bulbe	aubergine, piment

s'occuper du potager

le potager

comment le faire ?

La plantation de tomates

1 Procéder à un bêchage d'une vingtaine de cm de profondeur. Nettoyer des cailloux et des mauvaises herbes. Briser les mottes et égaliser le niveau avec la griffe.

2 Planter des tuteurs solides tous les 1,50 m, bien enfoncés dans le sol (30 à 40 cm) et d'environ 1,50 m de hauteur. Les tomates sont lourdes. Tendre du fil plastifié, un rang tous les 30 cm.

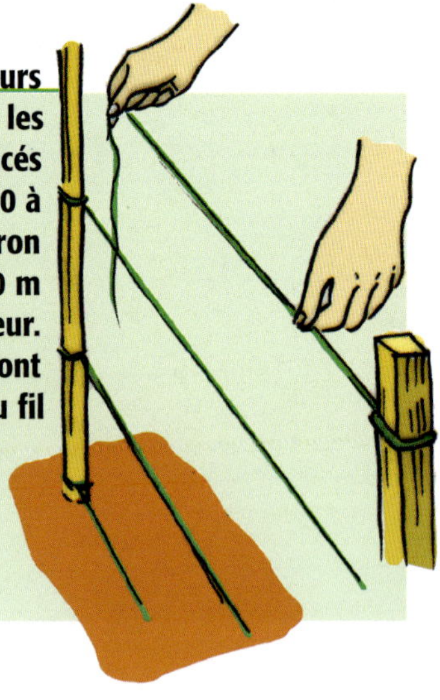

3 Mettre du compost décomposé au fond du trou creusé au pied du tuteur.
Placer le plant tout près et recouvrir de terre.
Attacher au tuteur sans serrer.

4 Bien tasser la terre et aménager une cuvette autour de chaque pied.
La remplir d'eau. Puis pailler pour que la terre reste toujours humide.

La plantation de pommes de terre

1 **Bien préparer le terrain par un labour de 20 cm de profondeur. Enlever les cailloux et les mauvaises herbes. Briser les mottes à la griffe pour avoir un sol nivelé et bien émietté.**

2 **Tendre un cordeau pour aligner les rangs qui seront espacés de 80 cm. Creuser avec la binette des trous de 15 cm de profondeur tous les 40 cm environ, à ajuster selon la variété à planter.**

3 **Ne planter que des plants de pommes de terre avec des germes. On peut aussi mettre des morceaux à condition qu'ils aient des germes. Les placer, germes vers le haut.**

4 **Recouvrir de terre et tasser au pied, avec le talon. Arroser abondamment. La germination prend 10 à 15 jours. Il est possible de panacher plusieurs variétés.**

Le semis de laitues

1 **Sur un terrain bien ameubli, nettoyé, nivelé et ratissé, tendre un cordeau et tracer un sillon d'1 cm avec le manche du râteau. Espacer les sillons de 30 cm au moins.**

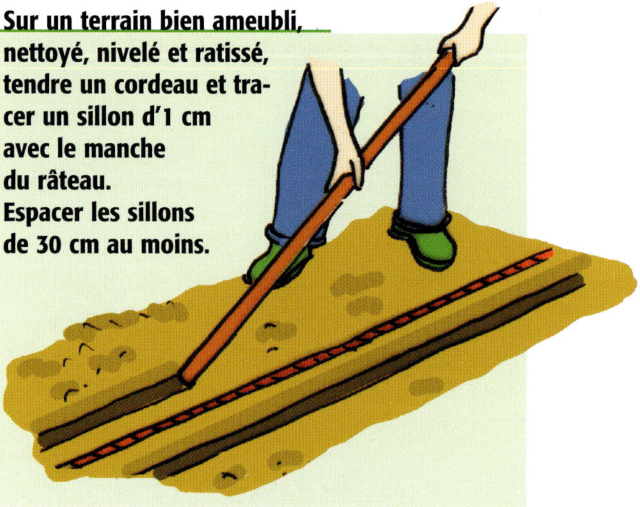

2 **Humidifier le fond du sillon et poser les graines au semoir à main en les espaçant nettement. Recouvrir de quelques millimètres de terre avec le râteau.**

3 Après avoir tassé la terre avec le dos du râteau, arroser en pluie fine pour ne pas déplacer les graines. Maintenir toujours humides. La levée des salades prend 7 à 10 jours.

4 Éclaircir quand les plants ont 4/5 feuilles. N'en garder qu'un tous les 15 cm pour les laitues à couper, tous les 30 cm pour les laitues pommées. Arroser généreusement.

Le repiquage du basilic

1 Préparer le carré de réception des jeunes plants de basilic par un bon bêchage profond de 20 cm suivi d'un soigneux nettoyage des cailloux et mauvaises herbes et d'un griffage pour niveler et rendre le sol bien meuble.

2 Prendre les plants les plus vigoureux et les mieux formés. Garder de la terre autour des racines au moment de l'arrachage de la terrine. En godet, le garder humide.

3 **Creuser un trou de la dimension de la motte avec le transplantoir. Y placer le plant. Reboucher et tasser la terre à la main. Arroser avec le goulot de l'arrosoir en veillant à ne pas creuser la terre.**

4 **Avant de replanter en pot ou jardinière, tapisser le fond d'un lit de graviers pour le drainage. Remplir avec un mélange à parts égales de terre de jardin et de terreau.**

Le semis de haricots verts

1 **Mettre les graines à tremper dans de l'eau froide de une à deux heures. Celles qui sont parasitées remonteront à la surface. Les éliminer. Les autres germeront mieux.**

2 **Après avoir aéré le sol avec une grelinette et l'avoir débarrassé de ses cailloux et mauvaises herbes, creuser des poquets de 5/6 cm de profondeur en terre légère, de 2/3 cm en terre lourde, et tous les 40 cm.**

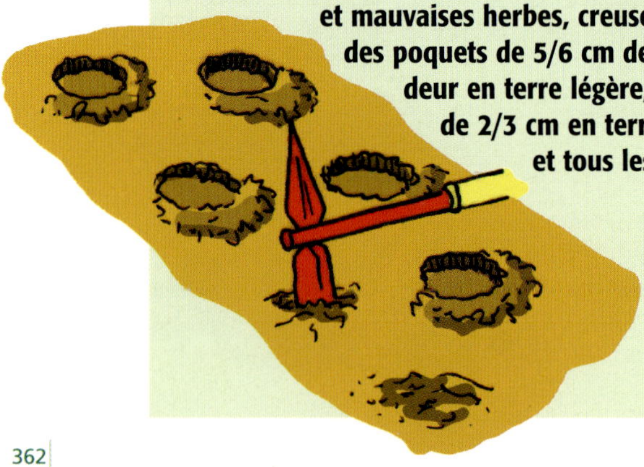

3 **Placer 5/6 graines par poquet.**
Recouvrir de terre et tasser avec le dos du râteau. Arroser en pluie fine en faisant attention de ne pas creuser le sol.

4 **Planter un branchage bien ramifié**
dans chaque poquet. Ils serviront de tuteur en évitant que les rameaux ploient sous le poids des haricots. La cueillette en sera facilitée.

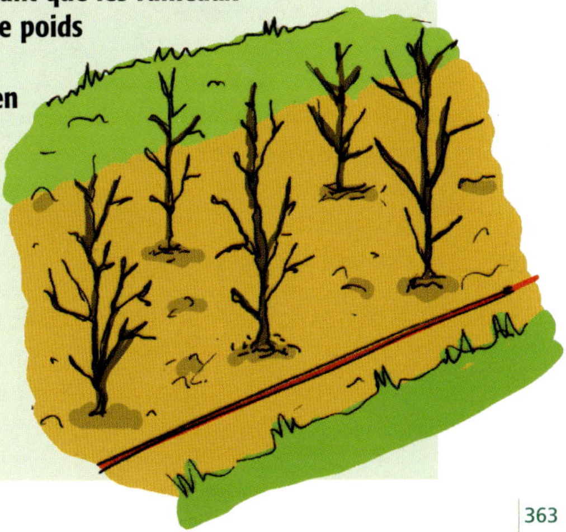

L'ébourgeonnage des tomates

1 **Les bourgeons poussent au point de rattachement des feuilles à la tige principale. Ils vont donner de nouvelles tiges qui risquent de limiter la fructification en épuisant le plant.**

2 **Il est donc nécessaire d'ébourgeonner à l'aide d'un couteau ou de ciseaux.
Couper le bourgeon au plus près de son point de naissance.
Faire une coupe franche sans laisser de lambeaux.**

3 Après la floraison, faire un étêtage pour arrêter la végétation et favoriser le grossissement des tomates. Couper l'extrémité de la tige principale sous la 2e feuille après la floraison.

4 Attacher au tuteur au fur et à mesure du développement pour que le plant reste droit. Utiliser de préférence des liens en raphia sans trop serrer.

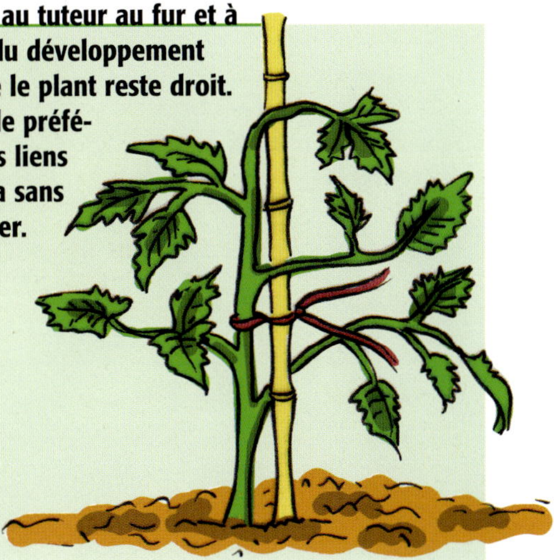

s'occuper du potager

les fiches potager

les symboles utilisés

ensoleillement et intempéries

plein soleil

mi-ombre

ombre

supporte la chaleur

craint le gel

ne craint pas le gel

arrosage

faible

moyen

fort

croissance

faible

moyenne

forte

terres

ne supporte pas les terres calcaires

a besoin de terre de bruyère

floraison

J F M A M J J A S O N D

les mois en rouge sur fond jaune indiquent la période de floraison

Ail *Allium sativum*

FAMILLE : plante aromatique de la famille des Alliaceae. **TERRE :** légère, pas humide, pas de fumure. **CULTURE :** planter les caïeux en automne à 2/3 cm de profondeur. Ne remettez l'ail à la même place qu'après 3 ans. **DESCRIPTION :** le bulbe est divisé en caïeux. Longues feuilles grisâtres et fleur blanche. L'arracher quand les feuilles fanent. Faire ressuyer sur le sol quelques jours et suspendre en bottes dans une pièce aérée et sèche. Plusieurs variétés dont l'ail rose de lautrec qui supporte lui les terres humides et lourdes. Éviter de planter l'ail de consommation pas forcément garanti sans virus. **DIMENSION :** de 40 à 60 cm de hauteur pour 20 à 25 cm d'envergure.

Artichaut *Cynara scolymus*

FAMILLE : vivace de la famille des Asteraceae. **TERRE :** légère et fraîche, riche en humus, un peu acide. **CULTURE :** planter les œilletons au printemps tout les 1 m. Après la récolte, couper les tiges qui ont fleuri au-dessus du point de naissance. Butter les pieds en hiver. Protéger du froid et pailler les cœurs. Découvrir s'il pleut et de toute façon fin mars. **DESCRIPTION :** touffe aux grandes feuilles grisâtres très découpées. On consomme les gros capitules qui terminent les tiges. Très belles fleurs bleu violet. On coupe les capitules avec 15 cm de queue avant que les fleurs n'apparaissent. Plusieurs variétés. **DIMENSION :** de 1 à 1,5 m de hauteur pour 80 cm à 1,2 m d'envergure.

Asperge *Asparagus officinalis*

FAMILLE : vivace de la famille des Asparagaceae. **TERRE :** sablonneuse, légère et profonde. **CULTURE :** la griffe, nom du rhizome avec ses racines, se plante en mars dans des tranchées profondes de 25 cm. Butter pour blanchir. Semis en pépinière de mars à juin. Mettre en place l'année suivante. Casser les buttes à la bêche en automne. Couper et brûler les feuilles en fin de saison. **DESCRIPTION :** buisson aux feuilles plumeuses avec de petites fleurs jaunes et des baies rouges sur les femelles. On consomme le turion (jeune tige) qui peut être blanc, violet ou vert selon la variété. À couper encore très tendre.
DIMENSION : de 1 à 1,5 m de hauteur pour 50 à 60 cm d'envergure.

Solanum melongena — Aubergine

FAMILLE : vivace tropicale de la famille des Solanaceae. **TERRE :** humifère, souple. **EXPOSITION :** ensoleillée et chaude (15 °C et plus), abritée. **CULTURE :** semer de janvier à avril à l'intérieur en godets. Repiquer les plants à 3 feuilles. Planter en place en avril-mai dans le sud, fin mai ailleurs. Éliminer les pousses latérales. Pincer au dessus de la deuxième fleur. Pas plus de 8 à 10 fleurs par pied. **DESCRIPTION :** plante herbacée aux feuilles ovales vert grisâtre. Les fleurs violettes donnent ces très beaux fruits pourpres, violets ou blancs. Cueillir 5 mois après les semis. Nombreuses variétés et hybrides.
DIMENSION : de 80 cm à 1,5 m de hauteur pour 40 à 70 cm d'envergure.

Beta vulgaris — Betterave, poirée

FAMILLE : bisannuelle de la famille des Amaranthaceae. **TERRE :** légère, profonde, même salée, sans fumure. **CULTURE :** semer en place d'avril à mi-juin. Éclaircir tous les 20 cm. En cas de gelées, semer sous abri en mars et repiquer les plants à plusieurs feuilles après les froidures. **DESCRIPTION :** la même plante par sélection donne des variétés fourragères, sucrières et potagères. Parmi ces dernières, on cultive la betterave jaune ou rouge dont on consomme la racine qu'on récolte quand elle atteint 10 cm, et les poirées, les « bettes à cardes » dont on consomme les cardes (les côtes) et les feuilles selon les variétés. On les coupe à partir de juillet. **DIMENSION :** de 40 à 70 cm de hauteur pour 30 à 40 cm d'envergure.

Daucus carota — Carotte

FAMILLE : bisannuelle de la famille des Apiaceae. **TERRE :** sablonneuse, humifère sans fumure fraîche. La saveur change avec les sols. **CULTURE :** semis fin février en place sous châssis ou tunnel pour les précoces et celles d'été. Ils lèvent en 10 à 20 jours. Récolte après 2,5 mois. Semis de fin mai à mi-juin pour les carottes tardives à récolter 5 à 6 mois plus tard.
DESCRIPTION : la racine, très odorante et sucrée est en général orangée. Laisser à ressuyer 2/3 jours après l'arrachage. Couper les fanes pour une conservation en cave. Nombreuses variétés.
DIMENSION : de 25 à 35 cm de hauteur pour 10 à 15 cm d'envergure.

Céleri-rave, céleri à côtes *Apium graveolens*

FAMILLE : bisannuelle de la famille des Apiaceae. **TERRE :** fraîche, riche en humus, alcaline. **CULTURE :** semer sous châssis au début du printemps. Repiquer et mettre en place fin mai. Blanchir le céleri à côtes en le liant et en buttant le pied 15 jours avant de le récolter. Ne pas recultiver au même endroit avant 4 ou 5 ans. **DESCRIPTION :** grande touffe de feuilles découpées avec quasiment pas de floraison. À couper au ras du sol après 6 ou 7 mois. Le céleri-rave s'arrache à l'automne et se conserve dans une pièce aérée et fraîche.
DIMENSION : de 40 à 80 cm de hauteur pour 20 à 30 cm d'envergure.

Chicorée, frisée, scarole *Cichorium endivia*

FAMILLE : salades annuelles de la famille des Asteraceae. **TERRE :** argileuse, humifère, compacte. **CULTURE :** semer de mai à mi-juillet en pépinière. Repiquer quand les plans atteignent 5 cm sur un sol chaud et bien préparé sans enterrer les feuilles ni le cœur. La montée doit se faire en 48 heures Veiller à maintenir l'humidité. **DESCRIPTION :** nombreuses variétés dans les 2 types principaux : les frisées et les scaroles. À récolter entre 3 et 4 mois après les semis. Légère amertume de goût qu'on peut adoucir en les couvrant d'une cloche opaque ou de plastique noir pour les blanchir.
DIMENSION : de 10 à 35 cm de hauteur pour 20 à 40 cm d'envergure.

Chou *Brassica oleracea*

FAMILLE : bisannuelle de la famille des Brassicaceae. **TERRE :** argileuse, humifère, fraîche, et même calcaire. **CULTURE :** semer en pépinière en février/mars et d'avril à juin pour des récoltes en été et à l'automne. Mettre en place 1 mois après les semis. On peut récolter en hiver en semant en mai-juin des variétés adaptées comme le chou de Milan. **DESCRIPTION :** nombreuses variétés qui permettent des récoltes toute l'année. Couper les choux verts et les choux frisés quand les feuilles sont assez développées. Pour les choux pommés, attendre que le cœur forme une pomme serrée. À conserver dans une pièce sèche et fraîche.
DIMENSION : de 20 à 35 cm de hauteur pour 40 à 60 cm d'envergure.

Brassica oleraceae var.italica Chou brocoli

FAMILLE : annuel ou bisannuel de la familles des Brassicaceae. **TERRE :** un peu argileuse, profonde, fraîche, bien drainée. **CULTURE :** semer d'avril à juin en pépinière. Repiquer 6 à 8 semaines après la levée. Bien arroser par temps chaud. **DESCRIPTION :** variété horticole du chou créée en Italie. L'inflorescence est formée de petits boutons ou de bouquets compacts séparés. On coupe ces inflorescences selon les variétés entre l'automne de l'année du semis et le printemps de l'année suivante. Plusieurs variétés.

DIMENSION : de 50 à 70 cm de hauteur pour 60 à 80 cm d'envergure.

Brassica oleraceae var.gemmifera Chou de Bruxelles

FAMILLE : bisannuelle de la famille des Brassicaceae. **TERRE :** profonde, plutôt argileuse et fraîche. **EXPOSITION :** à la lumière. Supporte le froid et le vent. **CULTURE :** semer en mars-avril en pépinière pour une récolte d'automne. Et semer de fin avril à début juin pour des récoltes d'hiver et de printemps. Repiquer en pleine terre 1 mois après le semis. Bien arroser. **DESCRIPTION :** les bourgeons le long de la tige deviennent ces petits choux pommés. Les feuilles sont à l'horizontale. Récolter les choux de bas en haut le long de la tige. Leur goût s'améliore après une faible gelée.

DIMENSION : de 80 cm à 1,20 m de hauteur pour 50 à 70 cm d'envergure.

Brassica oleraceae botrytis Chou-fleur

FAMILLE : annuelle de la famille des Brassicaceae. **TERRE :** humifère, fraîche et fertile. **CULTURE :** semer les variétés de printemps fin septembre sous abri. Repiquer et hiverner sous châssis froid. Planter en mars. Semer en avril/mai ceux d'été sur sol chaud. Semer à la mi-juin ceux d'automne à planter en place à la mi-juillet. Un plant tous les 60 cm au moins. Protéger du froid par paillage et voilage.

DESCRIPTION : la pomme compacte est formée de fleurs avortées. Couper sous la pomme entre 120 et 300 jours après le semis. Pour la garder blanche, la recouvrir d'une feuille. Nombreuses variétés et hybrides.

DIMENSION : de 30 à 50 cm de hauteur pour 40 à 60 cm d'envergure.

Chou-rave ***Brassica olearacea var.gongylodes***

FAMILLE : bisannuelle de la famille des Brassicaceae. **TERRE :** humifère, un peu argileuse, fraîche l'été. **CULTURE :** semer de mars à juillet en pépinière. Repiquer en place 5 à 6 semaines après la levée. **DESCRIPTION :** variété de chou dont la tige forme une grosse boule verte ou rouge au-dessus du niveau du sol. Récolter sans attendre quand la tige est bien renflée, 3 à 4 mois après le semis. Ensuite, elle devient filandreuse. **DIMENSION :** de 30 à 40 cm de hauteur pour 30 à 40 cm d'envergure.

Concombre, cornichon ***Cucumis sativus***

FAMILLE : annuelle de la famille des Cucurbitaceae. **TERRE :** humifère, bien drainée. Froid et humidité stagnante à proscrire. **CULTURE :** les deux se sèment en poquets de février à avril ou en godets à l'intérieur avec un repiquage 1 mois après et des plantations fin mai. On pince les concombres à la 2e feuille, puis on coupe les 2 branches à la 3 ou 4e feuille. Ensuite, 1 feuille au-dessus du fruit. On ne taille pas les cornichons à semer en poquets tous les 60 cm en mai. **DESCRIPTION :** rampante ou grimpante aux tiges avec des poils et des vrilles qui portent des feuilles palmées et velues. Une floraison jaune se transforme en concombres et cornichons qu'on cueille 3 à 4 mois après les semis. Nombreuses variétés et hybrides.
DIMENSION : de 30 cm à 2 m de hauteur pour 2 à 3 m d'envergure.

Courgette, pâtisson ***Cucurbita pepo***

FAMILLE : annuelle de la famille des Cucurbitaceae.
TERRE : humifère, légère et bien drainée.
CULTURE : semer en poquets en place en mai. En godets en avril pour repiquer après 6 semaines, ce qui protège des limaces. Arroser sans mouiller le feuillage.
DESCRIPTION : rampante à grandes feuilles et longs pétioles disposés en rosette. Les fleurs jaunes sont comestibles.
Différents fruits : courgettes, courges, citrouilles, pâtissons… À cueillir 2 mois après les semis.
DIMENSION : de 30 à 40 cm de hauteur pour 1 à 3 m d'envergure.

Nasturtium officinale Cresson de fontaine

FAMILLE : vivace aquatique de la famille des Brassicaceae. **TERRE :** humifère, immergée sous 25 cm d'eau courante très claire. **CULTURE :** dans une « cressonnière », fosse de terre de 2 à 3 m de largeur pour 30 cm de profondeur alimentée par une source d'eau. Semis de mars à juillet à la volée ou mise en place de boutures en bassin sec, rempli peu à peu. **DESCRIPTION :** longues tiges creuses, petites racines à la surface de l'eau, feuilles arrondies vert foncé. On coupe les tiges avant la floraison en prélevant la partie au-dessus de l'eau. **DIMENSION :** de 20 à 30 cm de hauteur pour 40 à 60 cm d'envergure.

J F M A M J J A S O N D

Allium ascalonicum Échalote

FAMILLE : plante bulbeuse de la famille des Alliaceae. **TERRE :** légère, sableuse, sans humidité ni fumure. **CULTURE :** planter d'octobre à janvier l'échalote classique, et en février/mars les autres variétés. Prévoir des rotations de plantations tous les 4/5 ans pour que la terre se renouvelle. **DESCRIPTION :** la saveur est plus prononcée que celle de l'oignon. Les caïeux sont roses et de forme allongée. À arracher quand les feuilles jaunissent à partir de juillet. Laisser ressuyer quelques jours au soleil, puis à l'ombre. À conserver en bottes suspendues au sec. Plusieurs variétés. **DIMENSION :** de 20 à 30 cm de hauteur pour 10 à 15 cm d'envergure.

J F M A M J J A S O N D

Cichorium intybus Endive

FAMILLE : vivace rustique de la famille des Ateraceae. **TERRE :** compacte et profonde, sans acidité. **CULTURE :** l'endive ou « chicorée de Bruxelles » se sème en mai et mi-juin. Éclaircir tous les 40 cm et repiquer les plants enlevés. Arracher en automne avec les racines et laisser sur le sol quelques jours, les racines couvertes par les feuilles. Enlever les feuilles extérieures. Préserver le cœur. Le tailler en pointe à 4/5 cm et garder 20 cm de racine. Replacer dans une tranchée (le forçage), les unes collées aux autres. Recouvrir le collet de 10 cm de terreau, puis de compost, puis de paillage. Récolter à partir de la 3e semaine après le début du forçage. On peut forcer en caves dans des bacs ou des caissettes remplies de terre légère.
DIMENSION : de 30 à 60 cm de hauteur pour 20 à 50 cm d'envergure.

J F M A M J J A S O N D

Épinard — *Spinacia oleraceae*

FAMILLE : herbacée de la famille des Amaranthaceae. **TERRE :** humifère, fraîche, enrichie d'engrais azoté. **CULTURE :** semer en place les précoces de mars à juin, les autres en août-septembre. Couvrir les graines de 2 cm de terreau. Éclaircir tous les 10/15 cm. **DESCRIPTION :** les feuilles sont grandes, charnues, épaisses. Très riches en vitamines C et sels minéraux. Les prélever de 45 à 60 jours après les semis. Après la culture, rabattre les touffes au ras du sol. Nombreuses variétés qui résistent au mildiou.
DIMENSION : de 20 à 30 cm de hauteur pour 15 à 30 cm de hauteur.

Fenouil, fenouil doux — *Foeniculum dulce*

FAMILLE : bisannuelle de la famille des Apiaceae. **TERRE :** humifère, bien travaillée.
CULTURE : semer en place d'avril à juillet. Éclaircir tous les 20 cm. Dans les régions froides, semer en godet à l'intérieur en mars et repiquer au premier redoux. On sème les tardives en juillet-août dans le sud. Butter les bulbes déjà développés pour blanchir. **DESCRIPTION :** la base des pétioles du fenouil cultivé forme un faux bulbe qu'on consomme. Les graines des fleurs au goût d'anis sont utilisées en pâtisserie. Cueillir 3 mois après le semis. Plusieurs variétés adaptées aux climats et aux cultures de toutes saisons.
DIMENSION : de 50 à 80 cm de hauteur pour 40 à 80 cm d'envergure.

Haricot — *Phaseolus vulgaris*

FAMILLE : annuelle de la famille des Fabaceae. **TERRE :** légère et fraîche, sans calcaire ni excès d'humidité. **CULTURE :** semer en place de fin avril à juillet, en ligne ou en poquets tous les 40 cm. Levée en 5 à 8 jours. Butter après 3 semaines. Arroser par temps sec. Traiter en juin contre les pucerons noirs.
DESCRIPTION : de forme grimpante ou buissonnante. Les fleurs blanches donnent les gousses vertes, jaunes ou violettes qu'on récolte de 60 à 80 jours après les semis. Nombreuses variétés de haricots nains et de haricots à rames.
DIMENSION : de 40 cm à 4 m de hauteur pour 40 cm à 1 m de hauteur.

Lactuca sativa **Laitue**

FAMILLE : annuelle de la famille des Asteraceae. **TERRE :** humifère et fraîche. **CULTURE :** Semer en place. Éclaircir tous les 20 cm. Ou semer en pépinière et repiquer 1 mois et demi plus tard. Les laitues de printemps se sèment sous tunnel en février-mars. Celles d'été et automne à la suite et jusqu'en juin en pleine terre. Celles d'hiver en août et septembre. Les romaines, de mars à juin. **DESCRIPTION :** feuilles larges et tendres sur un pied court. Récolter lorsque le cœur est bien formé (pommées et romaines). Ne pas arracher. Couper au collet. Couper au couteau les feuilles des laitues à couper. **DIMENSION :** de 20 à 30 cm de hauteur pour la même envergure.

Valerianella locusta **Mâche**

FAMILLE : salade bisannuelle de la famille des Caprifoliaceae. **TERRE :** consistant, dur, frais et bien drainé, avec de l'humus.
CULTURE : semer en place de fin juillet à octobre dans des sillons de 2/3 cm de profondeur. Espacer de 20 cm. Éclaircir tous les 10 cm. Couvrir de paille pour passer l'hiver.
DESCRIPTION : les feuilles plates sont réunies en rosette. On les arrache dès qu'elles sont bien formées avant l'apparition des fleurs. Commune en Europe, la mâche est aussi proposée en variétés horticoles diverses dont certaines insensibles au mildiou. **DIMENSION :** de 10 à 30 cm de hauteur pour 10 à 20 cm d'envergure.

Cucumis melo **Melon**

FAMILLE : annuelle de la famille des Cucurbitaceae.
TERRE : profonde, fraîche, bien fumée.
CULTURE : semer en godets de février en avril à l'intérieur. Planter à la mi-mai directement en place dans les régions tempérées chaudes. Pincer au-dessus de la 2e feuille et chacune des branches nouvelles au-dessus de la 3e feuille. Puis pincer à 2 feuilles au-dessus des fruits et couper les nouvelles pousses. Faire un bon paillage pour qu'ils ne pourrissent pas en reposant sur la terre. Arroser et fertiliser.
DESCRIPTION : les tiges sont rampantes ou grimpantes avec des vrilles qui portent les feuilles. Les fleurs jaunes deviennent des fruits très goûteux et riches en sucre. À cueillir après 4 à 5 mois. Nombreuses variétés. **DIMENSION :** de 25 à 35 cm de hauteur pour 1,5 m à 2 m d'envergure.

Navet — *Brassica rapa (Brassica napus)*

FAMILLE : bisannuelle de la famille des Brassicaceae. **TERRE :** humifère, profonde et fraîche. **CULTURE :** semer en février-mars sous abri ou en place d'avril à septembre. Semer en été les navets d'hiver. Éclaircir tous les 10 cm. Bien arroser et pailler le sol en été.
DESCRIPTION : l'un des légumes les plus anciens. Sa racine charnue est ronde ou allongée. À récolter 60 à 80 jours après le semis. Récolter fin octobre ceux à conserver l'hiver . Laisser ressuyer 1 jour sur le sol, puis couper les feuilles au-dessus du collet et les mettre en cave dans du sable sec. Nombreuses variétés.
DIMENSION : de 20 à 40 cm de hauteur pour 10 à 20 cm d'envergure.

Oignon — *Allium cepa*

FAMILLE : plante bulbeuse de la famille des Alliaceae. **TERRE :** légère, plutôt pauvre. Craint l'argile, la fumure et trop d'humidité.
CULTURE : semer de février à avril ou planter des bulbes d'oignons blancs à 10 cm de profondeur. On peut aussi semer d'août à septembre en pépinière et repiquer à l'automne ou au printemps.
DESCRIPTION : les oignons blancs primeurs mûrissent en juin, les derniers, les jaunes, en septembre. On laisse ces derniers ressuyer sur le sol après l'arrachage. On les conserve à la cave dans des cagettes, feuilles coupées. Nombreuses variétés aux tailles, goûts et précocités différentes.
DIMENSION : 1 m de hauteur avec la fleur pour 15 à 20 cm d'envergure.

Piment, poivron — *Capsicum annuum*

FAMILLE : annuelle tropicale de la famille des Solanaceae. **TERRE :** humifère, fraîche. **CULTURE :** semer en godets au chaud en février-mars. Repiquer en avril sous châssis. Mise en place fin mai début juin. Fertiliser et pailler les pieds. **DESCRIPTION :** grosse touffe aux feuilles ovales et aux fleurs blanches. Les fruits sont verts, jaunes, oranges ou rouges. Piments ou poivrons, selon les variétés. Seulement sous serre au nord de la Loire. À récolter de 5 à 6 mois après les semis. **DIMENSION :** de 60 à 80 cm de hauteur pour 30 à 40 cm d'envergure.

Taraxacum officinale — Pissenlit

FAMILLE : vivace sauvage de la famille des Asteraceae. **TERRE :** lourde, riche et profonde. **CULTURE :** semer en place de mars à juin et recouvrir d'1 cm de terreau. Levée sous 15 jours. Éclaircir tous les 15 cm. Il est possible de diviser. **DESCRIPTION :** commun dans les prés, rustique, il forme une rosette de feuilles qui se consomment en salades à l'amertume agréable. Excellent pour le foie en décoction. Peut être blanchi par recouvrement du feuillage avec un buttage de terre légère. Récolter quand les feuilles sont tendres, au début du printemps. 2 variétés horticoles ont été créées. **DIMENSION :** de 5 à 15 cm de hauteur pour 15 à 25 cm d'envergure.

Allium porrum — Poireau

FAMILLE : plante de la famille des Alliaceae. **TERRE :** humifère, fraîche et aérée. Pas de fumier frais. **CULTURE :** semer sous châssis à la fin de l'hiver. Repiquer en mai. Récolter d'août à novembre. Butter avant l'hiver pour avoir des fûts blancs. Des variétés résistent au froid. Elles se sèment en pépinière en mai, se repiquent en août et se récoltent de l'hiver au printemps. Ne replanter au même endroit que tous les 5 ans, le poireau épuise le sol. **DESCRIPTION :** les arracher avant que la tige ne monte. Le faire à l'automne et les conserver à la cave. Certains peuvent rester en terre non gelée. Nombreuses variétés avec des périodes de plantations et de récoltes spécifiques. **ORIGINE :** Asie centrale. **DIMENSION :** de 40 à 60 cm de hauteur pour 10 à 30 cm d'envergure.

Pisum sativum — Pois, petits pois

FAMILLE : annuelle de la famille des Fabaceae. **TERRE :** humifère et aérée, fraîche. **CULTURE :** semer en place en ligne ou en poquets en octobre par climat doux ou de février à avril les variétés à grains ronds et de mars à juin celles à grains ridés. Espacer de 30 à 40 cm et enterrer sous 2 à 3 cm. Butter au bout de 3 semaines. **DESCRIPTION :** plante buissonnière ou volubile aux tiges souples grimpantes. Les fleurs blanches se transforment en gousses allongées aux graines rondes vertes. Cueillir après 3 mois les gousses immatures (pois gourmands, mangetouts) et après 100 à 120 jours pour les pois à grains. **DIMENSION :** de 50 cm à 3 m de hauteur et de 50 cm à 1,2 m d'envergure.

Pomme de terre — *Solanum tuberosum*

FAMILLE : tubercule de la famille des Solanaceae. **TERRE :** sablonneuse, humifère, peu calcaire, pas d'eau stagnante. **CULTURE :** planter les tubercules entiers ou coupés, mais germés, de fin avril à juin, après les gelées. Les enterrer à 10/15 cm tous les 30 à 50 cm. Butter quand les plants atteignent 15 cm. Bien arroser. Traiter contre le mildiou. **DESCRIPTION :** vivace non rustique en forme de buisson. Les tiges souterraines développent des tubercules charnus. Les fleurs donnent ensuite des baies vertes toxiques. Les arracher avant la floraison suivant les variétés de 2 à 3 mois après la plantation à 4 à 5 mois. Faire ressuyer une journée à l'ombre. Conserver en cave fraîche et obscure. Nombreuses variétés. **DIMENSION :** de 40 à 60 cm de hauteur pour 40 à 50 cm d'envergure.

Potiron, courge — *Cucurbita maxima*

FAMILLE : annuelle de la famille des Cucurbitaceae. **TERRE :** humifère et bien drainée. **CULTURE :** semer en poquets en place en mai dans du compost ou un mélange de terreau et de fumier décomposé. Pincer les tiges à 3 ou 4 feuilles et ne pas conserver plus de 6 fruits par pied. Pailler ou recouvrir le sol de tonte de gazon pour éviter le contact direct avec la terre. Le marcottage des tiges permet d'obtenir des fruits énormes.

DESCRIPTION : certains fruits peuvent dépasser les 200 kg ! Très nombreuses variétés des deux. À cueillir dès que les tiges commencent à dessécher 3 à 4 mois après les semis. Les conserver à 10 °C minimum. **DIMENSION :** de 20 à 40 cm de hauteur pour 2 à 3 m d'envergure.

Radis — *Raphanus sativus*

FAMILLE : annuelle de la famille des Brassicaceae. **TERRE :** humifère, légère et fraîche
CULTURE : semer en place sous châssis ou tunnel de février à avril, ou en plein air de mars à septembre. Couvrir les graines avec 1 cm de terreau. Éclaircir tous les 3 à 5 cm. Arroser abondamment et traquer la mauvaise herbe.
DESCRIPTION : On consomme les racines renflées de ces petits herbacés. À récolter sans leur laisser le temps de trop grossir et de se creuser : les précoces après 3 à 4 semaines, les radis de tous les mois après 5 à 7 semaines. Ceux d'été après 2 mois et ceux d'hiver après 3 mois à partir de la levée. **DIMENSION :** de 10 à 25 cm de hauteur pour 5 à 15 cm d'envergure.

Rheum rhaponticum — Rhubarbe

FAMILLE : vivace de la famille des Polygonaceae. **TERRE :** profonde, fraîche, bien drainée. **CULTURE :** semer au printemps ou en été en godets et repiquer en place de septembre à mars. Arroser et pailler par temps sec. **DESCRIPTION :** touffe avec des feuilles de 50 cm portées par des pétioles rouges charnus. En mai-juin, épisodiquement, apparaît une hampe avec de grosses grappes de fleurs blanches. Ne pas les conserver. Elles fatiguent la plante. On récolte les pétioles dès qu'ils sont assez développés. **DIMENSION :** de 80 cm à 1,5 m de hauteur pour 70 cm à 1,3 m d'envergure.

Eruca sativa — Roquette

FAMILLE : annuelle de la famille des Brassicaceae. **TERRE :** humifère, décompactée. **CULTURE :** semer en place de mars à août. Levée entre 10 et 15 jours par temps doux (15 °C). Bien arroser par temps sec. **DESCRIPTION :** touffe de feuilles découpées à l'odeur soutenue originaire des champs d'Europe du Sud. Salade de caractère. Couper les feuilles 6 à 8 semaines après les semis. Cueillies sans arrachage, elles se renouvellent vite. Il existe une sélection de la forme sauvage au goût plus fin.
DIMENSION : de 20 à 30 cm de hauteur pour 20 à 30 cm d'envergure.

Lycopersicon esculentum — Tomate

FAMILLE : annuelle de la famille des Solanaceae. **TERRE :** humifère, profonde, pas trop azoté. **CULTURE :** semer en godet à l'intérieur en février-mars. Repiquer sous abri à 5/6 feuilles et maintenir au chaud (15/18 °C). Mettre en place les plants quand ils atteignent 12 à 15 cm. Planter profond ou en oblique. Mettre du compost dans le trou. Tuteurer. Fertiliser. Éliminer les gourmands (pousses à l'aisselle des feuilles). Tailler après la 4 ou 5e feuille de la tige principale pour les variétés à gros fruits. **DESCRIPTION :** plusieurs centaines de variétés de formes, de tailles et de couleurs différentes. À récolter de 4 à 5 mois après les semis quand elles sont bien colorées. **DIMENSION :** de 80 cm à 1,5 m de hauteur pour 60 cm à 1 m d'envergure.

s'occuper du potager

les fiches

plantes arômatiques

les symboles utilisés

ensoleillement et intempéries

plein soleil | mi-ombre | ombre

supporte la chaleur | craint le gel | ne craint pas le gel

arrosage

faible | moyen | fort

croissance

faible | moyenne | forte

terres

ne supporte pas les terres calcaires

a besoin de terre de bruyère

floraison

J F M A M J J A S O N D

les mois en rouge sur fond jaune indiquent la période de floraison

Aneth — *Anethum graveolens*

FAMILLE : annuelle de la famille des Apiaceae. **TERRE :** légère, bien drainée, plutôt sèche. **EXPOSITION :** fort soleil, forte chaleur, à l'abri des vents forts **CULTURE :** semer en place d'avril à juillet. Sarcler par temps très chaud et pailler les pieds. Éclaircir tous les 25 cm. **DESCRIPTION :** ses ombelles de fleurs jaunes se transforment en graines arômatiques ovales brun clair. On récolte les feuilles avant la floraison et on prélève les graines d'août à octobre. **ORIGINE :** sud de l'Europe. **DIMENSION :** de 40 à 60 cm de hauteur pour 30 à 40 cm d'envergure.

Angélique officinale — *Angelica archangelica*

FAMILLE : vivace de la famille des Apiaceae. **TERRE :** fraîche, profonde et consistante. **CULTURE :** semer en place de juillet à septembre. Elle se ressème ensuite seule. Risque d'envahissement.
DESCRIPTION : grande herbacée avec d'immenses ombelles, fortement arômatique. Récolter les jeunes tiges qui seront confites. On utilise toute la plante. Les infusions sont un antispasmodique. Elle entre dans la composition de l'eau de mélisse. **ORIGINE :** nord de l'Europe.
DIMENSION : d'1,5 à 2 m de hauteur pour 1 à 1,5 m d'envergure.

Basilic — *Ocimum basilicum*

FAMILLE : annuelle de la famille des Lamiaceae. **TERRE :** humifère, légère et fraîche. **EXPOSITION :** soleil et forte chaleur, à l'abri du vent et du froid.
CULTURE : semer en pleine terre dans le midi en avril-mai. Ailleurs, à l'intérieur en mars-avril. Repiquer en godets et mettre en place en mai-juin. Fertiliser. Garder le sol humide. **DESCRIPTION :** herbacée à tiges grêles et feuilles ovales vertes ou pourpres. Fleurs en épi pourpres. Cueillir les feuilles le matin à la fraîcheur. Elles perdent leur parfum en séchant. **ORIGINE :** Inde.
DIMENSION : de 30 à 40 cm de hauteur pour 20 à 30 cm d'envergure.

Borago officinalis — Bourrache

FAMILLE : annuelle de la famille des Boraginaceae. **TERRE :** profonde, calcaire et humifère. **EXPOSITION :** de soleil léger à mi-ombre. Chaleur tempérée.
CULTURE : planter les jeunes sujets au printemps. Ne pas laisser égrener sous peine de semis spontanés. **DESCRIPTION :** herbacée poilue aux feuilles ovales avec de jolies fleurs bleu azur à 5 pétales. On récolte les deux. À consommer en salade ou en légume cuit pour les feuilles. Plante officinale aux vertus expectorantes et diurétiques. **ORIGINE :** Méditerranée. **DIMENSION :** de 30 à 60 cm de hauteur pour 30 à 50 cm d'envergure.

Matricaria recutita — Camomille allemande

FAMILLE : annuelle de la famille des Asteraceae. **TERRE :** légère, calcaire.
CULTURE : semer en place au printemps. Éclaircir tous les 20 cm.
DESCRIPTION : spontanée et commune en Europe, c'est une herbacée aux feuilles finement divisées avec des fleurs blanches aux ligules retombantes. On récolte les capitules le matin pour en faire des infusions aux nombreuses vertus, calmante, diurétique, fébrifuge… On en fait une lotion pour les plaies ou du collyre pour les yeux. On cultive aussi la camomille romaine. **DIMENSION :** de 20 à 60 cm de hauteur pour 20 à 40 cm d'envergure.

Anthriscus cerefolium — Cerfeuil commun

FAMILLE : annuelle de la famille des Apiaceae. **TERRE :** sableuse, légère et fraîche.
CULTURE : semer en place de février à début septembre. Recouvrir les graines d'1 à 2 cm de terreau. **DESCRIPTION :** herbacée aux feuilles finement ciselées. Fleurs en ombelles blanches. Prélever les feuilles de 4 à 6 semaines après les semis. À ne consommer que frais. Il perd son arôme au séchage.
ORIGINE : Moyen-Orient.
DIMENSION : de 30 à 70 cm de hauteur pour 20 à 40 cm d'envergure.

Ciboulette *Allium schoenoprasum*

FAMILLE : vivace à bulbe de la famille des Alliaceae. **TERRE :** fraîche et souple, consistante. **CULTURE :** semer en place ou en pot au printemps. Diviser les touffes en octobre. **DESCRIPTION :** ce sont des touffes de feuilles creuses effilées. Fleurs d'été en ombelles rose violacé. Les feuilles se récoltent quand on veut. En couper pour éviter la montée en graines. Elle réussit très bien en pot sur les fenêtres et balcons. Spontanée dans les prairies de montagne. **DIMENSION :** de 20 à 30 cm de hauteur pour 15 à 20 cm d'envergure.

Coriandre *Coriandrum sativum*

FAMILLE : vivace de la famille des Brassicaceae. **TERRE :** humifère, souple et friable. **CULTURE :** semer en place en avril-mai. Recouvrir d'1 cm de terreau. Éclaircir tous les 20 cm. Fertiliser un mois après la levée. Biner. Sarcler.
DESCRIPTION : herbacée avec un feuillage découpé. Fleurs blanches en ombelles qui donnent des graines rondes parfumées.. Couper les feuilles à consommer fraîches quand elles sont suffisamment développées. Conserver les graines en bocaux. **ORIGINE :** Asie occidentale. **DIMENSION :** de 30 à 80 cm de hauteur pour 20 à 30 cm d'envergure.

Cumin *Cuminum cyminum*

FAMILLE : annuelle de la famille des Apiaceae. **TERRE :** argileuse, acide, riche en matières organiques. **CULTURE :** semer en place en mai. Beaucoup arroser par temps sec. Nécessité d'un été chaud pour obtenir des graines.
DESCRIPTION : herbacée aux feuilles très découpées. Fleurs blanches en ombelles qui donnent des graines allongées à prélever quand elles se détachent facilement. **ORIGINE :** Asie occidentale. **DIMENSION :** de 30 à 50 cm de hauteur pour 15 à 25 cm d'envergure.

Artemisia dranunculus — Estragon

FAMILLE : vivace rustique de la famille des Asteraceae. **TERRE :** humifère, fraîche et légère, pas humide.
CULTURE : planter les jeunes pousses au printemps. Diviser à la même époque. Craint le froid. Rabattre en hiver et pailler les souches.
DESCRIPTION : forme buissonnante avec des feuilles plates et étroites. C'est l'une des « fines herbes ». Couper les tiges selon les besoins.
ORIGINE : Asie centrale. **DIMENSION :** de 40 à 90 cm de hauteur pour 30 à 60 cm d'envergure.

Foeniculum vulgare var. azoricum — Fenouil doux

FAMILLE : bisannuelle de la famille des Apiaceae. **TERRE :** sablonneuse, sèche.
CULTURE : semer en place en mars-avril et août. Éclaircir tous les 20 cm. Enlever les tiges fanées.
DESCRIPTION : herbacée aux feuilles très découpées au parfum anisé avec des fleurs en ombelles jaunes. Prélever les jeunes feuilles au fur et à mesure des consommations. Les graines peuvent êtres utilisées pour faire de la liqueur.
DIMENSION : de 1 à 2 m de hauteur pour 25 à 40 cm d'envergure.

Origanum majorana — Marjolaine

FAMILLE : vivace frileuse de la famille des Lamiaceae. **TERRE :** légère, pauvre et plutôt calcaire. **EXPOSITION :** plein soleil et forte chaleur, à l'abri des gelées. **CULTURE :** semer sous abri en avril. Repiquer en place après 6 semaines. Directement en place en mai dans le Midi. Éclaircir tous les 10 cm. **DESCRIPTION :** les tiges rouges portent des feuilles ovales vert-gris. Fleurs en panicules blanches ou rosées. L'origan, moins frileux, est moins odorant. Récolter les feuilles le matin. Les utiliser fraîches ou séchées. **ORIGINE :** Asie du Sud-Ouest.
DIMENSION : de 30 à 60 cm de hauteur pour 20 à 40 cm d'envergure.

Mélisse — *Melissa officinalis*

FAMILLE : vivace de la famille des lamiaceae. **TERRE :** humifère, humide et lourde. **EXPOSITION :** de soleil tempéré à mi-ombre dans le sud. **CULTURE :** semer en place au printemps. Diviser les grosses touffes en fin de saison. Arroser par temps chaud et sec. Pas d'eau stagnante l'hiver. **DESCRIPTION :** commune dans le sud de l'Europe, c'est une herbacée aux feuilles aux feuilles gaufrées. Fleurs blanc rosé en bouquets. On coupe les jeunes pousses encore tendres. Arôme menthe-citron. Les infusions sont digestives. L'eau de mélisse y associe des épices et du citron. **DIMENSION :** de 60 à 80 cm de hauteur pour 30 à 50 cm d'envergure.

Menthe — *Mentha spp.*

FAMILLE : vivace à rhizome de la famille des Lamiaceae. **TERRE :** humifère, humide et lourde. **CULTURE :** planter de jeunes plants au printemps. Diviser les vieilles touffes à la fin de l'été. Bien arroser par temps chaud. Envahissante. Idéale en jardinière. **DESCRIPTION :** nombreuses espèces communes spontanées. Feuilles gaufrées très odorantes. Fleurs en épis rose lilas. 25 espèces dont la menthe verte et la menthe poivrée. Cueillir les jeunes pousses selon les besoins. À consommer fraîches ou séchées. **DIMENSION :** de 30 à 80 cm de hauteur pour 20 à 50 cm d'envergure.

Persil — *Petroselinum crispum*

FAMILLE : bisannuelle de la famille des Apiaceae. **TERRE :** légère, riche en humus, fraîche, un peu calcaire.
CULTURE : semer en place de mars à août. Recouvrir d'1 à 2 cm de terreau tamisé. Éclaircir tous les 10 cm. Maintenir le sol humide. Fertiliser. Couvrir d'une cloche en hiver. **DESCRIPTION :** herbacée aux feuilles triangulaires découpées. Floraison en année 2. Cueillir au fur et à mesure des besoins. À utiliser frais. **ORIGINE :** Asie occidentale. **DIMENSION :** de 20 à 30 cm de hauteur pour 15 à 20 cm d'envergure.

Cochlearia rusticana — Raifort

FAMILLE : vivace de la famille des Brassicaceae. **TERRE :** humifère, aérée, fraîche. **EXPOSITION :** soleil tempéré.
CULTURE : bouturer au printemps des tronçons de racine de 5 à 10 cm. Espacer de 40 cm. Pailler en été. Enlever les hampes florales.
DESCRIPTION : herbacée avec de grandes feuilles plissées et dentées à la base. Fleurs blanches en panicules. Arracher les racines avant la floraison en deuxième année . À utiliser fraîches et râpées. Goût de moutarde forte. **ORIGINE :** Europe du Sud-Est.
DIMENSION : de 50 à 80 cm de hauteur pour 40 à 70 cm d'envergure.

Rosmarinus officinalis — Romarin

FAMILLE : arbuste buissonnant de la famille des Lamiaceae. **TERRE :** légère, voire pauvre, calcaire sans excès d'humidité. **CULTURE :** planter les plants au printemps ou semer d'avril à juin pour repiquer en place en automne. Faire hiverner les jeunes romarins.
DESCRIPTION : commune dans le midi en terre aride, c'est une touffe aux feuilles linéaires avec le dessous blanchâtre. Fleurs bleues et mellifères. Prélever de jeunes rameaux toute l'année. Ils sont plus parfumés avant la floraison.
DIMENSION : de 60 cm à 1,5 m de hauteur pour 1 à 2 m d'envergure.

Crocus sativus — Safran

FAMILLE : plante à bulbe de la famille des Iridaceae. **TERRE :** légère et bien drainée, plutôt fraîche. **CULTURE :** planter les bulbes à 15 cm de profondeur de juin à septembre. Biner et fertiliser.
DESCRIPTION : les fleurs violet lilacé sont comme des crocus. Les couper à leur plein épanouissement et récupérer délicatement les stigmates. Les mettre à sécher ou les passer 15 à 20 minutes dans un four à 130 °C. Il faut 150 fleurs pour 1 g de safran ! **ORIGINE :** Asie occidentale. **DIMENSION :** de 5 à 15 cm de hauteur pour 5 à 7 cm d'envergure.

Sarriette — *Satureja spp.*

FAMILLE : plante de la famille des Lamiaceae. **TERRE :** légère, sèche et calcaire. **CULTURE :** semer en place au printemps la sarriette des jardins. Éclaircir tous les 20 cm. La sarriette des montagnes au goût plus fort se plante ou se divise en automne. **DESCRIPTION :** annuelle ou vivace touffue, mellifère, la sarriette a des tiges carrées et poilues avec des feuilles étroites très odorantes. Fleurs en épis bleutés. Cueillir les feuilles le matin. Stimulante et digestive. **DIMENSION :** de 20 à 40 cm de hauteur pour 15 à 20 cm d'envergure.

Sauge officinale — *Salvia officinalis*

FAMILLE : arbrisseau de la famille des Lamiaceae. **TERRE :** riche et souple, plutôt sèche. **CULTURE :** planter les jeunes pousses au printemps. Diviser les vieilles touffes. **DESCRIPTION :** spontanée sur les terres arides du midi, la sauge a une souche ligneuse et des feuilles allongées vert-gris très odorantes. Fleurs en grappes bleu-lilas. Couper les jeunes pousses toute l'année, de préférence avant la floraison. À utiliser plutôt en feuilles séchées. L'infusion est digestive et diurétique. **DIMENSION :** de 40 à 60 cm de hauteur pour 30 à 40 cm d'envergure.

Thym, serpolet — *Thymus spp.*

FAMILLE : arbrisseau de la famille des Lamiaceae. **TERRE :** sableuse, sèche, calcaire. **EXPOSITION :** plein soleil, chaude jusqu'à aride. **CULTURE :** semer en pépinière au printemps. Repiquer en place tous les 20 cm 5 semaines après la levée. Diviser les vieilles touffes en avril. Protéger de l'humidité en hiver. **DESCRIPTION :** la « farigoule » du midi est une vivace à souche ligneuse, très couvrante avec des feuilles grisâtres très odorantes. Les fleurs roses ou blanches en bouquets sont très mellifères. Cueillir les jeunes pousses le matin. 350 espèces. **DIMENSION :** de 20 à 40 cm de hauteur pour la même envergure.

les mots pour le dire

Les mots pour le dire

A

Accoler : attacher ou palisser un rameau.

Accot : tas de fumier ou de terre placé entre ou autour des coffres de châssis pour protéger les plantes du froid.

Acicufolié : arbre qui porte des feuilles en aiguille comme le pin pour le sapin.

Acidité du sol : à prendre en compte pour la répartition des végétaux qui sont soit indifférents à la composition chimique de la terre, soit sont acidiphiles ou calcifuges, ce qui veut dire qu'ils ont besoin de sols acides, pauvres en calcaire.

Acidophile : préférence pour les terres acides. C'est le cas des rhododendrons, des azalées et plus généralement des plantes de terre de bruyère.

Affranchir : un arbre greffé est dit « affranchi » quand il produit des racines au-dessus de la greffe qui s'enfoncent dans la terre. Il gagne en vigueur mais perd l'action du porte-greffe pour la qualité de ses fruits.

Aiguillon : différent de l'épine. C'est un piquant qu'on peut détacher de l'écorce sans l'abîmer. Un rosier a des aiguillons.

Alléger : rendre une terre compacte plus légère en la coupant de sable ou de fumier.

Alterne : quand les feuilles sont disposées de façon isolée sur la tige.

Amendement : ajout au sol arable pour en modifier essentiellement la texture physique, comme le sable pour diminuer la compacité de terres argileuses, ou l'argile pour rendre plus compactes des terres trop légères, ou encore de la chaux ou du plâtre pour apporter du calcium.

Ameublir : labourer ou passer la herse pour aérer la terre et la rendre plus perméable.

Anémophile : fécondé par le pollen transporté par le vent.
Annuelle : plante qui dans la même année germe, fleurit, porte graine et meurt.
Aoûté : état d'un rameau au bois bien constitué, durci avant l'hiver, car c'est généralement en août que le bois achève de se former.
Apétale : sans pétales. Par extension, le groupe des familles de plantes dont les fleurs sont sans pétales.
Arable : partie supérieure et cultivable du sol.
Arbre : végétal qui a une tige axiale (tronc, stipe du palmier) non ramifiée dès la base.
Arbrisseau : végétal ligneux ramifié dès la base. Aucune ramification n'est prépondérante. Certaines ont l'aspect de petits troncs. Culmine à 6 m.
Arbuste : végétal ligneux ramifié dès la base. Pas d'aspect de tronc. Nombreuses tiges ligneuses partant d'une souche, le pied. De 0,50 m à 4 m de hauteur.
Autofécondation : fécondation d'une fleur par ses propres organes.
Assolement : rotation des cultures. Pour ne pas épuiser le sol, on ne plante pas consécutivement les mêmes plantes dans les mêmes parcelles.
Autofertilité : production de bonnes graines après autofécondation.
Autogamie : fécondation par soi-même entre gamètes mâle et femelle d'une même plante.
Azote : constituant majeur des fertilisants. Son symbole chimique est N. Il favorise la croissance et le développement des tiges et des feuilles sous sa forme nitrique dans les engrais.

B

Bac : caisse ronde ou rectangulaire pour les plantations sous abri.
Balai de sorcière : ramilles en forme de balai qui se développent sur les arbres irrités par l'attaque de parasites.
Baliveau : arbre de 3 à 4 ans et de 1,50 m à 2 m de hauteur pas encore formé.
Bassiner : arroser très légèrement en pluie fine pour mouiller les feuilles sans détremper le sol.

Batte : outil à fabriquer soi-même : planchette avec un manche qui sert à tasser la surface des terres légères après un semis.
Béquiller : biner la surface du sol pour briser la croûte consécutive aux arrosages.
Binage : travail de la surface du sol sur 6 à 8 cm de profondeur avec une binette afin de favoriser la pénétration de l'air et de l'eau, et de détruire les mauvaises herbes.
Bisannuelle : plante qui vit deux ans de la germination à la fructification, avec une seule floraison, telle la digitale.
Blanc : maladies qui donnent aux plantes un aspect farineux : blanc du pêcher, de la tomate...
Bourgeon : point d'un rameau portant des feuilles ou des fleurs à l'état d'embryon. Le bourgeon apical ou terminal est au bout de la tige. Les bourgeons axillaires qui apparaissent sur la tige la première année donneront naissance à des rameaux.
Bouton : pousse qui porte le germe d'une fleur puis la fleur avant son épanouissement.
Bouture : tige, feuille, racine que l'on prend sur une plante et qu'on enracine pour obtenir une nouvelle plante.
Bractée : feuille colorée et spectaculaire à ne pas confondre avec les pétales. On les trouve sur des plantes aux floraisons à peine visibles comme les poinsettias ou les bougainvillées.
Bouillie : mélange d'un produit antiparasitaire et d'eau comme la « bouillie bordelaise » qui est une préparation à base de sulfate de cuivre et de lait de chaux qu'on utilise contre le mildiou, la rouille, la tavelure, la cloque...
Buissonnant : un arbuste ou arbrisseau touffu dès la base.
Butter : amonceler de la terre autour d'une plante.

C

Caduc : se dit des parties végétales qui tombent après avoir rempli leur fonction.
Caducifolié : à feuilles caduques.
Calcaire : carbonate de chaud. Élément très fréquent dans le sol.
Calcicole : les plantes qui apprécient les sols calcaires.

Calcifuge : les plantes qui supportent mal les sols calcaires.
Calice : enveloppe extérieure de la fleur, en général de couleur verte.
Campanulé : calice et corolle en forme de cloche.
Capitule : forme d'inflorescence où les fleurs, minuscules, sont serrées les unes contre les autres et entourées de bractées souvent colorées.
Capot : faire un capot, c'est faire une couche, par exemple en creusant une fosse de 15/25 cm de profondeur dans laquelle on verse du fumier chaud qu'on recouvre ensuite de la terre enlevée. On y plante melons, concombres, potirons...
Cépée : taille d'un arbre au ras du sol pour que beaucoup de branches repoussent.
Chaulage : application de chaux pour amender un sol.
Chlorose : maladie qui par déficience de chlorophylle rend les végétaux jaunâtres ou blanchâtres.
Clone : on fait des clones quand on reproduit des arbres ou des plantes par bouturage et marcottage (voir ces termes).
Compost : mélange de terre et d'engrais préparé pour une culture spécifique. On appelle aussi ainsi le terreau obtenu par la fermentation et l'humidification du mélange de détritus divers mis dans le pourrissoir.
Corolle : second rang d'organes dans une fleur qui est gamopétale ou monopétale quand elle est d'une seule pièce et dialypétale ou polypétale quand elle en a plusieurs.
Corymbe : inflorescence constituée de pédoncules de longueurs différentes mais se terminant tous au même niveau avec leurs fleurs.
Cultivar : plante obtenue par sélection dans les plantes cultivées soit par semis soit en faisant des clones. On parle de « variétés » en langage habituel.
Cyme : inflorescence avec un axe principal porteur de la fleur la plus ancienne et portant latéralement un ou plusieurs axes secondaires fleuris.

D

Damer : tasser la terre, par exemple pour la faire bien adhérer à de nouveaux semis.
Déchausser : c'est retirer la terre amoncelée à la base d'une plante.

Dichrone : plante qui croit en deux saisons comme certaines plantes bulbeuses comme les amaryllis qui développent fleurs et feuilles à deux périodes différentes.

Drageon : tige issue d'un œil situé sur une racine. Séparé du pied-mère, il se comporte comme une plante autonome.

Drainage : on draine un sol en y creusant des saignées, des rigoles pour favoriser l'écoulement des eaux trop abondantes. Pour les plantes cultivées en pots on draine en remplissant le fond des récipients de pierrailles, graviers, sable...

Drupe : fruit charnu dont la graine est dans une coque comme la pêche, la cerise, la prune, l'amande...

E

Éborgnage : suppression des yeux (bourgeons) sur les rameaux d'une plante.

Éboutonner : supprimer un trop-plein de boutons à fleurs.

Écimer : couper la partie supérieure d'une tige ou d'un arbre.

Éclaircir : supprimer des plantes ou des parties de plantes trop serrées les unes sur les autres pour permettre le développement de celles qu'on garde.

Éclater : séparer les racines ou les pousses d'une plante pour la multiplier.

Écusson : œil détaché d'un rameau avec un peu d'écorce pour le greffer.

Effeuiller : supprimer des feuilles sur les arbres fruitiers pour accélérer la maturité.

Églantier : rosier sauvage qu'on utilise pour greffer des cultivars.

Élaguer : couper les branches d'un arbre pour lui donner la forme voulue.

Émonder : couper les branches inutiles pour favoriser la bonne croissance d'un arbre.

Empoter : mettre une plante en pot.

Espalier : arbres plantés le long d'un mur contre lequel les branches sont étendues et attachées.

Essimplage : en culture florale, éliminer les jeunes plantes à fleur simple.

Étouffer : mettre des boutures, des greffes sous une cloche en verre en atmosphère saturée en vapeur d'eau pour favoriser le développement des racines.

F/G/H/I

Floraison : transformation du bouton en fleur.

Fongicide : produit utilisé pour lutter contre les champignons parasites.

Friable : terre qui se divise très facilement.

Frondaison : l'ensemble du feuillage d'un arbre.

Fructifère : qui porte des fruits.

Fumer : apporter du fumier au sol pour améliorer sa fertilité. Par extension, on le dit aujourd'hui pour tout apport d'engrais.

Fumure : désigne la quantité d'engrais, organique ou chimique, mise dans le sol pour le fertiliser. Elle est soit mise au fond, par exemple au fond d'un trou de plantation, soit incorporée en surface par griffage.

Gélif : se dit d'un végétal qui ne résiste pas au gel et doit être protégé.

Godet : pot de petites dimensions pour les jeunes pousses.

Gourmand : pousse extrêmement vigoureuse qui se développe au détriment des autres.

Gousse : fruit des légumineuses en forme de capsule à deux valves portant des graines sur l'un de ses bords.

Grappe : formation de fleurs attachées à un axe commun par des pédicelles.

Greffe : partie d'un végétal, greffon ou épibiote, qu'on implante sur un porte-greffe ou un sujet pour reproduire l'espèce ou le cultivar.

Greffoir : couteau spécial très acéré pour pratiquer la greffe.

Grimpante : plante qui s'élève sur les supports voisins à l'aide de vrilles ou de crampons. Les plantes volubiles, elles, ne s'accrochent pas, mais s'enroulent elles-mêmes autour des supports.

Habillage : couper les extrémités des racines et des rameaux ou des feuilles des plantes qu'on veut replanter.

Hallier : massif de buissons, épineux ou pas, impénétrables.

Halophile : aime les terrains salés.

Hampe : tige non ramifiée porteuse d'une fleur à son extrémité.

Héliophile : aime l'ensoleillement.

Herbacé : une plante qui à la texture d'une herbe, sans tige ligneuse.

Humifère : une terre humifère est une terre riche en humus.

Humus : mélange résultant de la transformation de la litière végétale par l'action des bactéries et des champignons.
Hybride : croisement d'espèces du même genre ou de genres différents. Le nom botanique contient toujours un x entre deux dénominations comme par exemple : Astilbe x arendsii ou Canna x hybrida.
Hydrophile : aime l'eau.
Inflorescence : forme d'arrangement des fleurs sur la plante : en épi, en grappe, en cyme...
Inondation : arrosage des plantes par recouvrement du sol d'une couche d'eau.

J/K/L/M/N

Jardinage : art de cultiver le jardin. Demande beaucoup de passion et d'amour du travail bien fait et au moment où il faut. Quelques connaissances ne sont pas inutiles...
Jardinière : récipient contenant des fleurs (et non des légumes !).
Jet : rameau ou pousse d'un an.
Kermès : c'est une cochenille qu'on trouve notamment sur les arbres fruitiers et les chênes. On la combat avec des produits huileux appliqués en hiver.
Lancéolé : forme d'organe végétal ovale terminée par une pointe.
Lessivé : se dit d'un sol qui a perdu ses sels minéraux par ruissellement de l'eau ou par porosité.
Ligneux : partie végétale qui a la consistance du bois.
Ligule : excroissance en forme de petite langue située à l'endroit où la feuille engaine la tige chez les graminées.
Limon : terre constituée d'argile et de sable.
Litière : couche de matières végétales, feuilles, brindilles, pas encore décomposées.
Loam : terreau fin obtenu par la décomposition de plaques de gazon.
Marcottage : multiplication des végétaux par marcottes (voir ce terme).
Marcotte : branche tenant à une plante, couchée ou enfouie dans la terre ou enfermée dans un cornet garni de terre ou encore entre les deux moitiés d'un pot fendu, afin qu'elle produise des racines.

Marne : mélange de calcaire, d'argile, de silice et de magnésie qu'on peut utiliser pour amender les sols.
Massif : masse plus ou moins importante d'arbres, d'arbustes, d'arbrisseaux dans un jardin paysager.
Matière organique : issue de la décomposition d'êtres vivants, insectes, vers... Elle apporte de l'humus qui enrichit la terre.
Mauvaise herbe : plante nuisible ou même seulement inutile sur une terre cultivée, ou indésirable dans le jardin.
Mellifère : se dit des plantes que fréquentent les abeilles.
Métis : croisements de deux cultivars de la même espèce.
Mildiou : maladies (surtout de la vigne, de la pomme de terre...) qui provoquent l'altération des feuilles ou des fruits.
Monder : ébourgeonner, nettoyer, enlever les parties mortes ou inutiles.
Mulch : mot d'origine anglaise qui désigne les déchets de tonte de gazon.
Multiflore : plante qui porte de nombreuses fleurs.
Nivéal ou nival : qui fleurit en hiver, pendant la saison neigeuse.
Nœud : point d'insertion d'une feuille sur une tige. Souvent, il y a un renflement.

O/P

Œil : jeune bourgeon terminal ou auxiliaire des arbres fruitiers et d'ornement. Il devient bourgeon (à bois) ou bouton (à fleur).
Officinale : plante utilisée en pharmacie.
Oïdium : maladie due à des champignons dont les filaments rampent sur la plante.
Oignon : synonyme de bulbe.
Ombelle : disposition d'une fleur en parasol.
Ombrophile : qui aime la pluie ou qui préfère les climats pluvieux. Rien à voir avec l'ombre.
Paillage : épandage de paillis (voir ce mot).
Paillis : couche de paille ou de litière ou de fumier, épaisse de quelques cm que l'on étend sur le sol autour d'un tronc d'arbre ou d'un pied de plante pour empêcher l'évaporation et maintenir la fraîcheur de la terre.
Palissade : on fait des palissades d'arbres, arbustes et arbrisseaux

pour cacher à la vue des murs sans intérêt ou pour mettre à l'abri des plantations fragiles, sensibles au soleil et au vent.

Palissage : fixation sur le mur ou tout autre appui des branches d'un arbre pour lui faire prendre une forme déterminée.

Panicule : inflorescence de forme triangulaire avec des ramifications qui raccourcissent vers le sommet.

Panneau : châssis vitré posé sur un coffre pour couvrir des plantes.

Papilionacé : se dit d'une corolle en forme de papillon avec cinq pétales inégaux : un étendard, deux ailes et une carène formée de deux pièces plus ou moins soudées. Exemple : le pois de senteur.

Paradis : pommier sauvage à faible développement utilisé pour greffer les cultivars.

Parasite : se dit d'une plante qui se développe sur une autre et à ses dépens.

Pédoncule : partie de la tige qui sert de support ou de « queue » pour une fleur solitaire. Dans les inflorescences pluriflores ou complexes (de nombreuses fleurs sur une tige axiale), on parle de pédicelles.

Persistant : le contraire de caduc. Un feuillage persistant demeure plusieurs années.

Pétale : ce sont les pièces, de formes et de couleurs très variées et décoratives, qui composent l'enveloppe interne des fleurs, la corolle.

Pétiole : support par lequel la fleur tient à la tige. On dit aussi queue.

Pincement : c'est couper avec les ongles le bout d'un jeune rameau pour favoriser le développement des autres branches ou des fruits.

Pistil : organe femelle d'une fleur.

Plant : jeune pousse destinée à être repiquée. On parle aussi d'un plant de carottes ou autres pour désigner un espace de jardin consacré à la culture d'une seule sorte de plante.

Plante : on l'utilise pour n'importe quel végétal. Pour être plus précis, on devrait le réserver aux végétaux qui ont des racines et qui donc se plantent.

Plantoir : outil en forme de cône demi-cylindrique qui sert à préparer dans la terre la place des racines d'une plante qu'on met en place ou qu'on repique.

Plate-bande : partie d'un jardin, en longueur et sans relief, plantée en général de fleurs.
Plâtrage : amendement avec du plâtre ou du gypse pour acidifier la terre.
Pleine terre : pour les plantes qui peuvent se cultiver en plein air.
Plomber : tasser la terre avec un rouleau pour la rendre plus consistante.
Pluriflore : porte plusieurs fleurs.
Pollen : poussière fécondante souvent jaune transportée par les insectes ou le vent. Les grains en germant deviennent des organes mâles qu'on appelle gamètes mâles ou anthérozoïdes.
Poquet : poche ou trou dans le sol pour y déposer des graines ou des tubercules. On plante ou on sème en poquets.
Porte-graine : plante produisant la graine.
Porte-greffe : plante qui reçoit une greffe. On parle aussi de sujet ou d'hypobiote.
Pousse : jeune rameau qu'on appelle souvent, à tort, bourgeon.
Praliner : enrober des graines de terre argileuse et d'engrais (ou de bouse de vache) pour en favoriser la germination. Se fait aussi sur les racines et les rameaux d'une plante qu'on transplante pour en favoriser la reprise.
Pruineux : couvert de pruine, un voile cireux dû à un trop-plein de sucre, comme les prunes et le raisin.

Q/R/S

Rabattre : supprimer les branches ou les gros rameaux d'un arbre ou d'une plante pour permettre le développement de jeunes pousses.
Rame : tuteur que l'on donne comme support à des plantes grimpantes telles que le haricot, le pois... On utilise souvent de simples branches d'arbres. On rame un plant de haricots.
Rameau : ramification d'une branche.
Ramille : la plus fine ramification du rameau.
Rampante : plante couchée sur la terre avec des petites racines de distance en distance.
Ramule : pousse de l'année pour les conifères.
Ramure : ensemble des branches d'un arbre au-delà de la première division du tronc.

Rapprocher : couper les extrémités d'un arbre en ne laissant qu'un petit nombre d'yeux sur la branche ou en coupant au plus près du tronc.

Râteler : travailler le sol avec le râteau.

Ratisser : même chose mais avec une ratissoire.

Ravaler : couper les grosses branches d'un arbre à leur point d'insertion.

Rechausser : remettre de la terre au pied d'une plante, soit qu'elle ait été dispersée par la pluie ou les arrosages, soit que la plante en vieillissant s'élève sur une souche nue. On rechausse des fraisiers.

Relever : déplanter pour replanter. Concerne les plantes qu'on arrache à la fin de l'automne pour les mettre en pot et les conserver sous abri l'hiver.

Remontant : fleurit de nouveau après la saison comme les rosiers et les œillets.

Rempoter : mettre une plante en pot dans un pot plus grand ou en changer la terre.

Repiquer : replanter de jeunes plantes pour qu'elles se développent mieux.

Rhizome : tige souterraine ou à ras de terre qui ressemble à une racine. Elle s'étend à l'horizontale comme pour l'iris, souterrainement (liseron), verticalement ou en oblique (fraisier).

Rigole : petite tranchée ou sillon. On peut semer en rigole.

Rouille : maladie.

Rustique : se dit d'une plante facile à cultiver et qui résiste aux intempéries, notamment aux gelées d'hiver.

Sarclage : travail pour enlever les mauvaises herbes, à la main ou avec un sarcloir.

Sarcloir : outil qui permet de couper les mauvaises herbes un peu sous la surface du sol et qui effectue en même temps un binage.

Semence : portion d'une plante capable d'assurer sa propagation et qu'on peut conserver : graines, fruits jouant le rôle de graines, tubercules de multiplication.

Semis : le fait de déposer en terre une semence.

Sépale : organe d'un végétal qui entoure le bouton floral et ressemble à une petite feuille.

Sevrer : couper et séparer de la plante mère les marcottes lorsqu'elles ont pris racine.
Sillon : petite rigole profonde de 5 à 10 cm tracée avec une binette pour semer des graines ou planter des bulbes.
Spp. : abréviation de species plurima. On le trouve dans le nom botanique et cela indique qu'il y a plusieurs espèces dans un même genre.
Substrat : nom du mélange de rempotage et par extension tout support de culture hors sol.

T/U/V

Taille : enlèvement de fragments de tiges ou de feuilles pour améliorer la floraison, la croissance ou l'allure des arbres, arbustes et plantes.
Taille en vert : taille quand l'arbre porte ses feuilles. On coupe les rameaux de l'année précédente.
Talon : empattement de rameau conservé dans les boutures « à talon » pour augmenter les chances de reprise.
Tapissante : plante qui recouvre le sol comme un tapis.
Tendre : opposé à rustique. Plante qu'il faut mettre sous abri contre les intempéries et le gel.
Terreau : obtenu par la décomposition des matières organiques. On l'utilise pour amender la terre et dans les compositions de substrats (mélanges de matières pour la culture de plantes).
Terrine : récipient en terre cuite, rectangulaire, de faible profondeur. On l'utilise pour les semis et les repiquages de plantes fragiles.
Tige : pousse porteuse de feuilles, divisée en branches ou rameaux. C'est le tronc pour les arbres, le stipe pour les palmiers, le chaume pour les graminées.
Transplanter : déplacer un végétal d'un point à un autre ou mettre en terre une jeune plante cultivée en godet.
Trochet : bouquet de fleurs ou de fruits sortis du même bouton ou partant du même point.
Tubercule : partie renflée de certains rhizomes ou de certaines racines gorgées de réserves nutritives.
Tubéreux : qui se renfle comme un tubercule.

Turion : pousse souterraine naissant de la souche dans les plantes dont les tiges meurent chaque année.
Uniflore : plante qui ne porte qu'une seule fleur.
Variété : plante qui diffère d'une autre de son espèce par quelques caractères de faible importance du point de vue de la classification des espèces en botanique. Ce peut être le port, la panachure des feuilles, le nombre ou la couleur des pétales...Une variété ou un clone obtenu par sélection et utilisé en agriculture et horticulture s'appelle un cultivar.
Verrine : nom des cloches de verre des maraîchers.
Vivace : opposée à annuelle ou bisannuelle. C'est une plante qui vit plusieurs années.
Volée (à la) : semis où les graines sont jetées au hasard, à la main.
Volubile : une plante ou une tige qui s'enroule sur un support, comme le liseron.
Vrille : organe filiforme qui s'enroule en spirale et à l'aide duquel certaines grimpantes se fixent sur leurs supports.

index

A / B

A

B

B / C / D / E

D

E

E / F / G / H

F

G

H

H / I / J /K / L /M / O

I

J

K

L

M

N

O /P /Q /R

O

P

R

R / S / T /U / V / W / X / Y /Z

S

ACHEVÉ D'IMPRIMER PAR MONDADORI PRINTING, VÉRONE (ITALIE)